중국문화의
이해

중국문화의

그들은 언제부터 중국(中國)이라는 국호를 사용한 것일까?

이해

박 충 순 지음

중국의 교육제도는 하(夏) · 은(殷) · 주(周) 삼대(三代) 때부터 있어왔다.
다만 당시에는 관학(官學)이 있었을 뿐, 사학(私學)은 없었으며, 서적 또한 관(官)에만 있었고,
백성들은 가지고 있지 못하였으므로, 천자를 중심으로 한 조정(朝廷)에서 학관을 관장하였다.
춘추전국시대 이후, 제후들의 분쟁에 의해 왕조교육(王朝敎育)은 붕괴되기 시작하였으며,
사교육(私敎育)이 일어나기 시작하였고, '유교무류(有敎無類)'의 교육사상이 출현하기 시작하였다.

한국학술정보㈜

머리말

'중국은 어떤 나라인가요?'
'중국인들은 어떤 사람들입니까?'
'중국문화의 특색에 대해 간략히 말해 주겠습니까?'

중국에 관심을 가지고 있는 많은 사람들로부터 흔히 듣는 질문들
이다. 이러한 질문은 30여 년 동안 중국문학을 공부해온 필자가 계속
해서 받아온 질문임에도 불고하고, 예나 지금이나 막상 대답하려하면
너무나 광범위하여 어디서부터 설명해야 할지 막막하기만 하다.

실제로 중국에 대해 설명하고자 하면, 중국이라는 나라 자체가 수
많은 인구와 다양한 민족, 드넓은 국토의 자연환경뿐 만아니라 정치,
경제·역사·사상·문학·예술·관습·음식 등 일일이 열거할 수 없
을 정도로 너무나 깊고도 다양한 모습을 하고 있기 때문에 무엇부터
언급해야 할지 망설이지 않을 수 없다.

필자가 재직하고 있는 백석대학교에서는 2001년부터 학부제를 실
시하면서 학부기초 과목으로 '중국어와 중국문화'라는 과목을 개설
하였으며, 이 과목을 담당하게 되면서 그동안 모은 자료를 정리하여

'중국문화의 이해'라는 이름으로 책을 발간하게 되었다.

　그러므로 이 책은 대학에서 중국학·중국문화를 공부하고자하는 학생들이 교재로 사용하기에 적절하도록 구성 되었다. 또한 많은 사람이 중국에 깊은 관심을 갖고 있음을 알기 때문에 일반 독자들도 쉽게 읽을 수 있도록 구성하려고 애썼다.

　이 책은 크게 5개 장으로 구성되어 있다.

　제1장은 국가·국기·국가 휘장과 인구 및 국토 등의 국가환경에 대해 소개하였고,

　제2장은 정치·경제·소수민족 정책 등과 같은 사회환경에 대해 기술하였으며,

　제3장은 중국역사의 기원과 중국문화의 전파와 각 시대별 학문적 특징 및 현대 중국이 성립되기까지에 대해 정리하였고,

　제4장에서는 유가사상·묵가사상·도가사상·법가사상 및 불가사상 등 중국인의 전통사상의 특징에 대해 간략히 소개하였으며, 끝으로

　제5장에서는 예속·민속과 같은 문화적 특징에 대해 정리하였다.

　끝으로 이 책을 만들면서 필자의 부족한 소양으로 많은 부분 다른 책의 내용을 인용하기도 하였고, 인터넷의 도움을 받았음을 밝힌다. 더불어 부족한 원고를 책으로 출간해 준 한국학술정보(주)에 감사한다.

2008년 5월 박충순

Contents

제1장　　국가 환경

1. 국가의 상징(象徵)

우리는 중국에 대한 호칭이 시대별로 변해왔음을 알고 있다. 고대에는 하·은·주(夏·殷·周)라고 불렀으며, 당·송(唐·宋) 또는 원·명·청(元·明·淸)이라고도 불렀음을 알고 있다. 그러나 한편으로는 흔히 중국이라고도 불렀다. 그러면 그들은 언제부터 중국(中國)이라는 국호를 사용한 것일까? 중국(中國)이라는 말은 이미 『시경(詩經)』에서부터 불리어지고 있음을 볼 수 있다.

그러나 중국 최초의 시가집인 『시경』에서 말하는 중국이란 화하족(華夏族)이 거주하는 국가, 또는 수도(首都)라는 의미가 강하며, 오늘날의 중국이라는 의미로는 주로 천하(天下)라는 말을 사용하고 있음을 볼 수 있다. 또한 외민족에 대해서는 동이(東夷)·서융(西戎)·남만(南蠻)·북적(北狄)이라는 호칭을 폄하하는 의미로 부르고 있음을 볼 때, 중국이란 중앙에 위치한 나라라는 의미 이외에도 문화와 예교 면에서 우월한 나라라는 의미가 더욱 강하게 나타나고 있다.

중국은 흔히 말하는 중국과 대만으로 나뉜 분단국가이다. 그러므로 중국을 지칭하는 공식 명칭도 중화인민공화국(中華人民共和國)과 중화민국(中華民國)이었다. 그러나 대만은 UN에서 축출되면서 중화민국(中華民國)이라는 공식 명칭을 사용하지 못하고, 대만(臺灣)이라 하고 있다.

중국은 1949년 10월 1일에 수립되었으며, 중국 국기(國旗)는 오성

홍기(五星紅旗)로 1949년 공산당정부를 탄생시킨 인민 정치협상회의에서 결정했다. 붉은 바탕은 혁명을, 황색별은 광명을 나타내는 동시에 황색인종을 표시하는 것이다. 좌측 상단에 다섯 개의 별이 있는데 이 중 가장 큰 별은 중국공산당을 상징하고, 나머지 4개의 작은 별은 중국인을 상징하는 것으로 모택동이 분류한 노동자, 농민, 도시 소자산 계급, 민족자산 계급을 말한다. 결국 다섯 개의 별은 중국인민의 대단결을 뜻한다. 국기는 붉은 별을 배치하였기 때문에 '오성홍기(五星紅旗)'라 불리기도 한다.

중화민국(中華民國)은 육호동(陸皓東)이 설계한 청천백일기(靑天白日旗)를 원본으로 하여 국부(國父)인 손중산(孫中山)이 붉은색을 바탕색으로 추가하였으며, 이 '청천·백일·만지홍(靑天·白日·滿地紅)'의 기를 국기로 하였다. 1928년 북벌(北伐)을 성공하고, 전 중국을 통일한 12월 17일, '청천백일만지홍(靑天白日滿地紅)'기를 정식으로 국민당 정부가 입법통과시키어, 전국적으로 사용하게 되었다. 현재 중화민국(中華民國) 헌법에서도, '중화민국 국기는 홍색바탕에 왼쪽 위 모서리의 청천백일(靑天白日)'로 규정하고 있다.

청색(靑色)은 광명하고 순결함과 동시에 민족(民族)과 자유(自由)를 상징하며, 백색(白色)은 담백하고 사사로움이 없음과 동시에 민권(民權)

과 평등(平等)을 상징하고, 홍색(紅色)은 희생을 두려워하지 않음과 동시에 민생(民生)과 박애(博愛)를 상징한다. 백일(白日)의 12돌출은 일 년이 십이 개월이며, 일일(一日)은 12시간임을 나타낸다. 이는 바로 국가 명맥의 시간이 영원히 존재하는 것을 의미하는 것이다.

중국을 상징하는 국장(國章)은 중앙에 다섯 개의 별이 비추고 있는 천안문(天安門)이 있고, 그 주위에는 톱니바퀴와 쌀, 밀의 이삭이 배치되어 있다. 천안문은 5·4운동의 시발지이며, 신중국의 건국을 선언한 곳이기도 하다.

천안문은 중국의 민족정신을 상징하고 톱니바퀴와 이삭은 노동계급과 농민을 의미한다. 다섯 개의 별은 '중국 공산당 영도 아래 국민이 단결한다.'라는 뜻이다. 별의 색깔은 황색이며, 바탕색은 붉은색이다. 이것은 별의 황색은 중화민족이 황색인종이라는 것을 나타내며, 바탕의 붉은색은 공산당 혁명을 의미한다.

중국의 국가(國歌)는 1935년에 전한(田漢)이 가사를 쓰고, 섭이(聶耳)가 곡을 붙인 「의용군 진행곡」이다. 「의용군 진행곡」은 영화 『풍운아녀(風雲兒女)』의 주제가로 작곡된 것으로, 항일전쟁 시기에 사람들에게 애창되다가 1949년 9월 27일, 정치 협상회의에서 국가로 제정되었다. 문화 혁명 때 전한(田漢)이 비판당하고 나서 잠시 동안 불리지 않으나 1982년 말부터는 원상회복되었다.

■ 중국국가

起來! 不願做奴隷的人們!　　일어나라! 노예되기 원치않는 사람들이여!
把我們的血肉築成我們新的長城!　우리의 피와 살로 새로운 만리장성을 쌓아가자!
中華民族到了最危險的時候,　　중화민족이 가장 위험한 때를 맞아
每個人們迫着發出最後的吼聲.　모두가 외치는 마지막 뜨거운 함성
起來! 起來! 起來!　　　　　　일어나라! 일어나라! 일어나라!
我們萬衆一心,冒着敵人的砲火,前進!　우리 모두 한마음 되어 적들의 포화 뚫고, 전진!
冒着敵人的砲火前進! 前進! 前進進!　적들의 포화 뚫고 전진! 전진! 전진!

　　대만의 국가는, 민국(民國)13년 6월 16일 손문이 황포군관학교(黃埔
軍校) 개교식에서 전교생 500여 명 앞에서 선포한 훈사(訓詞)이다. 당
시 황포군관학교 개교식에 앞서 호한민(胡漢民)·대계도(戴季陶)·요
중개(廖仲愷) 및 소원충(邵元沖) 등이 손문과 함께 훈사(訓辭)로 사용
할 문장을 각기 한마디씩 적어 넣은 것이 오늘날의 국가가 되었다. 당
시 호한민이 첫 구절은 마땅히『三民主義, 吾黨所宗』이어야 한다고
했으며, 뒤를 이어 대·료·소(戴·廖·邵)의 차례로 이어가면서 한편
의 훈사(訓辭)가 되었다. 악곡은 민국 17년 공개응모하여 정무균(程懋
筠)의 작품을 선정하여, 민국 32년 정식으로 국가로 공포하였다.

■ 대만국가

三民主義、吾黨所宗。　삼민주의는, 우리 당의 중심이라네.
以建民國、以進大同。　이로써 민국을 건설하고, 이로써 대동으로 나가세.
咨爾多士、爲民前鋒。　아! 그대들이어, 국민을 위한 선봉이 되세,
夙夜匪懈、主義是從。　언제나 게으르지 말고, 주의를 따라 지키세,
矢勤矢勇、必信必忠。　근면과 용맹을 약속하고, 반드시 믿음과 충성하세,
一心一德、貫徹始終。　한 마음 한 덕으로, 처음부터 끝까지 관철 하세.

전통적으로 중국을 대표하는 꽃은 모란(牡丹)이지만, 국가로부터 아직 공식적인 국화(國花)로 지정되지는 못했다. 그러나 모란은 예로부터 '꽃의 제왕', '부귀의 상징'으로 인식되면서 오래도록 중국 사람들로부터 사랑을 받아왔다.

중화민국(中華民國)의 국화는 매화이다. 매화는 3개의 꽃봉오리와 5장의 꽃잎으로 되어 있다. 이것은 삼민주의(三民主義)와 오권헌법(五權憲法)을 상징하는 것이다. 매화는 겨울의 추의를 견디어 내고 피어

난 꽃이므로 굳은 정절과 강직한 순결성을 상징한다. 매화의 다섯 꽃잎은 오족공화(五族共和)와 오륜(五倫)을 숭상하고, 오상(五常)을 중요시하며, 오교(五敎)를 펼친다는 의미를 나타낸다. 중화민국(中華民國)은 민국(民國)53년(1964년)7월 21일, 행정원이 정식으로 매화를 국화로 정하였다.

2. 인 구

중국은 세계에서 인구가 가장 많은 나라이다. 인구가 많기 때문에 개인적인 가용자원은 상대적으로 부족한 상황이어서 인구문제의 해결은 중국의 사회·경제 분야 발전의 관건이 되고 있다. 그러므로 중국은 1970년대 이후 지속적으로 산아제한을 기본 국책으로 추진하고 있으며, 아울러 만혼만육(晚婚晚育)을 장려하고, 한 가정 한 자녀 갖기 정책을 펼쳐왔을 뿐만 아니라, 둘째 자녀의 양육에 대해서는 별도의 법으로 규정하고 있다. 이러한 정책을 30여 년 지속적으로 펼쳐온 결과 '고출산, 고사망'률에서 '저출산, 저사망'률로 바뀌고, 인구 성장률도 비교적 낮아지게 되었다.

제5차 '전국인구조사공보'에 의하면 2000년 11월 1일 현재, 전국 총인구는 12억 9,533만 명을 넘어섰다. 그중 대륙 31개 성·구·직할시(복건성(福建省)의 금문(金門)·마조(馬祖) 등 도서는 불포함)의 인구와 현역 군인이 12억 6,583만 명이 되고, 홍콩[香港]특별행정구의 인구가 678만 명이 되며, 마카오[澳門]특별행정구의 인구가 44만 명이고, 대만성과 복건성의 금문·마조 등 도서의 인구가 2,228만 명이다.

중국 국가통계국의 추산에 따르면, 2005년 1월 6일, 중국의 전체인구는 13억(홍콩·마카오특별행정구와 대만성은 불포함)에 이르며, 세계 인구의 약 21%를 점한다고 한다. 이는 산아제한을 하는 가족계획이 성공하였다고는 해도 매년 800만 명에서 1,000만 명이 증가하는 것이다.

이러한 속도로 증가하면 2010년에 13억 7천만 명이 되고, 2020년이 되면 14억 6천만 명에 이르게 되며, 2033년을 전후로 하여 15억 명 정도가 될 것으로 추산하고 있다.

중국 정부 발표에 따르면 평균수명은 1949년 이전의 35세에서 2004년에는 71.8세로 연장되었으며, 임산부 사망률은 1950년대 초기의 1,500 / 10만 명에서 2004년의 51 / 10만 명으로 감소되었다. 영아사망률은 1949년 이전의 200‰에서 2004년의 29.9‰로 낮아졌으며, 5세 이하의 아동사망률도 1949년 이전의 250~300‰에서 2004년의 28.4‰로 낮아졌다. 이러한 효과는 의학의 발달과 보급에 의해 전염병·기생충·풍토병 등의 발병률과 이에 따른 사망률이 현저히 낮아졌기 때문이다. 그러나 중국의 국민 보건은 여전히 열악한 상태로, 장애아 출산율이 4~6%로 약 100만 명에 이르며, 2003년 12월 현재, 에이즈 환자 및 보균자가 약 84만 명에 이른다.

교육인구는 2004년 현재, 9년 의무교육을 받은 수가 93.6%에 달하며, 6세 이상 평균 교육연한은 8.01년(남성 8.5년, 여성 7.51년)에 달한다. 이것은 1990년에 비해 1.75년이 증가한 것이다. 문맹률은(15세 이상으로 글자를 전혀 모르거나 매우 적은 글자를 아는 인구의 비율) 8.33%로 1990년에 비해 7.55% 낮아졌다.

특히 2004년 현재, 성진(城鎭)의 평균 교육연한이 9.43년으로 늘어났으며, 향촌(鄕村)은 7년으로 늘었다. 성진(城鎭)의 문맹률은 4.91로 줄었으며, 향촌(鄕村)의 문맹률은 10.71로 줄었다.

교육 수준은 대학 이상의 교육을 받은 사람은 5.42%, 고졸자는 12.59%, 중졸자는 36.93%이며, 초등학교 졸업자는 30.44%에 달한다.

중국은 2004년 말 현재, 전체 인구 12억 9,988만 명 중에서, 0~14세 인구는 2억 7,947만 명으로, 21.50%에 달하며, 15~64세 인구는 9억 2,184만 명으로, 70.92%에 이르고, 65세 이상의 인구는 9,857만 명으로 7.58%에 이른다. 이러한 인구 분포는 다음의 몇 가지 특징을 지닌다.

첫째, 노동인구의 비율이 매우 높아 노동력 자원이 매우 풍부하다 하겠다. 앞으로 10~20년간의 노동인구는 매우 풍부하나, 반대로 성진(城鎭)의 인구가 매년 1,000만 명씩 증가하고, 농촌의 잉여인구가 이미 2억 명을 넘어서는 현상이 나타나면서 경제발전의 저해요소로 등장하고 있다. 특히 2016년에는 15~64세의 인구가 10억 1천만 명이 되어 취업과 산업 구조에 큰 짐이 될 것으로 전망된다.

둘째, 2000년에 이미 65세 이상의 노령인구가 7% 이상이 되었으므로 국제표준에 의해서도 중국은 노령사회에 접어들었다 하겠다. 또한 중국 정부는 2020년에 65세 이상의 인구가 1억 6,400만 명으로 16.1%에 이르고, 80세 이상의 노인이 2,200만 명에 이를 것이라 예측하고 있다. 이러한 현상은 노후 준비, 저축률, 소비구조, 사회보장 등에 많은 영향이 있을 것으로 예측된다.

셋째, 2004년 말 현재 인구는 남성인구가 6억 6,976만 명으로 51.5%에 이르고, 여성인구는 6억 3,012만 명으로 48.5%에 이르러 성비(性比)는 106이 된다.

이는 중국이 『인구와 계획적 출생육아법[人口與計劃生育法]』, 『비의학적 태아 감별과 성별에 의한 선택적 임신중절에 관한 규정[關于禁止非醫學需要的胎兒性別鑒定和選擇性別的人工終止妊娠的規定]』 등 각종 법규를 통해 규제한 결과이며, 2003년의 성비(性比)는 119였고, 일부 성(省)에서는 130인 경우도 있었다.

넷째, 2004년 말 현재, 중국의 성진(城鎭)의 인구는 5억 4,283만 명으로 41.76%에 이르고, 향촌(鄕村)의 인구는 7억 5,705만 명으로 58.24%에 이른다. 또한 유동인구가 이미 1억 4천만 명에 이르렀으며, 2020년이 되면 농촌에서 유출되는 인구가 3억 명에 이를 것으로 추산하고 있다.(人口計生委辦公廳 發表. 2005. 09. 20.)

3. 국 토

  중국의 전체면적은 약 960만 ㎢이다. 이것은 한반도의 약 44배이며, 유럽 전체의 면적과 비슷하고, 러시아·캐나다에 이어 세계에서 세 번째로 큰 나라이다.

  남북의 총 길이는 약 5,500㎞로서, 북위 8도에 위치하는 남사군도(南沙群島: 중국, 말레이시아, 필리핀, 타이완, 베트남, 브루나이 등이 한 개 혹은 그 이상의 섬에 대해 영유권을 주장하고 있음)에서 북위 53도인 흑룡강성(黑龍江省)까지이다.

  동서의 총 길이는 약 5,200㎞로서 동쪽은 흑룡강(黑龍江)과 우수리강[烏蘇里江]이 만나는 동경 135도부터 서쪽의 신강(新疆) 위그르족 자치주의 파미르[帕米爾]고원의 동경 73도까지이다. 이와 같이 넓은 국토를 가진 나라이므로 동서의 시간 차이는 대략 4시간이 나지만 표준시는 북경의 표준시 하나만을 고집하고 있다.

  국경선은 동쪽의 북한으로부터 러시아·몽골·카자흐스탄·키르키스탄·아프카니스탄·파키스탄·인도·네팔·부탄·미얀마·라오스·베트남 등 22,800㎞에 이른다. 해안선은 압록강 하구에서 시작하여 베트남의 통킹만까지 이어지는 총 18,000㎞에 달한다.

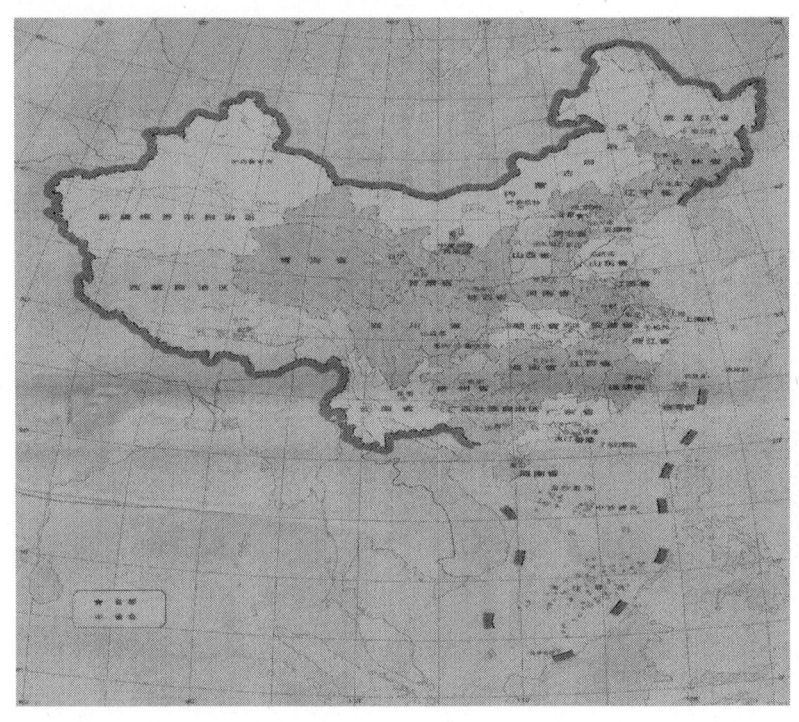

  중국의 지형은 서고동저(西高東低)의 계단형이며, 제1지대·제2지대·
제3지대·제4지대 등 4개 지대로 나눈다. 제1지대는 서남부의 청장
(靑藏)고원지대와 청장고원 북쪽지대로 구성되어 있다. 서남부의 청
장(靑藏)고원지대는 해발 4,000m 이상이다. 이곳에는 세계의 지붕이
라 불리는 히말라야 산맥을 비롯하여, 알타이, 天山, 파미르 등 해발
7,000~8,000m의 대산맥·해발 8,846m로 세계 최고봉인 히말라야산
맥의 주목랑마봉을 비롯하여 곤륜산(崑崙山), 기련산(祈連山), 용문

산(龍門山), 대량산(大凉山) 등, 전 세계적으로 8,000m가 넘는 고봉
(高峰) 12개 중 7개가 있다.

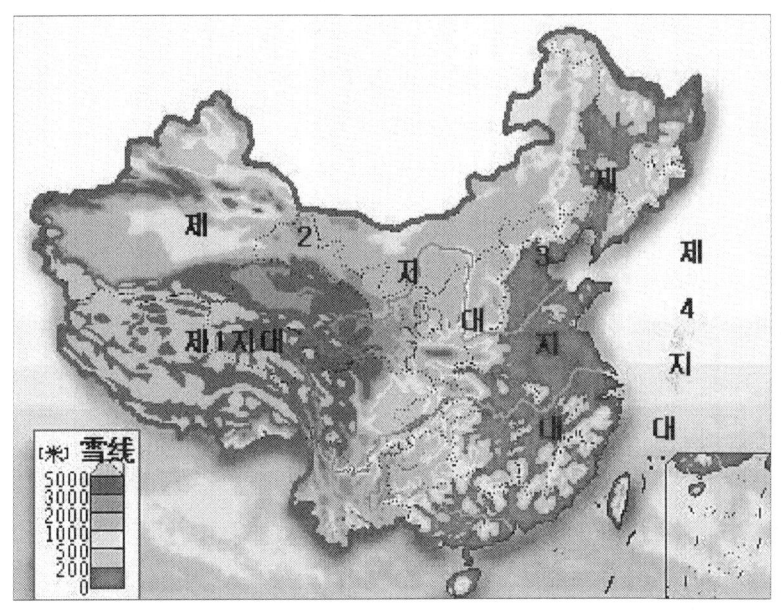

제2지대는 청장고원 북쪽으로 해발 1,000~2,000m의 고원으로 청
해(青海), 티베트, 몽고 등이 있으며, 곤륜산(崑崙山)과 기연산(祺連
山)에서 동쪽으로 뻗어 대흥안령(大興安嶺), 태행산(太行山), 무산(巫
山)까지이다. 이곳에는 사대고원 중 내몽고고원, 황토고원, 운귀(雲
貴)고원 등 세 곳이 있으며, 오대분지 중 탑리목분지, 회갈미분지,
토로번분지, 사천분지 등 네 곳이 있고, 신강 남부의 탑리목분지에 타
클라마칸 사막이 있다. 이 사막 가운데 '녹주'는 설산의 눈이 녹아

형성된 것이다.

제3지대는 제2지대의 동쪽에서 해안까지이며, 해발 1,000~500m로 대흥안령, 태행산, 무산으로 이어지는 축선의 동쪽 평야지대이다. 이 곳에는 동북평원, 화북평원, 장강 중하류역 평원 등 삼대평원이 있으며, 밀집한 인구와 교통로의 발달로 전통적인 경제발달 지구이기도 하다. 그리고 제4지대는 제3지대의 동쪽으로 대륙의 해양과 각종 섬이 이에 해당된다.

중국의 영해(領海)로는 발해(渤海), 황해(黃海), 동해(東海), 남해(南海)가 있으며, 총 18,000㎢에 달한다. 그중 발해는 요동반도와 산동반도에 둘러싸인 내해(內海)로 평균 수심이 18m이고, 황해는 요동반도에서 장강(長江)의 입해구(入海口)에 이르는 바다로 평균 수심이 44m이고, 동해는 장강(長江) 입구에서 남쪽으로 대만해협까지로 평균 수심이 370m이고, 남해는 대만해협 이남으로 평균 수심이 1,212m에 달하며, 부속 도서(島嶼)로는 대만, 해남도 등 5,000여 개의 섬이 있다.

오악(五嶽)과 황산

산동성의 태산(泰山), 섬서성의 화산(華山), 호남성의 형산(衡山), 하북성의 항산(恒山), 하남성의 숭산(嵩山)을 말한다. 그러나 중국인들은 '五嶽歸來不看山, 黃山歸來不看五'(오악을 본 뒤로는 보통 산은 눈에 차지 않으며, 황산을 본 뒤로는 오악이 눈에 들어오지 않는다)라 한다.

황산(黃山)은 안휘성의 남부에 위치하며, 천하제일의 기묘한 산으로 꼽힌다.

토지구성의 비율은 산지가 33%, 고원이 25%, 분지가 18.8%, 평야가 12%, 구릉이 10%로 이루어졌으므로, 포괄적으로 말해 국토의 2 / 3가 산지이고, 나머지 1 / 3이 평지라고 할 수 있다. 또한 건조, 반건조지대가 전 국토의 반 이상을 차지함으로써 동북평원·화북평원·장강중하류평원·주강 삼각주·사천분지 등 전국토의 10% 정도만 경작지로 활용되고 있다. 이와 같이 경작지가 집중되어 있는 동남부지역에 인구의 80%가 거주하고 있다.

동북삼림구·서남삼림구·남방삼림구·방호삼림구 등 삼림지는 주로 변방에 집중되어 있으며, 목축업을 주로 하는 초원지대는 해발 1천~5천m 이상의 고원에 위치하고 있으며, 주로 흑룡강 서부, 내몽고, 녕하, 감숙, 청해, 신강, 서장에 분포되어 있다.

해양자원으로는 대륙붕에 석유를 매장하고 있는 지역이 6개 곳으로 면적은 80여만 ㎢에 달한다. 중국의 주요 항만은 개혁개방정책과 긴밀하게 맞물린 지역으로, 주요항구로는 대련(大連), 시황도(秦皇島), 천진(天津), 연대(烟臺), 청도(靑島), 상해(上海), 영파(寧波), 온주(溫州), 하문(廈門), 주해(珠海), 광주(廣州), 북해(北海) 등이 있다.

중국의 강은 내륙에서 바다로 흘러 들어가는 외류하(外流河)와 내륙의 호수로 흘러 들어가는 내륙하(內陸河)가 있다. 외류하에는, 동쪽의 태평양으로 흘러가는 장강, 황하, 흑룡강, 주강, 등이 있으며, 남쪽의 인도양으로 흘러가는 청장고원의 노강, 아로장포강 등이 있고, 북빙양으로 흐르는 신강의 객미제사하가 있다. 내륙하로는 신강의 탑리목하가 있다.

중국의 주요하천으로는 장강(長江)·황하(黃河)·흑룡강(黑龍江)·주강(珠江)이 유명하다. 그중 장강은 총연장이 6,300km에 달해 6,600km인 나일강·6,480km인 아마존강에 이어 세 번째로 긴 강이다. 참고로 미시시피강은 6,260km이다. 양자강(揚子江)이라고도 불리는 장강은 장고원의 당고랍(唐古拉)산에서 발원하여 10개 성, 시, 자치구(청해·서장·사천·운남·호북·호남·강서·안휘·강소·상해)를 거쳐 흐른다. 중하류 유역은 기온이 온난다습하며, 강우량이 많고, 토지가 비옥하여 인구밀집지역이다.

황하(黃河)의 총연장은 5,464km이며, 청해성 파안객랍(巴安喀拉)산에서 발원하여, 9개 성, 자치구(청해·사천·감숙·영하·내몽고·산서·섬서·하남·산동)를 거쳐 흐른다. 고대문명의 발상지이기도 한 황하유역의 토지는 비옥하며, 자원이 풍부하다. 특히 장강과 연결되는 경항대운하(京杭大運河)는 물자의 유통을 원활히 하여 줄 뿐만 아니라 교통의 발달로 산업이 발달하여 많은 인구가 밀집하여 살고 있다.

흑룡강(黑龍江)의 총연장은 4,379km이며, 몽고의 북부와 내몽고의 대흥안령(大興安嶺)에서 발원하여 중국북부지역을 흐르는 하천이다. 주강(珠江)은 비록 위의 세강에 비해 그 규모는 작지만 수량은 장강에 이어 두 번째이며, 주강 삼각주는 중국의 곡창지대로, 쌀·수수·양잠·생선 등의 주요산지이다. 주강은 서강·북강·동강이 합류하는데, 그중 서강이 주류이다. 서강은 운남 동부 오몽산구에서 발원하여 귀주·광서·광동을 거쳐 흐른다.

중국의 호수는 면적이 1km² 이상이 2,800여 개소가 있으며, 그중 면적이 1,000km² 이상인 곳이 13개소이고, 호수의 총면적이 71,230km²

에 달한다. 중국의 호수는 외류호(外流湖)와 내륙호(內陸湖)로 구분할 수 있다. 그중 외류호는 담수호로 수산물이 풍부하며, 강서의 파양호(鄱陽湖)·호남의 동정호(洞庭湖)·강소의 태호(太湖)·홍택호(洪澤湖) 등을 사대담수호라 한다. 내륙호는 염수호로 청해호(淸海湖)가 가장 크며, 홍개호·호륜호·납목호 등이 있다.

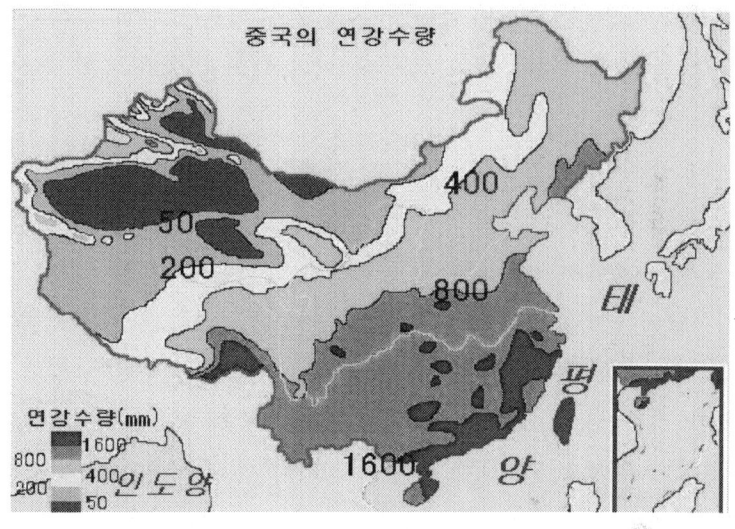

중국의 기후 특성은 지역적으로 서북쪽은 높은 산악지대인 유라시아대륙과 연이어 있으며, 동남쪽은 해양에 접해 있어 기후의 유형이 매우 복잡하나 대륙성 계절풍의 특성을 지닌 기후라 하겠다.

그러므로 겨울에는 대륙의 기온이 해양보다 낮기 때문에 대륙에서 해양으로, 즉 시베리아와 몽고에서 중국으로 분다. 일 년에 5~6차례

한류가 있고 매우 건조하다. 흑룡강성의 호마는 위도가 런던과 같은데 1월 평균기온이 런던은 섭씨 3.7도인 데 반해 호마는 영하 27.8도이다.

여름에는 대륙의 기온이 해양보다 높기 때문에 해양에서 대륙으로, 즉 태평양과 인도양으로부터 불어와 많은 비를 내린다. 따라서 계절풍의 영향으로 동남부는 7, 8월에 집중호우를 내려 같은 위도 지역 중에서도 강우량이 많다. 그러나 서북내륙지역은 고산의 장애로 계절풍이 막혀 강우량이 적고, 심지어 거의 내리지 않아 사막 현상을 보이고 있다.

이와 같은 지역적 특성으로 인해 대부분 지역이 대륙성기후에 속하며, 정도가 동에서 서로, 남에서 북으로 갈수록 현저해진다. 강우량 또한 서북에서 동부, 남부, 동남부로 갈수록 증가한다. 그러므로 연강우량이 쿤사는 68.9㎜에 불과한데 대북은 2,047㎜나 된다.

중국의 기후대는 땅이 넓어 아한대, 온대, 난온대, 아열대, 열대 등 다양한 기후대로 형성되어 있다. 또한 산맥과 해양과의 거리의 차이 등 복잡한 지형으로 계절풍의 영향이 각기 다르기 때문에 습윤·반습윤·반건조·건조 및 각지의 온도 차이가 크다. 그러므로 청장고원은 공기가 희박하고, 만년설이 있다. 북쪽의 흑룡강성은 여름이 덥지 않고 짧으나 겨울은 매우 춥고 길다. 또한 서북의 내륙지역은 늘 건조하고 사막이 많으며 일교차가 심하다. 그러나 남부의 장강 중하 유역과 회하유역의 겨울은 춥고 여름은 더우며, 사계절이 분명하다.

이러한 지리적 특성으로 인하여 아열대기후·온대기후·한대기후가 고루 나타나고 있다. 아열대기후가 나타나는 지역으로는 장강을 중심으로 진령(秦嶺)·회하(淮河) 이남으로 지세가 매우 복잡하며, 구릉성 산지와 평야로 이루어져 있다. 이 지역은 만장년기(晚壯年期) 내지 노년기(老年期)에 해당하므로 동정호(洞庭湖) 등 호수가 많다.

온대기후가 나타나는 지역으로는 황하·장강·진령을 잇는 삼각형 모양의 곡창지대이다. 한 대기후가 나타나는 지역으로는 황하·진령을 잇는 선의 이북지역으로 황토지대이다. 특히 이 지역은 고대 중국원시문화의 발상지이기도 하다.

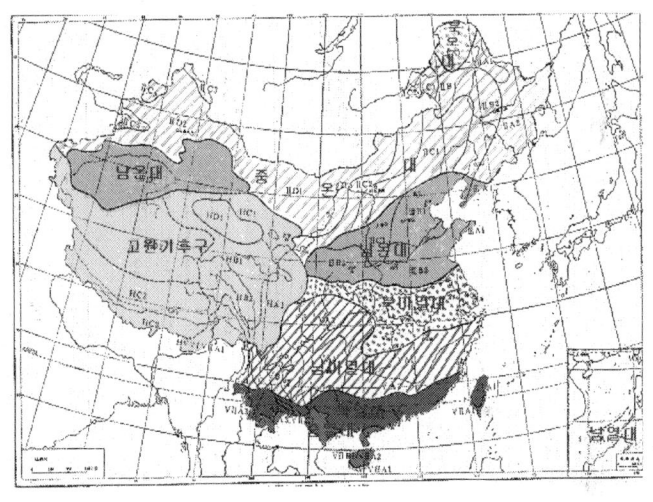

국토는 국민·주권과 함께 국가를 이루는 3대 요소 중 하나일 뿐만 아니라 인위적으로 확장이 불가능하다. 중국의 경지면적은 전 국토의 10%에 불과하며, 그중 진령·회하 이남에서야 논농사를 할 수 있기 때문에 논은 경작지의 26.2%를 차지하는 반면 밭은 경작지의

73.8%를 차지하고 있다.

광산자원 중 석탄은 중국의 주요 에너지로서 매장량은 세계매장량의 약 1 / 3 차지하여 세계 1위이며, 산서, 내몽고, 동북지역에 집중적으로 매장되어 있다. 석유는 흑룡강성에서 중국 생산량의 33%를 생산하며, 철강은 해남성에 아시아 8대 광산 중 하나가 있다.

해양자원은 발해의 평균 수심이 18m이고, 황해가 44m로 모두 대륙붕으로 되어 있어 다양한 어족이 잡히고 있다. 또한 해저유전의 발달로 석유와 천연가스가 발굴되었다.

그 외에 유구한 역사적 배경으로 역사유적지가 많으며, 넓은 국토에 56개 민족이 함께 살면서 가꿔온 민속적 풍속습관이 다양하고, 뛰어난 자연 경관으로 인해 관광자원이 풍부하여 관광 사업이 비교적 발달하고 있다.

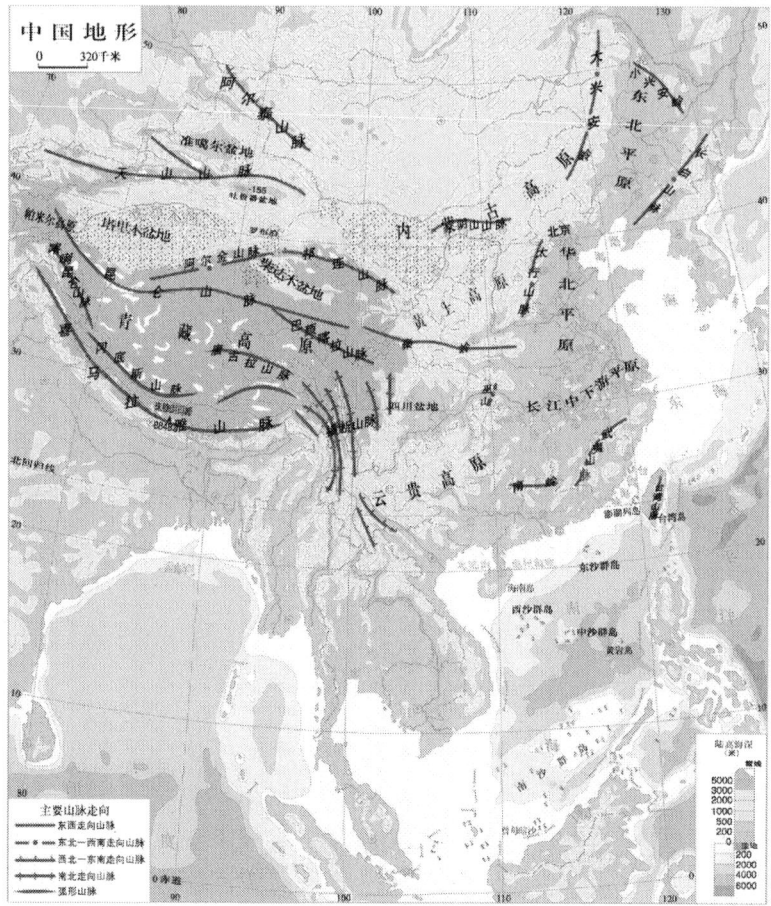

中国国界线系按照我社1969年出版的1:400万《中华人民共和国地形图》绘制

제1장 국가 환경　29

제2장　　사회 환경

1. 정 치

　중국의 행정단위는 전국을 성(省)·현(縣)·향(鄕) 및 진(鎭) 등 3 등급으로 구분하고 있다. 그중에서 성급에 해당하는 행정단위로는 성·소수민족 자치구·직할시·특별행정구 등이 있다. 대만(臺灣)을 포함하여 23개 성이 있으며, 5개의 자치구가 있고, 4개의 직할시와 2개의 특별행정구가 있다. 성 또는 자치구 아래로 현(縣)·자치주(自治州)·시 등의 행정 단위가 있으며, 현·자치현(自治縣) 아래에는 향(鄕)과 진(鎭)의 행정 단위가 있다.

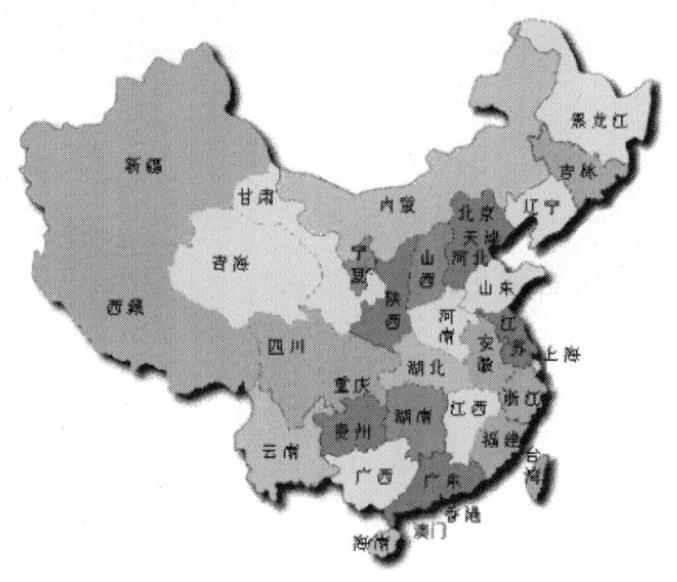

중국의 직할시는 북경(北京)·천진(天津)·상해(上海)·중경(重慶)이 있다. 1997년 3월 직할시로 승격한 중경은 전체인구가 약 3,000만 명이 된다. 이것은 세계적으로도 가장 큰 도시다. 중경을 직할시로 승격시킨 것은 이전까지의 연해지구(沿海地區) 중심의 경제개발정책에서 서부 내륙개발에 대한 의지의 표명이다. 서부지역이란 중국정부가 1980년대 중반에 수립한 제7차 5개년계획(1986~1990)에서 지리적 위치와 경제수준 등을 바탕으로 하여 구분한 지역이다.

서부지역은 중경시·운남성(雲南省)·감숙성(甘肅省)·귀주성(貴州省)·사천성(四川省)·섬서성(陝西省)·청해성(青海省)·티베트자치구·영하회족(寧夏回族)자치구·신강(新疆)위구르족자치구 등 10여 개의 성을 지칭한다. 제7차 5개년계획에 의해 이 지역의 1인당 GDP는 498달러에서 663달러로 성장하였으나, 같은 기간 남동부지역은 1,212달러에서 1,704달러로 증가하였다.

중국의 성은 우리나라의 도(道)에 해당하는 행정단위로 대만성을 포함하여 23개 성이 있다. 소수민족 자치구는 모두 5곳이 있으며, 성과 동급의 행정단위이다. 자치구란 소수민족이 민족자치권을 행사하는 행정구역 내몽고(內蒙古)·신강위그르[新疆維吾爾]·서장(西藏)·광서장족(廣西壯族)·영하회족(寧夏回族)의 자치구가 있다. 그 외에 특별행정구로는 홍콩[香港]과 마카오[澳門]가 있다.

중국의 정치제도는 국가 최고 권력기관인 전인대회와 전인대회에서 선출된 국가주석·국가부주석·전인대 상무위원장·국무원 총리·국무원 부총리 등이 중심으로 되어 있다. 그러나 이들의 지도는 공산당이 하고 있으므로 공산당은 전인대의 상위개념에 있다 하겠다. 또한 정치 결성체로 공산당 외에도 민주제당파(民主諸黨派) 및 사회단체 (社會團體)가 있으나, 모두 공산당의 제2중대로 보면 될 것이다.

---

* 共産黨－全人大－國務院의 권력관계

· 공산당－전인대의 관계
 －법률상 전인대가 최고 권력기관(헌법 제 57조)
 －실제는 지도 · 피지도 관계 (공산당은 인사권을 통해 전인대를 통제함)
· 전인대－국무원의 관계
 －원론적으로는 감독 · 피감독의 관계 (종속관계)
 －실제는 능력 면에서 국무원의 우위관계 형성

중국 권력구조는 국가를 대표하는 우리의 대통령격인 국가주석이 있으며, 입법기관으로는 전국인민대표대회(全國人民代表大會) · 지방각급인민대표대회(地方各級人民代表大會)와 인민정치협상회의(人民政治協商會議)가 있고, 행정기관으로는 국무원(國務院) · 지방각급인민정부(地方各級人民政府)가 있다. 군사지도기관으로 중앙군사위원회(中央軍事委員會)가 있고, 사법기관으로는 최고인민법원(最高人民法院) · 지방각급인민법원(地方 各級人民法院) · 전문인민법원(專門人民法院)이 있으며, 검찰기구로는 최고인민검찰원(最高人民檢察院) · 지방각급인민검찰원(地方各級人民檢察院) · 전문인민검찰원(專門人民檢察院)이 있다.

중국 공산당(Chinese Communist Party)은 1921년 7월 1일 상해에서 창당되었다. 중국 공산당은 처음부터 소련 코민테른의 지도 아래에서 진독수(陳獨秀)를 지도자로 하여 도시 노동자를 중심으로 결성하였다. 1949년 10월 1일 정권을 수립하기까지를 3기로 나누어, 제1차 국내혁명전쟁기·제2차 국내혁명전쟁기·제3차 국내혁명전쟁기로 나누고 있다.

제1차 국내혁명전쟁기는 1909년부터 1927년 제1차 국공합작(國共合作)까지를 말하고, 제2차 국내혁명전쟁기는 1927년부터 1936년까지의 서금(瑞金) 소비에트 정권 시절과 항일전쟁기인 1937년부터 1945년 제2차 국공합작까지를 말하며, 제3차 국내혁명전쟁기는 1946년부터 1949까지의 국공내전(國共內戰)을 말한다.

1924년의 제1차 국공합작을 통해 중국공산당은 1926년 국민당에 합류하여 북벌(北伐)을 개시하였다. 제1차 국공합작은 국민당당과 공산당당이 당 대 당의 결합이 아니라, 공산당원은 개인자격으로 국민당에 참여하는 형식을 취하였다. 그러나 개인자격으로 참여한 공산당원이 국민당의 요직을 점유하려 하자, 1927년 4월 상하이에서 장개석(蔣介石)이 반공정책을 펴게 되었으며, 공산당은 이 사건으로 인해 오히려 큰 타격을 받게 되었다. 이에 중국 공산당은 1927년부터 1934년에 이르는 동안 극좌적인 방침을 취하였으나 실패하여 당세가 현격히 줄어들었다.

23개 성(省)

－華北區: 河北省, 山西省
－西北區: 陝西省, 甘肅省, 淸海省
－東北區: 遼寧省, 吉林省, 黑龍江省
－華東區: 江蘇省, 浙江省, 安徽省, 江西省, 福建省, 山東省
－中南區: 河南省, 湖北省, 湖南省, 廣東省, 海南省
－西南區: 四川省, 雲南省, 貴州省
－臺灣省

1931년 강서성 서금(江西省 瑞金)에서 소비에트 정권수립을 공표하였으며, 장정(長征) 중인 1935년 1월 귀주성 준의(貴州省 遵義)에서 개최된 당회의(정치국 확대회의)에서 모택동(毛澤東)이 당의 지도권을 차지하였다.

1935년 8월, 소위 항일민족통일전선(抗日民族統一戰線)을 제의하여 제2차 국공합작을 하였으나, 일본이 패망하고 물러나면서 내전에 휩싸이게 되었다. 1946년부터 전개된 국공내전(國共內戰)에서 공산당이 승리하였으며, 1949년 10월 1일 공산당은 중화인민공화국의 수립을 선포하였다.

정권수립 후 장국도(張國燾)·고강(高崗)·왕명(王明)·팽덕회(彭德懷) 등에 의하여 당내 권력투쟁이 심화되었으며, 1956년 스탈린을 비판한 이후부터 점차 소련공산당과 대립이 심화되어 갔다. 1965년 가을, 문화대혁명이 일어나 유소기(劉少奇)를 비롯한 초창기 지도자들이 잇달아 실각되고, 당내 투쟁은 1969년 제9 전인대회에 의해 모택동·임표(林彪) 노선이 확립될 때까지 계속되었다.

그 후 소위 항미무장투쟁노선을 내세우는 임표와 유연한 외교노선을 주장하는 주은래와의 사이에 대립이 일어나면서 대미·대소 외교문제와 국내경제건설문제를 둘러싼 당내 투쟁이 격화되었다. 그 결과 1972년에는 임표가 실각하기에 이르렀다. 그 이후 주은래의 대미협조를 축으로 하는 유연한 외교노선이 정착되면서, 1973년 제10 전인대회에서 임표·진백달(陳伯達)을 당 외로 영구추방하기에 이르렀다.

주은래·등소평 등 경제재건을 중시하는 사람들에 대하여 소위 4인방이라 불린 왕홍문(王洪文)·장춘교(張春橋)·강청(江靑)·요문원

(姚文元) 등은 정치우선을 주장하면서, 주은래·등소평 등을 '유생산론자(唯生産論者)', '주자파(走資派)'라 비판하였다. 주은래가 1976년 1월 사망한 후 세력을 확대한 4인방은 4월 천안문사건을 이용하여 등소평을 추방하였다.

그러나 모택동이 1976년 9월 사망한 직후, 화국봉(華國鋒) 당 제1 부주석·총리 등에 의하여 '4인방'은 타도되었다. 1976년 10월, 화국봉은 당 주석에 취임하면서, 국무원총리를 겸임하고, 엽검영(葉劍英)을 부주석으로 영입하고, 재복권한 등소평 부주석·부총리와 함께 모택동이 사망한 중공의 최고지도부를 장악하였다.

1977년 8월에 열린 제11 전인대회는 '4인방' 비판의 강화를 호소함과 동시에, 제1차 문화대혁명의 종결을 선언하였다. 그 후 화국봉도 등소평의 개혁에 밀려나면서, 1981년 등소평·호요방·조자양 체제가 확립되었다. 1982년 9월 제12 전인대회에서 모택동의 극좌적 잔영이 지워진 새 당헌을 채택하였으며, 당 총서기 중심제를 부활하고, 정치국과 서기국 등 당의 지도체제를 개편하였다.

중국공산당의 당원은 2002년 현재 약 6,600만 명에 이르며, 그 성격을 2002년 11월에 개정한 당장(黨章)에 의하면 '중국 노동자계급의 선봉대임과 동시에, 중국 국민과 중화민족의 선봉대이며, 중국적 사회주의 사업 지도의 핵심이고, 국가 최고 권력기관'임을 밝히고 있다.

중국공산당의 산하기관으로는 공산당전국대표대회·중앙위원회 전체회의·중앙위원회·중앙정치국·상무위원회·중앙기율검사위원회·중앙군사위원회 등이 있다. 그중 공산당전국대표대회는 약칭하여 당대회(黨大會)라 불리며, 당의 최고 권력기관으로 매 5년마다 중앙위

원회에서 소집·개최하고, 대표는 중앙당기관과 지방의 각급 대표대
회에서 간선한다. 여기서는 당의 중요정책에 대해 토의하고, 결정하
며, 당헌을 개정한다. 또한 중앙위원회·중앙기율검사위원회의 보고
를 심의하며, 및 동위원회 위원을 선출한다.

중앙위원회 전체회의는 약칭하여 중전회(中全會)라고 불리며, 중앙
위원 198명과 후보위원 158명, 즉 총 356명으로 이루어졌고, 매년 1
회 이상 중앙정치국에 의해 소집된다. 당대회(黨大會)가 개최된 직후
제1차 중앙위원회 전체회의를 '1중전회(中全會)'라 한다.

중앙위원회는 전국대표대회가 폐회 중일 경우에 전국대표대회의
의결을 집행하고, 당의 활동 전반에 대해 지도며, 대외적으로 당을
대표하는 실제적인 당 최고 권력기관이다. 중앙위원회의 대표로 총
서기를 두고 있다. 총서기는 중앙정치국 상무위원 중에서 선출되며,
중앙정치국과 상무위원회의 회의를 소집하는 외에 중앙서기처의 업
무를 관장함으로써 당을 운영하는 핵심인물이다. 비록 군의 통수권
은 없으나 당의 최고 실력자라 할 수 있다.

중앙정치국은 24명의 정위원과 1명의 후보위원, 즉 총 25명으로 이
루어 졌으며, 중앙위원회 전체회의가 폐회 중일 경우에 중앙위원회
를 대표하여 직권행사한다. 중앙정치국 상무위원회는 총 9명으로 이
루어졌으며, 중앙의 일상 업무 처리하는, 중국권력의 핵심멤버들이다.

중앙기율검사위원회는 1978년 12월 제11기 당 3중전회에서 설치
되었으며, 문화혁명 중에 폐지된 중앙감찰위원회를 대체한 기구이다.
중앙위원회에서 선출된 121명 중에서 서기 1명과 부서기 7명을 선
출하며, 주된 임무는 당장(黨章)과 기타 중요한 규칙 및 제도가 제

대로 집행되고 있는가와 당풍(黨風)이 바르게 유지되도록 하며, 당의 노선과 정책 및 결의 사항의 실천상황을 점검한다.

중앙군사위원회는 중앙위원회에서 선출하며, 인민해방군의 조직과 활동을 통제하고, 군사위원회는 인민해방군의 총정치부를 통해 군에 있어서의 당의 정치활동을 관리한다.

그 외에 중앙 직속기관으로 판공청(辦公廳)·조직부(組織部)·선전부(宣傳部)·대외연락부 및 인민일보사·광명일보사 등 33개의 기관을 가지고 있다.

전국인민대표대회(全國人民代表大會)에 대해서 중국 헌법은 제57조에서 '중화인민공화국 전국인민대표대회는 국가최고권력기관(中華人共和國全國人民代表大會是國家最高權力機關)이라고 명문화하였다. 그러나 집행기관인 행정의 국무원·사법의 법원이 전인대에 대하여 책임을 진다는 점에서 삼권분립제 아래에서의 국회와는 차이가 있다. 1975년에 제정된 중국 헌법 제16조에는 전인대를 '중국공산당의 지도 아래에 있는 국가의 최고 권력기관'이라고 규정하여, 중국공산당에 예속되어 있음을 명시하였다. 그 후 1978년에 개정된 헌법과 1982년 제5기 전인대 제5차 회의에서 제정한 신헌법에는 '중국공산당의 지도 아래에 있는'이라는 조항을 삭제하였으나, 신헌법의 전문(前文)에서 '당의 영도'를 포함하는 '4항의 원칙'이 강조됨으로써 당 우위의 원칙에는 변함이 없다.

전인대는 매년 1회 이상 전인대 상무위원회가 소집하여 개최하며, 32개 성·자치구·직할시·홍콩특구·인민해방군에서 선출되는 대표로 구성되고, 그 임기는 5년이다. 인민대표대회는 전인대, 성·시·자치구·

인민해방군 인대, 현·시 인대, 향·진 인대 등 4단계로 구분된다.

차하급 인대, 즉 성·시·자치구·인민해방군 및 홍콩특구에서 차상급 인민대표를 해당지역의 인구 비례에 기초하여 직접 또는 간접선거를 통해 선출한다. 그러므로 전인대 대표는 차하급 단위인 성·시·자치구·인민해방군 및 홍콩특구로부터 간접선거로 최고 3천 5백 명까지 선출하고, 선출되는 대표의 약 60%가 공산당원이다. 최하급 인대인 현(시·구)·향(진)급 인민대표는 국민이 직접 선거로 선출하며, 임기는 3〜5년이다. 전인대의 대표 총수는 전인대 상무위원회가 상황에 따라 결정하나, 3,500명을 초과하지 못하며, 10기에서는 2,984명이었다.

전인대의 권한으로는 헌법의 개정, 헌법집행의 감독 및 기본 법률의 제정·개정, 국가주석·부주석의 선출 및 파면, 국가주석의 제청에 의한 국무원 총리의 선출과 총리 제청에 따른 부총리·국무위원·각부 부장·위원회 주임 등에 대한 결정 및 파면, 국가중앙군사위원회 주석의 선출 및 중앙군사위원회 주석의 제청에 의해 그 위원회의 기타 구성원에 대한 결정 및 파면, 최고인민법원 원장·최고인민검찰원 검찰장에 대한 선출 및 파면, 국가경제·사회발전 계획 및 진행상황에 대한 심의·비준, 국가예산과 예산집행 상황에 대한 심의·비준, 성·자치구·직할시의 설치 비준, 특별행정구의 설치와 그 제도에 관한 결정, 전쟁과 평화에 대한 결정 등이 있다.

전인대의 상설기관으로는 '전국인민대표대회 상무위원회'가 있다. 구성 인원은 총 176명이며, 그중 위원장 1명·부위원장 15명·비서장 1명·위원 159명을 전인대에서 선출하며, 적당수의 소수민족대표를 포함시키도록 규정되어 있다. 전인대 상무위원회 위원은 국가행정기관·사법·검찰기관업무의 겸직을 금지하고 있다.

전인대 상무위원회는 통상 매 2개월마다 1회씩 짝수 달의 하순에 개최하며, 매회의 회기는 7~10일 정도로 하고 있다. 전인대 폐회 중에는 그 권한을 대행하나 헌법개정·국가주석·총리·중앙군사위 주석 선출 등을 제외하고, 총리의 제청으로 국무원 부장·위원회 주임·심계장(審計長)·비서장·전권대사를 결정하는 인사권을 갖는다.

또한 최고인민법원장의 제청에 의한 최고인민법원 부원장·심판원·심판위원회 위원·군사법원 원장의 임면권(任免權)과 최고인민검찰원 검찰장의 제청에 의한 최고인민검찰원 부검찰장·검찰원·검찰위원회 위원·군사검찰원 검찰장과 성·자치구·직할시의 인민검찰원 검찰장의 임면권을 갖는다.

국가주석은 중화인민공화국 주석의 약칭으로, 주요 국가 권력기관 중 하나다. 1954년 헌법에서 국가주석을 설치한 이래 오늘에 이르기까지 국가주석은 모택동(毛澤東, 1949. 9.~1959. 4.), 유소기(劉少奇, 1959. 4.~1966. 8.과 1968. 10.), 이선념(1983. 6.~1988. 4.), 양상곤(楊尙昆, 1988. 4.~1993. 3.), 강택민(江澤民, 1993. 3.~2003. 3.), 호금도(胡錦濤, 2003. 3.~현재)가 역임하였다.

국가주석은 전인대에서 재적대표 과반수의 찬성으로 선출되며, 그 임기는 전인대 대표와 같이 5년으로 하고, 3회 연임을 금지하고 있다. 또한 국가를 상징적으로 대표하며, 전국인민대표대회 상무위원회의 결정에 따른 법령의 공포, 총리·부총리·국무원의 관장, 각각 국무원 부총리·부장·위원회 위원장·비서장의 임면, 외국주재 전권

대표의 파견·소환, 국가 훈장과 영예칭호의 수여, 특사령·계엄령·선전포고·동원령의 발포, 외국사절의 접수, 외국과 체결한 조약 및 협정에 대한 비준·폐기, 국가최고 국무회의의 주재와 같은 권한을 갖는다.

국가부주석은 주석을 보좌하며, 주석이 위임하는 주석의 일부 권한을 대행하고, 주석이 궐위 시 주석직을 승계한다.

국무원은 전인대의 집행기관이다. 최고 국가행정기관으로서 전인대 폐회 중에는 그 상설기관인 상무위원회의 지시를 받는다. 국무원의 구성은 총리 1명·부총리 4명·국무위원 5명·비서장 1명·각부부장 23명(중국인민은행장 포함)·각 위원회 4명·심계서(審計署) 심계장 1명으로 구성된다. 2003년 3월 제10기 전인대 제1차회의에서 "국무원개혁방안"을 결의하여, 29개 국무원 부서를 28개로 축소 개편 하였으며, 임기는 5년으로 하고, 총리·부총리·국무위원의 연임은 1회에 한한다. 역대 총리로는 주은래(周恩來)·화국봉(華國鋒)·조자양(趙紫陽)·이붕(李鵬)·주용기(朱鎔基)·온가보(溫家寶) 등이 역임하였다.

국무원의 주요권한과 그 기능은 법률에 근거한 행정법규 및 명령의 제정·공포, 지방의 각급 행정기관에 대한 업무지도, 국민경제·사회발전계획 수립 및 국가예산의 편성과 집행, 성·시 범위 내에서의 일부 지역에 대한 계엄령 선포결정 등을 한다.

국무원 회의는 전체회의와 상무회의가 있다. 전체회의는 국무원 구성원 전원이 참석하는 회의이며, 상무회의는 총리·부총리·국무위원·비서장만으로 구성되어 비공개회의로 한다.

국무원의 직속기구는 19개가 있으며, 국가통계국·해관총서·중국민용항공국·국가관광국·국가식품약품감독관리국·국가세무국·국가방송영화TV총국·국가지적재산권국·국무원 참사실·국가환경보호국·국무원 기관사무관리국·국가체육총국·국가공상행정관리국·국가신문출판서·국가질량기술감독국·국가종교사무국·국가임업국·국가안전생산감독관리국·국무원국유자산감독관리위원회가 있다.

중국인민정치협상회의(中國人民政治協商會議)의는 약칭하여 정협(政協)이라고도 하며, 1949년 9월 「인민통일전선」조직으로 설립되어 1949년 10월 건국 초기 임시 헌법에 해당하는 「정협 공동강령」을 제정하는 등 의회 역할을 대행하였다. 1954년 전국인민대표대회 설립이후 정책자문기관 및 홍콩·마카오 접수, 대만 통일을 위한 통일전선 업무 협의체 기능을 수행하고 있다.

정협 전국위원회 구성은 공산당·8개 「민주제당파(民主諸黨派)」·인민단체·소수민족·홍콩·마카오 교포 등의 대표인사 약 2,000명으로 구성하며, 2003년 3월에 개최된 제10기 정협 전국위원회의 전국위원은 2,238명이었다. 정협은 전체회의를 통해 전국위원회의 주석·부주석·비서장·상무위원을 선출하며, 이들의 임기는 5년이고, 통상 연1회 전체회의를 개최한다. 정협 상무위원회는 전국위원회의 주석 1명·부주석 24명·비서장 1명·상무위원 299명 등 총 325명으로 구성되었다. 정협 상무위원회는 전국위원회 전체회의가 폐회 중에는 전체회의의 결의를 집행하고, 전국인민대표대회 또는 국무원에 제출할 결의안을 심의·채택한다.

┌───┐
│ **민주제당파의 설립시기**   │
│   │
│ 中國國民黨革命委員會: 48.1. 성립   │
│ 中國民主同盟: 41.10. 성립   │
│ 中國民主建國會: 45.12. 성립   │
│ 中國民主促進會: 45.12. 성립   │
│ 中國農工民主黨: 30.8. 성립   │
│ 中國致公黨: 25.10. 성립   │
│ 九三學社: 44.12. 성립   │
│ 臺灣民主自治同盟: 47.11. 성립   │
└───┘

중앙군사위원회(中央軍事委員會)는 전국병력을 지휘하며, 주석책임
제이다. 주석의 임기는 5년으로 하고, 연임제한은 없다. 중앙군사위
원회는 전국인민대표대회 및 그 상무위원회에 책임을 지며, 국가중
앙군사위의 구성은 당 중앙군사위의 구성과 동일하다.

최고인민법원은 중국 최고 재판기관으로 지방의 각급 인민법원과
전문 인민법원의 재판활동을 감독하며, 전국인민대표대회와 그 상무
위원회에 책임을 진다. 원장의 임기는 5년이며, 1회에 한하여 연임
이 가능하다.

최고인민검찰원은 중국 최고 검찰기관으로서 지방의 각급 인민검
찰원과 전문 인민검찰원의 활동을 지도하며, 전인대와 그 상무위원
회에 책임을 진다. 원장의 임기는 5년이며, 1회에 한하여 연임이 가
능하다.

기타 정당 및 사회단체로 민주제당파(民主諸黨派)가 있다. 이는
중국이 복수 정당국가임을 표방한 조치이며, 민주제당파에는 집권당

인 공산당 외에도 중국국민당혁명위원회·민주동맹·대만민주자치동맹 등 8개 민주당파가 존재한다. 그러나 실질적 기능과 역할 면에서는 독립정당 또는 야당의 역할을 못할 뿐만 아니라, 중국공산당의 일당통치에 협조·공존하는 형식상의 우당(友黨)이라 하겠다.

2. 경 제

우리나라와 중국은 수교당시 중국 측 통계로 50억 불 수준에 불과하던 한중 교역규모가 2005년에는 약 1,005억 불 규모로 확대되어 20배 이상으로 증가되었다. 이는 2003년 7월 노무현 대통령이 중국을 방문하면서 후진타오 주석과 합의한 5년 이내, 즉 2008년까지 교역규모 1,000억 불을 달성키로 합의한 목표를 3년 앞당겨 달성한 것이다. 한중 양국의 교역이 급속하게 성장함에 따라 중국은 2003년부터 우리의 최대 수출대상국이 되었으며, 2004년에는 수출입을 합쳐 우리의 첫 번째 교역대상국으로 부상하였다.

대중 투자 면에서 볼 때, 2005년 말 현재 우리 기업의 대중 투자 누계는 15,510건에 135.5억 불(중국 측 통계로는 38,868건에 311억 불)이다. 이는 우리나라가 작년 한 해 동안 중국에 가장 많은 투자를 한 나라가 되었으며, 현재 중국 내에는 약 2만여 개의 우리 기업이 진출해 있는 것으로 추산하고 있다.

한중 경제교역 규모가 이와 같이 비약적으로 발전할 수 있는 원인은 무엇보다도 양국의 지리적 인접성과 경제적 상호 보완성이 클 뿐만 아니라, 역사·문화적 유사성의 기여도가 크다고 볼 수 있다.

중국의 2004년 주요 지표를 보면, 경제성장률은 9.5%이며, GDP는 1조 6,500억 불로 세계 6위이고, 1인당 GDP는 1,270불이며, 무역 총액은 1조 1,547억 불이다. 그중 수출은 5,936억 불이고, 수입은 5,608억 불이며, 무역수지는 328억 불의 흑자로 전년대비 29.1% 증가한 것이다. 또 외국인투자는 606억 불로 세계 1위이며, 환율은 元[위엔]/미$가 1 : 8.2767이고, 외환보유고는 6,099억 불로 세계 2위이다.

중국의 2005년도 경제정세는 2004년 10.1%의 성장에 이어 9.9% 성장하면서 10%대의 성장을 지속하고 있으며, GDP 규모 또한 세계 4~5위 규모로 부상하였다. 이와 같이 고성장을 하면서도 소비자물가가 1.8%대로 비교적 안정되어 있다. 특히 총 교역액은 1조 4,221억 불로서 세계 3위이고, 실제 FDI 이용액은 603억 불로서 세계 3위이다. 외환보유액은 8,189억 불로서 세계 2위이고, 고정자산투자는 8조 8,604억 元[위엔]으로서 전년대비 25.7% 증가하였으나, 2004년 26.6% 증가에 비하면, 증가세가 다소 둔화되었다. 내수시장의 소비가 6조 7,177억 元[위엔]으로서 2004년 대비 12% 증가된 것은 향후 중국 경제성장의 새로운 동력이 될 수 있음을 보여준다고 하겠다.

	' 00	' 01	' 02	' 03	' 04	' 05
GDP(억 元)	99,215	109,655	120,333	135,823	159,878	182,321
실질GDP증가율(%)	8.4	8.3	9.1	10.0	10.1	9.9
물가상승율(%)	0.4	0.7	−0.8	1.2	3.9	1.8
총 무역액(억 불)수출수입 무역수지	47432492 2251241	5,9082,662 2,436226	6,2083,256 2,952304	8,5124,384 4,128255	11,5475,934 5,614320	14,2217,6206, 6011,019
외국인투자 (억 불)	407	469	527	535	606	603
총외채(억 불)	1,457	1,704	1,685	1,936	2,286	–
환율	8.2774	8.2766	8.2773	8.2767	8.2765	8.0702
외환보유고 (억 불)	1,656	2,122	2,864	4,033	6,099	–

* 주요지표 동향

중국에서 추진하고 있는 사회주의 시장경제는 1978년 등소평이 중국지도부의 전면에 등장하면서 추진한 개혁개방정책으로부터 시작된다. 등소평은 집단경제체제의 전형인 농촌지역의 인민공사를 혁파하고, 농업의 사영화(私營化)를 통하여 그 생산량이 엄청나게 증가하는 것을 바탕으로 사유화(私有化)·시장화(市場化)의 개념을 도입하기 시작하였다.

1982년 9월, 제12차 당대회에서 '계획경제를 주로 하고, 시장의 조절을 부수적으로 한다'고 하여 '시장'의 개념이 처음으로 도입된다. 1987년 10월, 제13차 당대회에서는 '사회주의의 계획적 상품경제 체제는 계획과 시장이 내재적으로 통일된 체제'라고 하여 사회주의 경제에서 시장기능의 강화를 주장하기에 이르렀다. 1992년 10월, 제14차 당대회에서는 드디어 중국의 경제체제 개혁의 목표는 '사회주의시장경제의 건설'에 있다고 강택민이 선언하게 되었다.

사회주의시장경제의 이론적 근거는 '상품경제'와 '시장경제'라는 용어를 처음으로 사용하기 시작한 1987년의 제13차 당대회에서 발표된 '사회주의초급단계론(社會主義初級段階論)'에 두고 있다. 당시 공산당 총서기였던 조자양은 당대회의 보고에서 "우리가 현 단계에서 직면하고 있는 주요 모순은 나날이 증가하는 인민의 물질·문화적 수요와 낙후된 사회생산력(社會生産力) 사이의 모순이지, 계급투쟁은 이미 주요 모순이 아니다"라고 하면서, 그 방법론으로서 종래 시행되어 오던 계획경제에서 '시장경제'로의 선회를 암시하였다. 조자양의 이러한 주장은 모택동이 주장한 '부단혁명론(不斷革命論)'과는 전혀 다른 인식에서 출발하고 있는 것이다.

◎ 모택동의 「인민 내부 보조리 문제의 정확한 처리에 대하여 (關于正確處理人民內部矛盾的問題)」의 주요 내용 ◎

소유제 면에서 비록 사회주의 개조가 이미 기본적으로 완성되었다고는 하지만, 또 혁명시기에 대규모 急風暴雨式 군중 계급투쟁은 이미 기본적으로 끝났다고는 하지만, 그러나 전도된 지주매판계급의 잔재가 아직도 존재하고, 자산계급이 아직도 존재하나 소자산계급은 이제 겨우 개조되기 시작하였다. 계급투쟁은 아직 끝나지 않았다. 무산계급과 자산계급 간에 존재하는 의식형태 면에서의 계급투쟁은 장기간에 걸친 것이고, 이유가 있는 것이며, 때로는 매우 격렬한 것이다. 무산계급은 자기의 세계관에 따라 세계를 개조하고자 하고, 자산계급은 자기의 세계관에 따라 세계를 개조하고자 한다. 이러한 면에서 사회주의와 자본주의 간에 누가 승리하고 누가 패했느냐 하는 승부문제는 여전히 완전하게 해결되지는 못했다(睦貞均, 1991, 『中國社會主義建設理論』에서).

◎ 조자양의 제13차당대회 보고의 주요 내용 ◎

사회주의의 초급단계는 어떠한 역사적 단계인가? 그것은 어떠한 국가라도 사회주의로 진입할 때 거치는 최초의 단계를 일반적으로 지칭하는 것은 아니며, 특별히 중국이 생산력이 낙후되고 상품경제가 발달하지 않은 조건 아래에서, 사회주의를 건설해 나가는 과정에서 필연적으로 거쳐야 하는 특정한 단계를 지칭한다. 중국이 1950년대에 생산자료의 사유제를 사회주의로 개조함에 있어서 기본적인 완성을 한 때로부터, 앞으로 사회주의 현대화를 기본적으로 실현할 때까지 적어도 1백년 이상의 시간이 필요한데, 이 모두가 사회주의초급단계에 속한다. 이 단계는 사회주의 경제기초가 확립되지 않은 과도시기와도 다르고, 이미 사회주의 현대화를 실현한 단계와도 다르다. 우리가 현 단계에서 직면하고 있는 주요 모순은 나날이 증가하는 인민의 물질·문화적 수요와 낙후된 사회생산력 사이의 모순이다. 계급투쟁은 일정 범위 내에서 장기적으로 존재할 수는 있지만 이미 주요 모순은 아니다. 현 단계의 주요 모순을 해결하기 위해서는 필연적으로 상품경제 발전에 전력하고, 노동생산성을 제고시켜야 하며, 공업·농업·국방 및 과학기술의 현대화를 점차적으로 실현해야 하고, 또한 이를 위해서 생산관계와 상부 구조 중 생산력 발전에 적응하지 못하는 부분을 개혁해야 한다.

조자양은 이 보고에서 현 중국의 사회적 단계는 사회주의초급단계라고 규정하며, 사회주의 국가 건설의 중요한 논점을 계급투쟁에서 경제 건설로 돌려놓음과 동시에, 이제는 계급투쟁을 위시한 사상논쟁을 중요시할 때가 아니고, 생산력의 발전에 대해 연구·실천해야 할 때임을 천명하였다.

또한 '사회주의 공유제를 주체로 여러 경제 요소와 다양한 경영방식'·'전민소유제에 있어서 정기분리'·'다양하고도 정확한 분배원칙'·'상품경제발전과 사회주의 시장체제 배양' 등 낙후한 경제 상황을 벗어나기 위한 국가의 개혁정책이 본격적으로 시행되어야 함을 주장하였다. 나아가 경제제일주의가 국가 건설의 기조가 되어야 하고, 생산력의 발전이 국가의 제일의 과제가 되어야 함을 제시하였다.

중국의 경제계획은 장기계획(長期計劃)과 중기계획(中期計劃)을 세워 추진하고 있다. 장기계획은 10년 또는 10년 이상의 계획을 추진하므로 체제와 집행과정에서 직면하게 될 불확실한 요소가 많아 개괄적이며, 주요지수·발전 속도·주요 과학연구항목과 건설항목을 반영하고 있다. 중기계획은 5개년 계획으로 추진하며, 중국 정부수립 이후 1953년부터 모두 9차례의 '5개년 계획' 추진하였다.

중기계획은 경제성장율 등 주요경제지수·재정·금융·외환·물자·시장·노동력 등 각 분야가 균형을 이루도록 하였다. 또한 고정자산투자의 규모·방향·효율제고를 반영하며, 주요상품의 생산능력 증가를 반영하고, 중대형 건설프로젝트·과학기술개발 프로젝트를 반영하고 있다. 나아가 출생률·민생물자·문화생활수준·자원이용·환경보호를 반영하며, 경제 및 과학기술정책관련 주요정책과 기타부문의 주요시책을 반영하고, 고정자산투자의 규모·방향·효율제고를 반영하였다.

2005년 중국정부는 인민폐를 달러대비 2.1% 절상하는 수준에서 환율을 안정화하고, 관리변동환율 제도를 도입하는 등 지속적인 환율제도의 유연성 확대 조치로 인민폐 추가절상 압력에 대응하고 있다. 그러나 2005년 중국의 무역흑자가 2004년 320억 불에서 사상 최대인 1,019억 불로 증가하고, 외국인 직접투자도 2004년과 비슷한 603억 불을 기록하여, 중국의 외환 보유고가 8,189억 불로 급증하였다. 이는 일본의 8,469억 불에 이어 세계 2위 규모이다.

중국의 이러한 외환보유액 급증은 미국 등 서방 선진국과의 통상마찰과 인민폐 추가절상 압력의 요인으로 작용하고 있으며, 국내적으로는 보유 외화자산의 재구성 요구가 확산되고 있다. 특히 2006년 중 1조억 불의 최대 외환보유국으로 부상하면서, 보유외환의 다각화를 추진하게 되었다.

중국의 경제사회 5개년 계획은 2006년부터 2010년까지의 추진계획이며, 11.5계획이라 표기한다. 11.5 계획의 경제사회 발전의 주요 목표는 2010년 1인당 GDP를 2000년의 2배로 증가, 단위 GNP당 에너지소모량을 10.5 계획 말기 대비 20% 감소, 자체 지적재산권 및 브랜드·국제경쟁력을 보유한 우량기업 육성, 사회주의 시장경제체제의 발전·개방형 경제발전·국제수지의 균형, 9년 의무교육제 정착·일자리 창출·사회보장체제 구축, 절대빈곤인구 감소·도시 및 농촌주민 수입 및 생활의 질 개선·물가안정, 거주·교통·교육·문화·위생·환경 분야 조건 대폭 개선, 민주법제 건설 및 정신문명 건설, 사회치안 및 산업안전 수준 향상, 조화로운 사회건설 추진 등을 꼽고 있다.

그러므로 11.5 계획은 '사회주의 신농촌' 건설, 산업구조 고도화, 지역 간 균형발전을 통해 동중서(東中西)의 지역적 격차를 해소하며, 자원절약형·환경친화형 사회건설, 체제개혁 심화, 대외개방 수준 확대, 과학교육 흥국전략, 인재강국 전략, 조화로운 사회건설 제시하였다. 나아가 조화로운 사회 건설 관련, 국민의 생활 및 이익과 직결되는 취업, 사회보장, 분배제도, 문화체제, 의료제도, 위생문제, 사회치안 개선 추진을 계획하였다.

중국 대외무역은 2005년 1조 4,221억 불로서 미국, 독일에 이어 세계 3위이나, 지나친 해외의존도 심화 및 무역마찰 증가 등으로 중국정부는 내수 진작책과 적극적인 FTA 정책을 전개하고 있다. 수출품의 구조에 있어서 공산품의 수출비중을 1995년도의 85.6%에서 2004년도에는 93.2%로 증가하였다.

그중 자본·기술 집약형 제품이 1995년부터 2004년에 이르는 동안 기계전자제품의 수출액이 8배나 증가하면서 수출총액에서 차지하는 비중 또한 1995년도의 29.5%에서 2004년도에는 54.5%로 크게 증가하였다. 특히 첨단기술제품의 수출은 1995년도의 4.2%에서 2004년도에는 27.9%로 증가하였다. 또한 1995년 이후 가공무역이 무역총액에서 차지하는 비중이 약 50%에 달해 10년간 2,766억 불의 무역흑자를 창출하였다.

주요 무역상대국은 2004년도 현재 일본·미국·EU 등 3대 무역파트너와의 무역규모가 각각 1,679억 불·1,696억 불·1,773억 불로 1995년 대비 각각 1.9배·3.2배·3.4배가 증가하였다. 그러나 무역조건

지수가 1995년도의 109%에서 2004년도에는 90.8%로, 10년간 18.2%p 하락하였다. 특히 WTO 가입 이후 무역환경이 개선되는 한편, 무역마찰은 꾸준히 증가하고 있다.

중국도 기업의 해외투자 동향이 나타나고 있다. 이러한 동향은 무역수지의 흑자·충분한 외환보유고·중국기업의 경쟁력 향상 등 해외투자에 유리한 조건이 성숙되었으며, 외국으로부터 자본과 기술 도입을 위주로 하던 기존 정책의 지속 추진과 더불어 2001년부터 해외 생산기지 및 영업망 구축·중국기업의 수준 제고·다국적기업 양성 등을 위한 우수기업의 해외진출 지원정책을 적극 추진하고 있기 때문이다.

중국기업의 해외진출은 자원개발·제조업 분야의 다국적 M&A가 주요 투자 방식을 이루며, 투자대상국이 대부분 아시아 국가에 집중되어 있다. 그중 10.5(2001~2005년) 기간의 해외투자 규모가 크게 증가하여 기업당 해외투자액 평균이 2002년도의 281만 불에서 2004년도에는 448만 불로 급증하였다.

중국 경제전망은, 첫째 2006년 개시되는 「제11차 5개년 경제개발계획」이 고성장에 따르는 부작용 해소에 주력하도록 되어 있음으로 성장률은 다소 하락될 것으로 보인다. 둘째 임금·부동산·원자재 등의 가격상승 등 물가상승 압력에도 불구하고, 정부의 강력한 안정책으로 저물가가 유지될 것이다. 셋째 선별적 투자유치 등 총투자의 신축적 조정으로 20% 내외의 투자증가율이 유지될 것이다. 넷째 내수 진작을 위한 소비확대로 개인소득세 조정·농업세 폐지·농업 보조금 확대·사회보장제도 개선 등 소비 유인정책을 실시할 것이다.

다섯째 국제수지 불균형 해소 노력의 일환으로 수입관세 인하·FTA 추진 확대·위엔화 추가절상·수출구조 개선 등이 추진될 것이다.

중국에 있어서 국유기업은 매우 비경제적이므로 공업부문의 기업을 2002년도 4만여 개사에서 2004년도에는 3만2천 개사로 감소시켰다. 그 결과 공업부문의 국유기업의 부가가치가 2002년도의 1조 6천억 위엔에서 2004년도에는 2조 3천억 위엔으로 증가하였다.

※ **중국의 WTO가입 의정서 주요 내용**

1) 관세인하
 - 공산품 평균관세율 17% → 2005년까지 9.4%로 인하; 농산품 평균관세율 19% → 2004년까지 17%로 인하
2) 무역제한 및 수량제한 폐지
 - 수입허가증 관리(35종 373개 품목) → 가입 후 5년 내 수입허가증 폐지
 - 수입쿼터관리(28종 245개 품목) → 가입 후 5년 내 쿼터제 점진 폐지
 - WTO 가입 3년 내에 모든 기업에 대외무역권 부여
3) 투자: 무역관련투자규제조치 폐지, WTO 무역관련투자조치 협정 적용
4) 서비스 각 분야별로 양허, WTO 서비스무역일반협정 적용
5) 지적재산권: WTO 무역관련지적재산권협정 적용
6) 주요 예외
 - 곡물, 담배, 연료, 광물 등에 대해서는 국영무역 유지 가능
 - 국내에서 물품의 분배와 운송에 대하여 규제조치 가능

최근 중국정부는 아시아 금융위기에서 드러난 대기업 위주 경제성장의 폐해를 인식하여 부실기업을 대기업이나 정부에 떠넘기는 방식 대신, 국유기업의 민영화·분할매각·M&A·기업공개(IPO)·파산제도 활용 등을 통하여 국유기업 자체의 경쟁력 강화를 도모할 수 있는 다양한 방법을 활용하고 있다. 또한 2010년까지 중장기 국유기업

개혁정책으로서 선진기업제도 확립·과학기술 도입·기업관리 강화·경쟁체제 도입·당(黨)역할 강화 등의 10대 지도방침을 발표하였으며, 금융개혁 및 사회보장제도개혁을 동시 추진하고 있다.

국유기업 개혁방식은, 첫째 정부의 국유기업 지원을 축소하고, 국유기업 스스로 자산매각과 기업공개를 통해 경영에 필요한 조치를 취하였으며, 둘째 경쟁력을 갖춘 대기업은 국제시장에서, 중소기업은 국내시장에서 기업공개를 실시해 국유기업의 주식제를 추진하도록 하였고, 셋째 부실 국유기업은 구조조정을 위해 해외자본의 국유기업에 대한 M&A를 적극 장려하고 있다. 특히 관련 법규의 지속적인 정비를 통해 소유형식과 상장여부를 불문하고, 대부분의 중국기업 및 외자기업에 대한 M&A가 가능토록 추진 중이다. 넷째 국유기업 개혁에서 파산제도를 새로운 방안으로 활용하며, 파산제도의 활성화를 위해 민간부문의 고용흡수 능력제고·비국유 부문의 발전을 지원하고 있다. 더불어 국유기업 고용조정에 따른 실업문제 해결을 위해 실업보험제도 도입하였다. 다섯째 국유재산의 사유화를 추진하기 위해 2003년 4월, 국무원 산하 국유자산감독관리위원회를 설립하여 국유자산의 운영전략 수립·구조조정 방향 및 투자·발전계획 수립·국유자산 경영심사 등을 강화하고 있다. 아직은 사유화 대상을 각급 지방정부가 관리하는 중소형 국유기업에 한하고 있다.

중국 주요상업은행인 4대 국유상업은행·3대 정책성은행·11개 주식제 상업은행 의 부실채권 총액은 2005년 말 현재 1조 3,134억 위엔으로 총여신의 8.6%에 달하며, 4대 자산관리공사의 부실채권 총액은 2005년 말 현재 약 8,400억 위엔에 달한다.

4대 자산관리공사의 부실채권 처리현황 (2005년 말 기준)

자산관리공사	화융	장성	동방	신달	합계
해당은행	공상은행	농업은행	중국은행	건설은행	—
부실채권인수수액	4,077	3,458	2,674	3,730	13,939
처리자산누계액	2,434	2,634	1,318	2,012	8,398
현금회수 누계액 (현금회수율(%))	544 22.4	274 10.4	320 24.3	628 31.2	1,766 21

중국정부는 4대 자산관리공사를 통해 2005년도 말 현재 보유 부실채권의 약 60%인 8,398억 위엔의 부실자산을 처리하였다. 그러나 4대 자산관리공사의 보유자산은 담보가 많지 않고, 부실채권 대부분이 장기간 문제여신으로 분류되어 높은 회수율은 기대하기 어려운 실정이다. 부실채권 처리에 대한 전망은 비록 향후 '국유독자상업은행의 주식제 개혁'과 '농촌신용사 개혁' 등 금융개혁을 지속적으로 적극 추진할 예정이라고는 해도, 금융부실 해결과정 중 국유기업의 연쇄도산으로 인한 실업문제·정치적·사회적 혼란 등이 발생할 수 있으므로 보다 강력한 개혁을 추진하지 못하고 있다.

서부대개발은 낙후된 서부지역의 12개 성·시·자치구의 개발을 말하며, 이 지역은 2003년 현재 중국 전 국토의 71.4%인 685만 km²에서 전 인구의 28.8%인 3.7억 명이 살고 있으면서도 경제면에서는 GDP의 16.8%인 2조 3천억 위엔을 차지하고 있었다. 이에 중국정부는 서부대개발의 강력한 추진을 위하여, 2000년 1월 주관 부서로 총리를 조장으로 하고, 국가발전개혁위 주임·재정부장·인민은행장 등 부장급 인사로 영도소조를 구성하였으며, 2000년 3월 국가발전개혁위 주임을 주임으로 하고, 그의 산하에 4개 팀(정책기획, 생태환경 보호, 경제사회발전, 인력개발)으로 판공실을 구성하여 대대적인 개발에 착수하였다.

2000년 서부대개발 추진을 통해 중국 전체 경제성장률을 초과하는 양호한 성과를 거두었음에도 불구하고, 전체 중국경제에서 차지하는 비중은 오히려 상대적으로 축소되는 모습을 보이고 있다. 즉 2003년 중국전체의 성장률이 9.1%이나 서부지역의 성장률은 11.2%임에도 불고하고, 중국전체에서 차지하는 비중은 16.8%로 전년보다 오히려 0.1% 감소된 모습을 보이고 있다. 이러한 현상은 전반적으로 인프라 건설 분야에서는 상당부분 성과를 거두었지만, 산업발전을 위한 외자유치는 2003년 대중국 유입외자가 535억 불인 데 비해, 지난 4년간 서부지역에 유입된 외자는 75억 불에 불과해 기대에 못 미친 때문으로 보고 있다.

중국정부는 향후 서부대개발의 목표로 친환경 농촌경제 발전·대형 프로젝트 및 농촌을 대상으로 하는 소형 인프라 확충·지역사회의 부문 간 균형발전·지역특색의 경쟁산업 육성·민간부문의 확대와 국외자본 유치 등 개혁개방의 확대로 설정하였다. 그러나 서부지역 개발에 대한 중국정부의 정책적 공약이 견고하긴 하지만, 전인대에서 동부·동북·중부·서부의 각 지역 간의 균형발전을 천명한 바 있어서 서부지역에 대해 지속적으로 전폭적인 지원을 하기란 쉽지 않을 것이다.

동북전략, 소위 말하는 동북공정(東北工程)은 2003년 8월 온가보(溫家寶) 총리가 동북공업지역 진흥전략의 추진을 주창하면서 시작된다. 2003년 11월 100개 핵심 프로젝트를 선정하고, 이의 실현을 위해 2004년 3월 중앙영도소조(中央領導小組) 및 동북판공실(東北辦公室)이 본격적으로 가동되는 등 중국정부는 동북공업지역 진흥전략을 본격적으로 추진해 가기 시작하였다.

동북지역이 중국경제에서 차지하는 비중

양곡 전국생산량의 1 / 3이상, 원유 2 / 5, 목재 1 / 2, 조선 1 / 2,
요녕성 공작기계 10%, 길림성 자동차 산업 11.5%,
흑룡강성 대형 수력 및 화력발전설비 50%와 33%,
전기 변압기설비 40% 이상 차지

동북전략이 실현되고 있는 동북 3성 지역은 지리적으로 한반도와 인접해 있을 뿐만 아니라, 동북아와 중앙아시아 및 유럽을 연결하는 전략적 요충지이기도 하므로, 이 지역은 향후 동북아의 새로운 성장 중심지역의 하나로 주목되고 있는 동시에 역사적 문물에 대한 연고권이 맞물려 있어 외교적으로도 매우 예민한 지역이다.

동북 지역은 과거 계획경제시절 중공업 및 농업생산기지로서 중국경제의 성장엔진 역할을 수행하였으나, 개혁개방 이후 중국경제의 성장 중심이 연해지역에 치중됨에 따라 소외된 지역이 되었다. 소위 '잃어버린 20년'동안 동북3성 지역은 낙후된 지역으로 분류되었다.

중국정부는 개혁개방 20년 동안 1차 성장목표인 '溫飽'(전 국민의 의식주 문제를 해결)를 달성하고, 제2단계 목표인 2020년에는 '小康社會'건설을 달성하기 위해 동북공업지역의 재건이 필수적인 것으로 설명하고 있다. 특히 동북지역은 중국경제에서 차지하는 비중이 클 뿐만 아니라 이 지역의 경제를 회생시키고자 하는 중국정부의 의지가 확고한 것으로 나타나고 있다. 이에 따라 중국정부는 서부대개발 사업의 추진경험을 바탕으로 동북부의 전략도 적극 추진해 나갈 것으로 보인다.

동북공업기지 진흥전략을 추진하기 위해서는 국유기업개혁을 통한 산업구조조정과 이 과정에서 발생되는 실업문제의 해결 등 쉽지 않은 과제가 산적해 있음에도 불구하고, 풍부한 자연자원 외에도 서부지역과는 달리 중공업 기반이 견실하고, 인프라도 비교적 잘 갖추어져 있어, 초기여건은 서부지역보다 양호한 편으로 평가되고 있다. 동북공업기지 진흥전략의 추진은 중앙의 재정에 의지하기보다는 지방정부가 주축이 되어 외자유치와 민간투자를 통해 중앙정부 비준 100개 프로젝트를 중심으로 추진될 전망이다. 서부대개발 계획이 발표된 이래 구체적인 정책 수립까지는 4~5년이 소요되었는 데 비해 동북공업지역 진흥전략은 발표 후 수개월 만에 구체적인 프로젝트까지 승인되는 등 추진속도가 서부대개발보다 월등히 빠르게 추진되고 있다.

중국은 외국기업에 대한 산업정책을 장려산업·제한산업·금지산업으로 구분하여 실행하고 있다. 장려산업은 먼저 농업신기술·농업종합개발·에너지·교통·중요 원재료 관련 산업 등, 둘째는 상품의 성능·기술력 및 경제효율을 향상시키고, 국내생산이 부족한 신 설비·신 재료에 관련된 산업, 셋째는 시장수요에 부응·상품의 질 향상·신흥 시장 개발 혹은 상품의 국제 경쟁력 증가에 관련된 산업, 넷째는 에너지·원자재를 절약하며, 자원과 재생자원을 종합적으로

이용하고 환경오염을 방지하는 신기술·신 장비 관련 산업, 다섯째
는 중서부지역의 인력과 풍부한 자원을 이용하고, 국가 산업정책에
부합하는 산업, 여섯째는 기타 국가의 법률과 행정규정으로 정한 것
이라고 명문화해서 장려할 뿐만 아니라 적극적으로 지원해 주고 있다.

제한산업으로는, 첫째 기술 수준이 낙후된 것, 점진적으로 개방하
는 산업에 속하는 것, 둘째 자원절약과 생태환경 개선에 불리한 것,
셋째 국가가 법률 등으로 보호하는 광물을 탐사·채굴하는 것, 넷째
기타 국가의 법률과 행정규정으로 정한 것으로 규정하고는 매우 까
다로운 조건을 제시하여 지킬 것을 요구하고 있다.

금지산업으로는, 첫째 국가안전을 위협하거나 사회의 공공이익을
해치는 것, 둘째 환경을 오염하고, 자연자원을 파괴하고 인체건강을
해치는 것, 셋째 넓은 경지를 점유하고, 토지자원 보호와 개발에 해
로운 것, 넷째 군사시설의 안전과 효과적인 사용에 방해가 되는 것,
다섯째 중국 특유의 공예와 기술을 이용하는 것, 여섯째 기타 국가의
법률과 행정규정으로 정한 것 등에 대해서는 법으로 규제하고 있다.

외국인 투자제도에 있어서 금융상 특별 우대는 없으며, 세제(稅制)
측면에서 지원을 한다. 즉 외국인투자 관련 법률 및 외국인 투자 장
려에 관한 규정 등을 근간으로 하여 외국인 투자기업에게는 투자지
역, 투자업종 등에 따라 우대 내용을 달리 하여 각종 조세 인센티브
를 제공하고 있다. 생산형 기업, 수출기업, 경제개발구 내 기업, 첨
단기술 기업, 중국 산업정책에 부합되는 항목에 종사하는 기업 등에
대하여 세율을 경감하여 적용하고 있다. 그러나 외국인 투자영역에
있어서 대외개방이 확대되면서 내국기업에 대한 역차별 논의가 지속

적으로 제기되고 있다. 그러므로 외자기업에 대한 세제상 우대도 일부 특정지역이나 산업에만 남기고, 내국기업과 동일한 기준이 적용될 것으로 예상된다.

중국에 있어서 토지 제도의 발달은 정치제도의 발전과 그 맥을 같이하여 왔다고 볼 수 있다. 그러므로 1949년 이후 토지제도의 변화는 바로 중국 공산주의의 발전과 그 축을 같이하고 있음을 볼 수 있다. 최근 국무원의 긴축정책 발표 이후 토지의 난개발을 막고, 토지에 대한 단위면적당 실제투자액을 높이기 위한 여러 가지 정책들이 쏟아져 나오고 있다.

이러한 일련의 정책들로 인해 중국의 토지제도에 대한 기본적인 이해가 없는 외국기업들이 토지대금을 지급하고도 토지사용권을 취득하지 못하는가 하면, 처음부터 공장건설이 불가능한 지역에 공장건물을 지음으로써 토지사용권 취득을 못함은 물론 그 토지 위에 지은 건물까지 빼앗기거나 철거당하는 안타까운 사연들이 빈번히 발생하고 있다. 한국기업도 예외는 아니어서 최근에 많은 기업들이 토지사용권 문제로 곤란을 겪고 있다.

중국법제상 토지에 대한 권리가 없는 자가 그 토지 위에 건물을 짓거나 부속물을 설치하였을 경우, 그 건물 및 부속물의 소유권은 토지사용권자에게 귀속된다. 그러므로 토지사용권증을 취득하지 못한 자는 특정 토지에 대한 권리행사를 할 수 없으며, 임의로 그 토지에 건설한 일체의 공장건물 및 부속물에 대해서도 소유권을 주장할 수 없다. 실제로 외국 기업가 중에는 해당 지방정부의 공산당 서기나 진장(鎭長)·현장(縣長) 등의 말만 믿고 농민집체소유 토지에

투자하였다가 낭패를 본 일이 여러 차례 발생하였다.

「중화인민공화국 성, 진의 국유토지사용권의 양도와 재양도에 관한 임시 시행 조례(이하 '임시시행조례'라 약칭함)」와 「중화인민공화국 도시 부동산법(이하 '도시부동산관리법'이라 약칭함)」의 규정에 의하면 성·진의 국유토지 사용권의 양도란 국가가 토지소유자의 신분으로서 토지 사용권을 일정기간 토지사용자에게 양도하고, 토지사용자는 국가에 대해 토지사용권 양도에 따른 양도비를 지불하는 행위를 말한다.

또한 「도시부동산관리법」 제2조와 제8조의 규정에 따르면, 토지사용권 양도는 국유 토지 범위 내에서 진행하며, 집체소유의 토지는 반드시 국유토지로 전환시켜야만 양도가 가능하다. 양도하는 토지가 생지(生地, 미개발상태의 토지) 또는 숙지(熟地, 시정건설이 완료된 상태의 토지) 또는 모지(毛地, 지상건물 및 기타 부설물까지 함께 양도하는 토지)일 수도 있다. 토지사용권의 양도는 그 양도[出讓]계약서를 반드시 작성해야 하며, 시·현 정부의 토지관리부문과 토지사용권을 취득하려는 자가 체결한다. 개발구와 맺는 토지사용권양도계약은 법률상 무효다.

토지사용권 양도의 기한은 「임시시행조례」의 규정에 따라, '거주용지 70년·공업용지 50년·교육, 과학기술, 문화, 위생, 체육용지 50년·상업, 여행, 오락용지 40년·종합용지 혹은 기타 용지 50년'이라고 제한하고 있다. 또한 양도 계약서에 규정된 토지 사용기한이 만료되었을 경우 토지 사용자는 사용연기를 신청할 수 있으며, 반드시 토지 양도비를 다시 지불하고, 토지 사용권양도계약서를 다시 체결해야 한다.

토지사용권의 양도방식은 「임시시행조례」와 「도시부동산관리법」의 규정에 따라 '경매방식'·'입찰방식'·'협의방식'으로 구분할 수 있다. 먼저 경매방식은 지정된 시간·지점에서 정부의 관련 분야 대표자가 토지사용권의 경매를 공개적으로 진행하여 토지를 공개하고 가격을 제시한 뒤, '제일 높은 가격을 제시한 사람'에게 낙찰되게 하는 방법을 말한다.

경매방식은 적극적인 경쟁제도로서 양도인의 그 어떤 주관적 요소도 가미되지 않고, 정부 또한 최고의 재정적 수익을 얻을 수 있다. 이 방식은 주로 투자환경이 좋고, 이익이 크며, 경쟁력이 강한 대·중도시의 상업·금융업·관광업·오락업 등의 용지에 이용된다.

다음의 입찰방식은 특정기한 내에 양수조건이 부합되는 단위·개인은 양도 측이 제시하는 조건에 따라 응찰하며, 개표·입찰평가를 통하여 낙찰자를 확정하는 방법이다. 개표, 입찰평가, 낙찰은 반드시 공증기관의 공증을 거쳐야 한다. 입찰을 통한 양도방식은 주로 대형 혹은 관건이 되는 발전계획 및 투자프로젝트에 이용된다.

끝으로 협의방식은 토지사용권을 양수하려는 뜻이 있는 사람이 직접 국유토지의 대표 측에 유상 토지사용의 희망을 알리고, 국유토지의 대표 측과 양수 희망인 측이 담판과 협상을 통하여 토지사용 양도에 관한 절차를 협상하는 방식이다. 주로 시정부 공익사업 프로젝트·비영리 프로젝트 및 정부의 경제구조 조정·산업정책 실시에 따라 실시되는 프로젝트에서 이 방식을 이용하며, 이 방법은 수의계약이므로 그 양도금액이 국가가 규정하는 확정된 최저가보다 낮아서는 안 된다.

토지사용자가 유상으로 취득한 국가 토지사용권 혹은 동 지역 위에 건립된 건축물·기타 부대시설을 타인에게 이전하는 행위를 전양(轉讓)이라 한다. 즉 토지사용권을 취득한 자가 토지를 개발한 이후에 유상 판매·교환·무상증여 등의 방식으로 토지사용권 혹은 그 위의 건축물·기타부속물의 소유권을 재양도할 수 있으며, 이때 토지사용권 계약과 등기문건에 기재된 권리와 의무도 함께 이전된다. 또한 전양으로 취득한 토지사용권의 사용기한은 원토지사용권 양도계약상의 사용기한 중에서 이미 사용한 기간을 제외한 나머지 기간으로 하며, 지상 건축물·기타 부속물에 대해 분할양도를 원한다면 시·현 정부 토지관리 부문의 비준을 받아야 한다.

중국은 최근 '노동계약법'에 대한 심의를 하고 있으며, 이 법이 제정되면 노동집약적 기업은 큰 타격을 받을 것으로 전망된다. 이 법은 퇴직금·채용·임금 등의 제도에 관해 규정하고자 하고 있다. 먼저 퇴직금제도에 대해서 노동계약 만료로 해고할 때에는 보상금의 지급을 명시하였다. 즉 6개월 이상 근무를 한 경우에는 급여의 15일분을·1년 이상 근속한 노동자에게는 2개월분의 급여를 주도록 예시하고 있다. 둘째 노동자의 수습기간제도는 3개월 이상 고용할 경우에만 허용하도록 하였다. 즉 노동자의 수습기간은 일반직일 경우 1개월·기술직일 경우 2개월을 넘기지 않도록 하였으며, 수습기간을 넘긴 노동자는 반드시 3개월 이상을 고용하도록 하였다. 셋째 파견근로자를 채용하는 기업은 파견근로자 1인당 5,000위엔을 노동행정기관이 지정하는 금융기관에 적립하도록 하였다. 넷째 별도의 계약문서가 없는 노동관계는 무기한 계약체결로 간주하였다. 다섯째 임금 체불기업은 체불된 임금의 50~100%의 보상금을 의무적으로 추가 지불할 것을 규정하였다.

중국은 현재 중국식 '새마을 운동'을 전개하고 있다. 중국은 연간 10% 정도의 높은 경제성장을 이루고 있으나, 이 고도성장의 이면에는 농민의 희생과 고통이 숨겨져 있다. 그러므로 최근 농민들이 집단시위가 빈발하자 이의 해결을 위해 '사회주의 신농촌 건설'운동이 활발하게 진행되고 있다.

중국 농촌의 농민이 반발하는 이유는 크게 3가지를 꼽을 수 있다. 무엇보다도 지역 간의 소득격차일 것이다. 중국 국가통계국 2004년도 자료에 의하면, 지역별 1인당 수익이 상해 7,337위엔·북경 7,172위엔·절강성 6,096위엔에 비해 귀주성 1,722위엔·감숙성 1,852위엔·서장자치구 1,861위엔·산서성 1,867위엔 등으로 수입이 3분의 1도 안될 정도로 차이가 크다.

다음으로는 열악한 교육과 의료문제인 생활환경을 꼽을 수 있다. 지역에 따라서는 평생 병원 한 번 못 가보는 농민도 많이 있을 정도다. 안휘성의 농민들 중에는 병원에 못가보고 죽음을 맞는 사람이

50%에 이를 정도이다. 또한 농촌의 대학 진학자는 겨우 1.7%에 불과하다. 그 이유는 농촌일수록 교사의 월급·학교 건축비·교재비까지 자체적으로 부담해야 하는 구조이므로 그 편차는 더욱 심각해지고 있다.

다음으로는 호구제도에 따른 어려움이다. 생활이 어려운 농촌인구가 도시로의 이주를 막기 위해 호구제도는 매우 유용하게 활용되고 있다. 이주민들이 도시에서 일자리를 얻기도 힘들지만, 호구제로 인해 거주이전이 자유롭지도 못하다. 호구가 없는 타 지역 출신에게는 원칙적으로 자녀를 학교에 진학시킬 수도 없을 뿐만 아니라, 입학시키려면 거액의 찬조금을 내야 한다. 지방정부나 소속 기관으로부터 의료비 지원을 받지 못해 병원에서의 진료비 또한 차이가 크다.

뿐만 아니라 최근 빈번해지고 있는 토지수용과정에 있어 보상 문제가 제대로 해결되지 않는 경우가 많다. 경제개발 과정에서 도로건설과 공장부지 조성, 주택단지 개발 등을 위한 토지수용은 불가피하다고 하나, 농민의 입장에서는 삶의 터전을 잃게 되는 것이다. 그러므로 농민시위의 65%가 토지수용과 보상비 문제로 야기되고 있다. 또한 농민을 위한 양로금제도가 없어 농촌의 사회보장체계는 매우 열악한 편이다.

이러한 여러 문제들을 해결하기 위하여 농민 소득 증대·농촌 생활환경 개선·식량증산을 목표로 하는 '사회주의 신농촌 건설'운동을 활발히 진행시키고 있다. 비록 농업세를 전면 폐지하고, 교육비·의료비 부담을 덜어준다 해도 토지의 사유화 대신 농민이 계약기간 동안 토지를 빌려 생산하는 집체소유제 아래에서의 '가정청부책임제'를 행하므로 '사회주의 신농촌'건설운동이라 한다.

3. 소수민족정책

중국 인구의 94%가 한족(漢族)이며, 나머지 6% 정도가 소수민족에 해당된다. 한족에 비해 인구가 소수인 까닭에 총칭하여 소수민족이라 부르고 있으나, 대륙 곳곳에 분포하여 있고, 변방지역의 경계를 형성하고 있기 때문에 중요시되고 있다.

중국은 여러 차례 소수민족의 실태와 숫자를 조사한 뒤, 1961년 인구 1,000명 이상의 소수민족이 55개임을 확정 발표하였다. 소수민족에 대한 정책은 레닌의 민족자결 원칙에 따라 소련에서 실시했던 민족구역자치 정책을 모방하여 실시한 것이다.

그러나 마르크스 레닌주의와 모택동의 이론이 혼합된 중공의 소수민족정책은 대한족주의(大漢族主義)의 계급투쟁을 통해 통합된 사회발전을 이룩한다는 정치적 관점에서 출발하였음으로 소수민족의 사회·경제·문화 발전이 무시되었다. 이러한 소수민족정책은 한족의 노동자 계급이 주체가 되어 중국을 사회주의 사회로 발전하도록 유도하는 혁명의 한 부분으로 본 것이다.

1984년에 제정된 「중화인민공화국 민족구역자치법」에서, 다민족 국가로 형성된 중국은 민족구역자치를 통하여 각 민족문제를 해결하고자 하였음을 밝히고 있다. 민족구역자치란 국가의 통일된 통치 아래에서 각 소수민족은 자신들이 거주하는 지역에 자치기관을 설치하고, 자치권을 행사할 수 있는 민족자치제를 말한다. 각 민족의 자치지역은 중화인민공화국의 한 구성체로서 자치구·자치주·자치현으로 나뉘어 조직된다.

소수민족문제에 대한 중국정부의 기본인식은 다음과 같다. 첫째 각 민족의 생성과 발전 및 멸망은 긴 역사의 한 과정이며, 민족문제는 영원히 존재할 수밖에 없다. 둘째는 사회주의 단계는 여러 민족이 화합하고, 함께 번영하나, 민족적인 특징과 차이는 계속해서 존재할 수밖에 없다. 셋째 민족문제는 사회문제의 일부분이기 때문에 민족문제의 해결은 전체사회문제를 해결하는 과정에서 점차적으로 해결된다. 현재 중국의 민족문제는 사회주의의 건설을 통해서 점차적으로 해결될 수 있다. 넷째 각 민족은 그 인구의 많고 적음·역사의 길고 짧음·발전 정도의 고저에 관계없이 모두 중국의 문화발전에 기여 해왔기 때문에 반드시 평등한 대우를 해야 한다. 또 각 민족의 단결을 강화하고, 국가의 통일을 수호한다. 다섯째 경제를 대대적으로 발전시키는 것은 사회주의의 기본임무인 동시에 중국의 현 단계 민족 업무의 근본임무이다. 여러 민족은 서로 도우면서 공동의 진보와 번영을 구현해야 한다. 여섯째 민족지역 자치는 중국공산당이 마르크스주의 민족이론에 대해 지대한 기여를 한 것이며, 중국의 민족문제를 해결하는 기본제도이다. 일곱째 소수민족이 덕망과 자질을 겸비한 간부진을 구성하는 것은 민족의 번영을 이루고, 민족문제를 해결하는 관건이다. 여덟째 일부 지역에서는 민족문제와 종교문제를 분리시킬 수 없는 경우도 있으나, 민족문제를 해결함에 있어서 반드시 당의 종교정책을 전적으로 수용해야 한다.

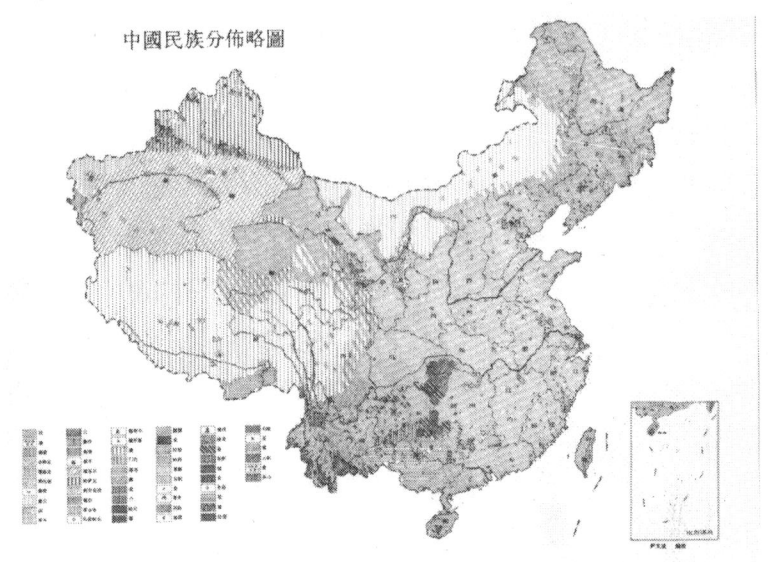

中國民族分佈略圖

중국 소수민족

조선족(朝鮮族)은 192만 명 정도로 중국 동북지방의 요녕(遼寧)·길림(吉林)·흑룡강(黑龍江) 등 3성에 주로 거주하고 있으며, 한족(韓族)의 혈통을 지닌 중국 국적의 주민을 말한다. 이들은 주로 구한말(舊韓末) 일제의 수탈을 못 견디고, 새로운 생활 터전을 찾아 조국을 등지고 동북 지방과 러시아의 시베리아로 이주해 온 교포들이다. 이들 중에는 조국의 광복과 국권회복을 다짐하며, 독립투쟁에 헌신한 애국독립운동가도 많았다. 만주로 이주한 한교(韓僑)들은 불모지를 개간하고, 산림을 개척하면서 어렵게 정착하였다.

조국은 일제의 패망으로 광복을 맞았으나, 한교 중에서 본국에 생활근거가 없는 사람들은 조국으로 귀환을 못하고, 만주에 남을 수밖에 없었다. 이들이 조선족의 1세대이며, 거기서 난 자손이 2세대이다. 광복을 맞은 조국은 이념과 체제가 다른 두 개의 정부가 남북으로 갈리어 들어서자, 조선족 1세대 중 일부는 북한으로 들어갔고, 상당수는 그대로 동북지방을 비롯한 중국에 남아서 가난한 생활을 해오고 있다.

몽고족(蒙古族)은 약 480만 명 정도가 내몽고자치구를 중심으로 동북·서북지역에 분포되어 있다. 몽고족은 10만~20만 년 전 석기시대부터 고비사막 남부지대에 거주하기 시작하였으며, BCs 3세기경 철기시대에 부족연합체를 구성하여 그 세력을 확장하였다. 칭기즈칸시대에 세계 역사의 무대에 등장하였고, 그의 손자 쿠빌라이 칸이 원(元, 1279~1368년)나라를 세워 비로소 국가를 이루게 되었다.

1911년 중국이 중화민국을 세울 때 몽골도 독립을 선언하였다. 그러나 중국이 외몽골도 원래 중국의 고유 영토라고 주장하며 침공하자, 외몽골은 독립을 취소하였다. 그 후 외몽골은 러시아의 원조를 받아 중국과 싸워서 1921년 7월 11일 독립하였다. 1924년 11월, 몽골 인민공화국의 완전한 독립을 선포함으로써 세계에서 2번째 사회

주의 국가가 되었다. 몽골은 1961년에 유엔에 가입하였고, 현재 140
여 국가와 외교관계를 맺고 있다.

몽골은 1990년 초 소련 연방이 무너짐으로써 중앙 계획경제체제
에서 시장경제체제로 전환하는 등 정치·경제적으로 많은 변화가 일
어났다. 몽골은 지난 70년 동안 소련 연방(USSR)의 사회주의제도 아
래에 있었기 때문에 현대 몽골인의 생활양식이나 사고방식은 러시아
를 닮은 서구 스타일이라고 할 수 있다.

만주족(滿洲族)은 주로는 동북3성을 중심
으로 하여 요녕성에 제일 많이 살고, 길림·흑
룡강·하북·내몽고·영하·복건·감숙·산
동·신강 등에 분포되어 있다. 인구는 1990
년 현재 982만 명 정도다. 역사적으로 숙신
(肅愼)·물길(勿吉)·말갈(靺鞨)·여진(女眞) 등
의 이름으로 나타나는 민족은 모두 이들이다.

만주라는 명칭은 문수보살(文殊菩薩)의 문
수(文殊)의 발음이 전화한 만주(曼珠) 또는
만주(滿住)에서 유래한 것이라는 설이 가장 유
력하다. 명대(明代)의 여진인의 수장(首長) 중에는 문수(文殊: 滿住)
라는 이름을 가진 사람이 적지 않았다.

만주족은 자기의 언어와 문자를 가지고 있으며, 이들의 사회는
1920~30년대까지 모쿤이라 불리는 일종의 부계적 씨족에 기반을
두고 있었다. 모쿤은 어느 한 남자를 시조로 하는 5대에서 9대 정도
까지의 부계친(父系親)과 그들의 아내로 구성되며, 그 성원은 비교

적 근접하여 생활하고, 씨족장(氏族長)에 의하여 통솔되었으며, 가벼운 범죄나 민사사건은 내부에서 처리되었다. 또한 이 조직은 샤머니즘과 밀접하게 관련되어 있었다. 이 외에도 몇 가지 특성을 소개하면 다음과 같다.

손님은 서쪽의 온돌에 앉지 않는 풍습이 있다. 이러한 풍습은 만족의 건축구조가 집안의 남·서·북의 세 곳에 온돌을 설치하였으며, 그중 서쪽 온돌은 신성한 곳으로 여기고, 서쪽 온돌에 조상의 위패를 모시기 때문이다. 조상을 존경하는 의미에서 서쪽 온돌에는 평상시에도 물건을 함부로 놓아두지 않으며, 조상에게 제사를 지낼 때에만 서쪽 온돌에 고기를 담은 접시 등을 놓을 수 있다.

시아버지와 동석해서는 안 되고, 노인들이 식사할 때 며느리는 두 손을 가슴에 포개 놓고 땅바닥에 서서 음식 심부름을 하며, 노인이 식사를 마친 후 며느리는 상을 거두어 주방이나 다른 곳에 가서 밥을 먹는다. 개를 귀히 여겨 잡거나 먹지 않을 뿐만 아니라, 평소에도 잘 먹이며, 때리거나 욕하지 않고, 죽으면 땅에 묻어준다.

명절은 한족(漢族)과 거의 같다. 초하루와 정월 보름날에는 물건을 씻어서는 안 된다고 여기며, 이를 어기게 되면 풍속을 더럽히는 나쁜 일들이 생기거나 귀신들한테 업보를 당하게 된다고 여긴다. 양력 설날에는 쌀밥을 먹지 않고, 야채를 넣은 물만두를 먹는 풍속이 있다.

죽은 사람은 햇빛을 보아서는 안 된다고 믿었기 때문에, 사람이 운명한 후에는 흰 천으로 얼굴을 가리며, 시신을 입관한 후 관을 창문으로 들어낸다. 사람이 죽은 후 입히는 수의는 보통 7벌 내지 9벌로 한다. 만약 짝수로 입히게 되면 두 사람이 죽게 된다고 여긴다. 윗사람이 세상 뜨면 아랫사람들은 큰 소리로 통곡하나, 산소에서 돌아온 후 혹은 100일 제사, 청명절 제사 때는 울지 않는다. 이때 울게 되면 다른 사람이 죽는다고 여긴다. 윗사람이 세상을 뜨면 만주족 팔기인의 풍습은 머리를 조금씩 자르고, 여자 들은 장신구를 달지 못한다. 초상기간에 이발을 하는 것도 엄금한다. 임신부가 죽거나 목을 매달아 죽거나 차에 치여 죽는 등 비명에 죽은 사람을 꺼리며, 이런 사람들에 대해서는 매장을 하지 않고, 반드시 화장을 해야 한다.

하늘 신·조상 신·불 신·말 신·관제·관음·토지신 등 여러 신을 믿고, 제사 지내며, 만물에는 모두 영험이 있다고 여긴다. 다른 민족과 마찬가지로 자기의 토템숭배를 한다. 최근에 사학자들의 연구를 통해 밝혀진 바에 의하면 까치·까마귀·버드나무 등을 토템으로 숭배했다고 한다.

티베트[土蕃]족은 19만여 명이 주로 청해성의 호조(互助)·대통(大通)·동인(同仁)·악도(樂都)·서영(西寧)과 감숙성(甘肅省)의 천축(天祝)·영등(永登) 등에 살고 있다.

티베트족은 티베트 경내의 야룽쟝보강[雅魯藏布江] 중류지역에서 기원했다고 한다. 그 조상은 고대의 서강(西羌)과 연결되고, 고대 역사서에서는 토번(吐蕃)이라고 불렀으며, 명대 이후에는 서번(西蕃)으로, 청대에서는 장번(藏蕃)으로 불렀다.

강(羌)은 중국 북서부 청해성 부근에 살던 티베트계 유목민에 대한 호칭이다. 강은 은(殷)대의 복사(卜辭)·금석문(金石文) 등에서 북서부에 거주한 이민족으로 기록되어 있고, 한(漢)대 때에는 서강(西羌)이라고도 하였다. 토번(吐蕃)은 7C 초에서 9C 중엽까지 활동한 티베트왕국 및 티베트인에 대한 당(唐)·송(宋) 때의 호칭이다.

　　　　　　장족(壯族)은 주로 광서성(廣西省)의 남녕(南寧)·백색(百色)·하지(河池)·유주(柳州) 등에 90% 이상이 거주하며, 운남(雲南)·광동(廣東)·귀주(貴州)·호남(湖南) 등에도 거주하고, 전체 인구는 대략 1,549만 명이다.

　　　　　　진·한 때에 있었던 월족이 그 기원이라는 견해가 비교적 정설이다. 당시 월족은 장강 중하류와 영남(지금의 광동, 광서, 운남 등) 지역에서 살았는데, 그 종족이 아주 많았으므로 백월(百越) 또는 백월(百粵)이라고 하였다. 1965년에 그들의 요청에 따라 국무원의 비준을 거쳐 장(壯)으로 고쳐 부르고 있다.

　　　　　　위그르[維吾爾]족은 주로 천산(天山) 이남에 모여 살며, 신강위그르[新疆維吾爾]자치구를 운영한다. 인구는 대략 721만 명에 이르며, 호북성의 도원(桃源)·상덕(常德)에도 약 3,000여 명이 살고 있다. 한대 때의 정령족과 당대 때의 회흘족이 위그르족의 기원이라는 설이 있다.

　　여족(黎族)은 주로 해남성 중남부의 여족묘족자치주(黎族苗族自治州)를 운영하고, 만영(萬寧)·둔창(屯昌)·경해(琼海)·징마(澄邁)·노현(櫓縣)·정안(定安) 등지에 살고 있으며, 전체 인구는 대략 111

만 명이 된다.

·고대 저강인에 연원을 두고 있으며, 서남지구의 저강족과 다른 일부 종족들이 오랜 세월을 두고 서로 융합됐다고 보고 있다. 여족은 기원 7C경 오만족과 가장 가깝다는 견해가 있다. 여족은 원대 때부터 1949년경까지 '라라'로 불리었다.

묘족(苗族)은 주로 귀주(貴州)·호남(湖南)·운남(云南)·광서(廣西)·사천(四川)·광동(廣東)·호북(湖北) 등에 살고 있으며, 전체 인구는 약 740만 명이 된다.

요(堯)·순(舜)·우(禹) 때의 남만족 계열의 삼묘족이 묘족의 선인이라는 설과 은(殷)·주(周) 때의 '모인'이라 하는 설이 있다. 이 두 주장의 공통점은 발음이 묘와 모가 비슷하다는 점을 근거로 한 점이다. 진·한 때의 '오계만'과의 연결은 비교적 무난하다. 오계만이라는 이름은 그들이 살았던 지금의 호남성 서부와 귀주성 동부 지역에 다섯 갈래의 강이 흐르므로 부쳐진 것이다. 후일 금중군과 무릉군을 세운 적이 있으므로 '금중만'·'무릉만'이라고도 불렀다. 이들은 반호라는 신견을 토템으로 삼고 있다.

회족(回族)은 주로 영하회족(寧夏回族)자치구와 감숙(甘肅)·섬서(陝西)·귀주(貴州)·하남(河南)·신강(新疆)·청해(靑海)·운남(雲南)·하북(河北)·산동(山東)·북경(北京)·천진(天津) 등에 살고 있

으며, 전체 인구는 약 860만 명이 된다.

회족은 어느 특정 민족에서 유래된 것이 아니라, 명대 이후 여러 민족이 융합되어 형성된 민족이다. 회족은 회회족의 약칭이며, 주로 아랍인들을 일컫는 말이었다. 대략 7C 중엽부터 일부 아랍사람들과 페르시아 사람들이 광주, 천주, 항주 등지에 정착해서 상업을 하자, 이들을 '번객'이라 불렀다. 13C 초에 원나라에 의해 중앙아시아의 여러 민족·페르시아인·아랍인들이 강제로 중국에 이주하여 각지에 살게 되었다. 이들이 대부분 이슬람교를 신봉하였으므로 원의 관방 문서에는 그들을 '회회'라고 불렀다. 이 '번객'과 '회회'들은 한족·몽골족·위그르족 등과 융합되어 하나의 새로운 공동체인 회족을 형성했다.

태족(傣族)은 운남성(雲南省) 서쌍판납태족(西双版納傣族)자치주, 덕굉태족(德宏傣族)자치주 등의 지역에 살고 있으며, 총인구는 102만여 명이다. 태족은 고대 월인(越人)의 후예이며, 전월(滇越)·망만(茫蠻)·금치(金齒)·은치(銀齒)·수각(繡脚)·수면(繡面)·백의(白衣)·백이(百夷) 등의 명칭으로 불리었다. 태족의 언어는 한어·티베트어계에 속하며, 내부적으로 두 개의 방언이 있다. 이들은 자기의 고유문자를 사용하며, 인도의 바라문에 근거하여 만든 병음문자이다.

태족은 비교적 다양하고도 독특한 고유의 풍습을 지켜오고 있다.

이들은 지리적으로 비교적 습한 지대에 살고 있으므로 건축양식은 난간식 참대 다락집이 많다. 위층에는 사람들이 살고, 아래층은 가축의 우리나 창고로 쓴다. 손님은 반드시 측면에 있는 참대사다리를 타고 올라가야 하며, 집안에 들어서기 전에 신을 벗어야 한다. 집에 들어가서는 주인의 침실에 들어가지 말아야 한다. 평상시에 집안에서 휘파람을 불어서는 안 되고 손톱, 발톱을 깎아서는 안 된다.

결혼은 비교적 자유로우며, 결혼 전에는 자유롭게 남녀가 사귈 수 있다. 이전에는 등급이 서로 다른 사람들과는 결혼할 수 없는 등급혼과 같은 종족의 사람들과의 결혼을 엄금하는 씨족외혼을 했다. 결혼식에서 혼주와 다른 연장자들이 면실로 신혼부부를 묶어놓고, 다시 신혼부부의 팔목을 동여맨다. 이 부부 중 한 명이 사망하면, 면실이나 천으로 사망자의 관을 동여매고, 노인이 나와서 이 실 또는 천을 자른다. 이는 이 부부의 관계가 이미 끝났음을 의미하는 것이다.

남자들은 열 살이 되면서 몸에 여러 가지 꽃 문신을 하며, 문신은 용감성과 성년이 되었음을 표징하고, 여자들은 문신을 하지 않은 남자를 멸시한다. 이러한 문신은 몇 차례에 걸쳐 진행하는데 몹시 고통스러워한다. 여자들은 치아에 칠을 하거나 치아장식을 하는 것을 아름다움으로 여긴다. 그들은 열 살이 되면 특제한 약물로 치아를 검게 물들이거나 금 혹은 은으로 만든 씌우개를 앞니에 씌워 아름다움과 부귀를 나타낸다. 문신을 한 남자나 이빨에 칠을 한 여자들은 모두 배우자를 찾는 사교활동에 참가할 수 있다.

태족은 매장·수장·화장을 하는데, 일반인은 매장을 하고, 비명에 죽은 사람은 수장을 하며, 귀족과 승려들은 화장을 한다.

　여족(畲族)은 주로 복건(福建)·절강(浙江)·강서(江西)·광동(廣東)·안휘(安徽) 등지에 살며, 전체 인구는 63만여 명에 이른다. 이들의 기원은 7C경 이미 절강(浙江)·광동(廣東)·강서(江西)성 등의 접경지역에서 생활해 왔다. 고대에는 만료(蠻僚)·동만(峒蠻)·동료(峒僚)·여민(畲民) 등으로 불리었다. 민족의 기원에 대해서는 두 가지 설이 있는데, 하나는 여족이 역사적으로 요족(瑤族)과 밀접한 관계가 있으며, 한진(漢晉) 때의 무릉만(武陵蠻)에서 기원했다는 것이고, 다른 하나는 고대 월인(越人)의 후예라는 것이다. 여족은 스스로를 산합(山哈)·산달(山達)·합(哈)·달(達) 등으로 불렀는데, 이는 여족어로 '손님'이라는 뜻이다.

　여족에게는 몇 가지 특이한 금기가 있다. 그들은 집을 떠나 다른 곳으로 갈 때에는 '七出八不歸'라는 풍속이 있는데, 이는 초이렛날 집을 나서고, 초여드렛날에는 집에 되돌아가지 않는다는 뜻이다. 그리고 동성결혼을 금지하고 있다. 청년들은 첫 상면에서 산(山) 노래로 상대방의 성씨를 묻고, 동성이 아닐 경우 계속 산 노래로 상대방의 마음을 알아보며, 자기의 마음을 나타내기도 한다. 특히 여족을 '畲客·畲客兒·畲客婆'라고 부르는 것을 모욕하는 것으로 여기기 때문에 이들을 호칭할 때는 '畲民·畲族人·山哈人' 등으로 불러야 한다.

　합니족(哈尼族)은 주로 운남성 남부의 애뢰산(哀牢山)·무량산(無

量山)・홍하(紅河)・난창강(瀾滄江) 일대에 살고 있으며, 총인구는 약 125만여 명에 이른다.

합니족은 중국 서남지역의 산간지대에 살고 있는 소수민족이다. 이들의 선조는 기원전 3C 경에 이미 지금의 사천 대도하(大渡河) 남쪽과 아롱강(雅礱江) 동쪽 지역에서 살아왔다. 고대 강인(羌人)의 한 갈래일 수도 있다는 설이 있다. 이들은 고유의 문자를 가지고 있지는 못하나, 한어・티베트어계에 속하는 고유 언어를 사용하며, 세 개 방언이 매우 복잡하게 발달하였다.

합니족은 동성끼리는 결혼하지 않으며, 미혼남녀는 충분한 사교의 자유를 가진다. 시쌍반나의 하니족 마을에는 청년남녀들이 연애하는 '공방(公房)'이 있을 정도다. 그러나 서로 결혼해서는 안 되는 남녀가 이 방에 들어와서는 안 된다. 또한 일부 합니족은 약혼할 때 남녀 간의 궁합을 본다. 예를 들면 소띠인 사람은 범띠와 통혼해서는 안 된다는 식이다.

토가족(土家族)은 주로 호남성의 상서(湘西) 토가족묘족(土家族苗族)자치주와 대용시(大庸市), 호북의 악서(鄂西) 토가족묘족(土家族苗族)자치주, 장양(長陽)・오봉(五峰) 자치현, 사천의 석주(石柱)・검강(黔江)・수산(秀山) 등 5개 자치현, 귀주의 인강(印江)・연하(沿河) 자치현 등지에 밀집하여 살고 있으며, 토가족 전체인구 570

여만 명 중 96% 이상이 이 지역에 살고 있다.

토가족은 오랫동안 호남·호북·사천·귀주 등의 접경지역에서 살아온 민족으로, 이 지역의 파인(巴人)에서 기원하였으며, 파인의 후예와 호남서부 상서(湘西)의 토착민이 서로 결합하였고, 점차 한족들까지 동화되어 토가족으로 발전하게 되었다.

백족(白族)은 주로 운남성 대리백족(大理白族)자치주에 거주하고, 운남의 여강(麗江)·보산(保山)·남화(南華)·원강(元江)·곤명(昆明) 등지에도 살며, 전체 인구는 160만여 명이다.

백족은 '백자(白子)·백니(白尼)'로 자칭한다. 역사적으로 '백만(白蛮)·백인(白人)·민가(民家)' 등 여러 가지 이름으로 불렸다. 백족의 선조는 이해(洱海) 부근에서 살아왔으며, 고대의 강(羌)족과 밀접하고, 송대에는 백족을 위주로 대리국(大理國)을 세웠다. 현재 그들의 요구에 의해 '백족'이라 명칭하고 있다.

백족은 집안에 조상의 위패를 모셔놓고 있다. 설날과 같은 명절에는 조상에게 제사를 지내며, 평소에는 조상의 위패를 마음대로 옮겨놓지 못한다. 조상의 위패가 넘어져 있거나 잘못 놓여 있어도 함부로 움직이지 않으며, 정월 초하루와 보름날에만 움직일 수 있다. 평소에 조상의 위패를 마음대로 움직이게 되면, 가정에 나쁜 일이 생긴다고 여긴다.

또한 임산부가 해산할 때는 문 앞에 표식을 해놓아 외인의 출입을 금지한다. 특히 임신부가 집에 들어오게 되면, 해산하는 여자가 난산

하거나 해산 후에 젖줄이 끊긴다고 생각하여 꺼린다.

그리고 밭에서 일하고 돌아올 때, 괭이나 보습을 메고 집안에 들어가서는 안 되며, 반드시 들고 들어간다. 메고 들어가는 것은 죽은 사람을 파묻는다는 뜻이 되며, 괭이나 보습을 집안에 가지고 들어오면 집을 허문다는 뜻으로 보기 때문이다.

요족(瑤族)은 주로 광서(廣西)・호남(湖南)・운남(雲南)・광동(廣東)・귀주(貴州)・강서(江西)・해남(海南) 등의 지역에 살고 있으며, 대부분 분산되어 있고, 일부만 집중하여 살고 있다는 분포상의 특징을 보이고 있다. 요족의 총인구는 214만여 명이다.

요족은 유면(有勉)・포노(布努)・금문(金門)・납가(拉珈) 등으로 자칭한다. 그 외에 반요(盤瑤)・다산요(茶山瑤)・백고요(白袴瑤) 등 30여 가지 이름으로도 불리운다.

동족(侗族)은 주로 귀주성(貴州省)의 검동남묘족동족(黔東南苗族侗族)자치주의 여평(黎平)・용강(榕江)・종강(從江)・금평(錦平)・천주(天柱)・삼수(三穗)・검하(劍河) 등의 현과 동인(銅仁)지역의 옥병동족(玉屛侗族)자치현, 만산(萬山)특구, 호남성의 신황(新晃)・통도(通道)의 동족자치현, 광서의 삼강동족(三江侗族)자치현과 용승(龍胜)・융수(融水) 등의 현들에 살고 있다. 총인구는

252만여 명에 이른다.

동족은 영남지역의 토착민이며, 간(干)·금(金)·갱(更) 등으로 자칭한다. 명·청대에서는 동만(峒蠻)·동묘(峒苗)·동인(峒人)·동가(洞家)·묘(苗) 등으로 지칭하였으나, 현재는 동족(侗族)으로 통일하였다.

이들은 어린애가 태어나면 문에 표식을 걸어 다른 사람들이 들어오는 것을 막는다. 일부 지방에서는 곡식 대를 한 묶음 묶고, 거기에 닭의 깃털을 꽂아 문에 매달아둔다. 아들일 경우에는 닭의 깃털을 위로 향하게 하며, 문어귀에 붉은 천을 걸어놓고, 딸일 경우에는 닭의 깃털을 아래로 향하게 하고, 문어귀에 남색 천을 걸어놓는다.

포의족(布依族)은 주요 거주 지역은 귀주를 중심으로 하여 남포의족묘족(南布依族苗族)자치주·검서남포의족묘족(黔西南布依族苗族)자치주 및 안순지구(安順地區)와 귀양시(貴陽市)를 비롯한 검동남(黔東南)·동인(銅仁)·준의(遵義)·필절(畢節)·육반수(六盤水) 및 운남의 나평(羅平) 등이 있다. 포의족은 현재 약 255만여 명이 있다.

포의족은 한장어계장동어족(漢藏語系壯侗語族)에 속하는 고유 언어를 사용하고 있으며, 1956년 이후부터 라틴자모병음문자를 쓰고 있다. 이들은 조선숭배와 자연숭배로 다신교이다.

고산족(高山族)은 주로 대만의 중부 산악지대와 동부의 종곡평원(縱谷平原) 및 난서도(蘭嶼島)에 살고 있으며, 총인구는 약 40만여 명이 있으며, 약 2,900여 명이 복건(福建)·북경(北京)·상해(上海)·

남경(南京) 등지에 살고 있다. 이들은 남도어계 (南島語系) 인도니서아어족(印度尼西亞語族)에 속하는 자신들의 고유 언어를 가지고 있으나, 문자는 없다. 이들은 조상신을 숭배하고, 만물유령 (萬物有靈)의 신앙을 가지고 있다.

4. 문화대혁명

문화대혁명이란 1966년부터 1976년까지 약 10여 년간 중국의 최고지도자 모택동에 의해 주도된 극좌 사회주의운동이다. 즉 사회주의 사회에서 계급투쟁을 강조하는 대중운동을 일으키고, 그 힘을 빌려 중국공산당 내부의 반대파들을 숙청한 일종의 권력투쟁이다. 모택동이 사망 뒤 중국공산당은 문화대혁명에 대해 '극좌적 오류'였다는 공식적 평가를 내린 바 있다.

1950년대 말 대약진운동이 좌절된 이후, 중국공산당 내부에 사회주의 건설을 둘러싼 노선대립이 생겨났다. 최고지도자였던 모택동은 대중노선을 주장하였으나, 유소기·등소평 등 실용주의자들은 공업 및 전문가를 우선시할 것을 주장하였다. 1962년 9월 중앙위원회 전체회의에서 모택동은 계급투쟁을 강조하고, 수정주의를 비판함으로써 반대파들을 공격하기 시작하였다.

1965년 상해 시당위원회 서기였던 요문원(姚文元)은 북경시 부시장 오여(吳晗)가 쓴 역사극 『해서파관(海瑞罷官)』이 모택동의 대약진운동을 비판하다가 실각한 국방부장 팽덕회(彭德懷)를 옹호하고 있다고 비판하였다. 요문원의 이 비판을 계기로 모택동 추종자들은 실권파의 권력기반이었던 북경 시당위원회와 삼가촌(三家村)그룹에 대해 집중적인 비판을 가하기 시작했다. 결국 1966년 4월 북경 시장 팽진(彭眞)이 해임되고, 8월 8일 중국공산당 중앙위원회에서 모택동이 '프롤레타리아 문화대혁명에 관한 결의안 16개조'를 발표함으로써 본격적인 문화대혁명이 시작되었다.

1966년 8월 천안문광장에서 열린 백만인 집회에 모인 홍위병(紅衛兵)들은 전국의 주요 도시에 진출하여 모택동 사상을 찬양하고, 낡은 문화를 일소하기 위하여 대대적인 시위를 전개하였다. 학교를 폐쇄하고 하방운동(下放運動)에 뛰어든 학생들은 모든 전통적인 가치와 부르주아적인 것을 공격하였으며, 당의 관료들을 공개적으로 비판하고, 전국 각지에서 실권파들이 장악한 권력을 무력으로 탈취하기에 이르렀다.

그러나 1967년 1월, 자본주의의 길로 나아갈 것을 주장하는 실권파인 주자파(走資派)들이 완강히 저항할 뿐만 아니라 홍위병에 내분이 생기자, 모택동은 임표(林彪) 휘하의 인민해방군으로 하여금 문화대혁명에 전면적으로 개입할 것을 지시하였다. 인민해방군은 즉각 각지의 학교·공장·정부기관을 접수하였을 뿐 아니라 초기에 문화대혁명을 주도하였던 수백만 명의 홍위병들을 깊숙한 산골로 추방하기에 이르렀다. 1968년 9월, 이와 같이 혼미를 거듭하던 정국은 전국 각지에 인민군대표·홍위군 대표·당간부로 이루어진 3자 결합체인 '혁명위원회'가 수립됨으로써 진정국면으로 들어섰다.

문화대혁명은 1969년 4월 제9기 전국인민대표자대회에서 모택동의 절대적 권위가 확립되고, 국방장관 임표가 후계자로 옹립됨으로써 절정에 달하게 되었다. 그러나 1971년 임표가 의문의 비행기 추락사를 당하고, 모택동에게 충성을 바쳤던 군부 지도자들이 대거 숙청되자 많은 사람들은 문화대혁명이 모택동의 개인적 권력욕에서 비롯된 것이 아닌가 하는 의구심을 품게 되었다.

1973년 주은래(周恩來)의 추천으로 등소평(鄧小平)이 권력에 복귀한 후부터 문화대혁명의 정신은 여러 측면에서 공격받기 시작하였다. 모택동을 지지하는 세력은 이데올로기·계급투쟁·평등주의·배외주의를 강조한 반면, 주은래와 등소평을 지지하는 세력은 경제성장·교육개혁·실용주의적 외교노선을 주장하였다.

1976년 1월, 주은래 총리가 사망하자 주은래에 대한 비판운동이 크게 일어났다. 따라서 오랜 기간 중국의 혁명과 건설 및 국제적 무대에서 중국의 위상제고에 기여해 온 주은래를 추도하려던 민중의 의지는 꺾이고, 다시 극좌적 조류가 지배하기 시작했다. 1976년 4월 4일, 이와 같은 상황에도 불구하고 청명절을 기해 고인을 추모하려는 많은 인파가 화환과 플래카드를 들고 천안문 광장의 인민 영웅기념비를 향해 시위 행진하였다. 주은래의 자필 비문이 새겨져 있는 기념비는 민중의 화환에 의해 제단으로 변하자 북경시 당국은 이 기념비에 바쳐진 화환을 모두 철거하였다. 이에 격분한 대중은 다음날인

4월 5일부터 건물과 자동차 등에 방화를 하는 한편, 모택동의 부인 강청(江靑)과 측근인 요문원(姚文元) 등을 비판하는 시를 통해 모택동 체제에 대한 반대의사를 나타냈다. 4월 7일, 이 사건이 공안당국과 군에 의해 반혁명사건으로 규정되면서 당시 중국공산당 부주석·부총리인 등소평에게 책임을 물어 그의 모든 직무를 박탈한 반면, 화국봉은 총리직에 올랐다.

1976년 4월 15일 호요방(胡耀邦)이 사망하자, 그의 명예회복과 민주화를 요구하는 대규모 시위가 방려지(方勵之) 등 지식인을 중심으로 하여 수차 기도되었다. 특히, 5월 13일부터 북경대학과 북경사범대학을 중심으로 전국에서 모인 학생대표와 노동자·지식인을 포함한 시민대표가 천안문 광장에서 단식연좌시위를 계속하고 있었으며, 17일에는 100만 명이 넘는 인파가 집결되었다. 이 때문에 5월 15일부터 북경을 방문 중이던 소련의 고르바초프가 일정을 변경해야만 하는 사태가 발생하기도 했다.

이와 같이 시위가 격해지자 당국은 학생들의 시위를 난동으로 규정하고, 북경시에 계엄을 선포했다. 한편 학생들의 요구에 유연한 반응을 보이던 공산당 총서기 조자양(趙紫陽)의 행방이 묘연해지고, 등소평의 후계자로 알려진 양상곤(楊尙昆) 국가주석과 이붕(李鵬) 국무원 부총리 등 강경파가 주도권을 잡았다.

주도권을 잡은 강경파는 6월 3일 밤 인민해방군 제27군을 동원하였으며, 6월 4일 무차별 발포하면서 천안문 광장의 시위 군중을 해산시켰다. 이 시위 진압과정에서 수천 명의 시민·학생·군인들이 시내 곳곳에서 죽거나 부상당하기도 했다.

이 사건은 당시 중·소 수뇌회담 취재차 입국했던 외국 기자들에 의해 즉각적으로 전 세계에 보도되었으며, 미국을 비롯한 유럽 여러 나라는 이와 같은 비인도적 처사에 항의하여 강력한 비난성명을 냈다. 이 사건 이후 민주화운동의 상징적 인물이 된 천체물리학자 방려지는 미국 대사관으로 피신하였다.

이른바 '피의 일요일'로 불리는 이 사건 이후, 중국 지도부는 반혁명분자에 대한 숙청·모택동 개인숭배 조장·인민들에 대한 각종 학습 등 체제굳히기와 함께 개방정책 고수를 천명하고, 마르크스 레닌주의의 확립을 내세우는 등 이율배반적 태도를 보여 왔으며, 동유럽의 민주화 물결을 통제하고자 안간힘을 쏟았다.

1976년 9월 모택동이 사망하자, 그해 10월 화국봉(華國鋒)에 의해 모택동 추종자인 왕홍문(王洪文)·장춘교(張春橋)·강청(江青)·요문원(姚文元) 등 4인방(四人幇)이 축출되었다. 1977년 8월 제11기 전국인민대표자대회에서 공식적으로 그 종결을 선포하였으며, 1978년 11월에는 천안문 사건이 혁명적 행동이었다는 대역전의 평가를 받게 되었다.

문화대혁명으로 약 300만 명의 당원이 숙청되었으며, 경제는 피폐해지고, 부정부패가 만연하는 등 사회에 큰 악영향을 끼쳤다. 그러므로 중국공산당은 1981년 6월 발표한 「건국 이래 역사적 문제에 관한 당의 결의」에서 문화대혁명은 '당·국가·인민에게 가장 심한 좌절과 손실을 안긴 모택동의 극좌적 오류이며, 그의 책임'이라고 규정하였다.

제3장   역사적 특징

1. 역사의 기원

중국 민족의 기원은 어디서부터일까? 중국 고대신화에는 반고(盤古)의 개천벽지(開天闢地)·여와(女媧)의 조인(造人) 전설이 있으며, 역사서에는 삼황오제(三皇五帝)에 관한 기록이 있다. 흔히 우리가 우리를 단군의 자손이라 하듯이, 중국인들은 스스로를 '염황(炎黃)의 자손'이라 일컫는다.

고고인류학에서는 인류의 발상지를 아프리카로 보고 있고, 약 700만 년 전에 인간계통과 유인원 계통이 분리되기 시작하여 250만 년 전에 최초의 인류계통의 인간이 탄생하였으며, 200만 년 전에야 비로소 직립원인이 출현하기 시작하였다고 본다.

중국에서도 1923년 북경시의 남쪽 주구점(周口店)에서 북경인(北京人)이라 불리는 50만 년 전 인류의 화석이 발견되었는데, 현생인류의 두개골 용량에 버금가는 크기를 하고 있었다. 이때 발굴된 화석과 유골은 현재 행방불명되었다. 그 후 주구점의 산꼭대기 동굴에서 상동인(上洞人)이라 불리는 3~4만 년 전 유골이 발견되었는데, 니그로형과 비슷한 비몽고형이다. 1954년 산서성 양분현(襄汾縣) 정촌에서 정촌인(丁村人)이라 불리는 40~20만 년 전 화석과 유골이 발견되었는데, 몽고인 특징을 하고 있다. 1963년 섬서성 남전현(藍田縣)에서 남전인이라 불리는 60만 년 전 화석이 발견되었는데, 두개골이 발달하였으며, 석기를 사용하였다. 1965년 운남성 원모현에서 원모인(元毛人)이라 불리는 170만 년 전 유인원의 화석이 발견되었는데, 이미 불을 사용하였다. 이 외에도 사천에서 자양인(資陽人)이, 안휘에서 사홍인(泗洪人)이 발견되기도 하였다. 그러나 이들이 모두 현생 인류의 직접적인 조상이라고는 보기는 어렵다. 다만 구석기시대는 대략 4만 년 전에서 7만 년 전에 시작하였으며, 신석기시대는 1만 년 전부터 시작되었다고 보고 있다.

신석기 문화의 특징으로는 마제석기(磨製石器)의 사용 · 농업생산 · 가축사육 · 도기제작이 있다. 무엇보다도 농업생산을 통하여 먹을거리를 준비하면서 채집자의 위치에서 생산자가 되었다. 농업을 통해 생산자로의 변화는 정착생활을 할 수 있게 하면서 집을 짓게 하였으며, 보다 많은 생산을 위해 토지를 개간하게 되었고, 토지를 개간하기 위해 동물의 힘을 빌리게 되었으며, 동물의 힘을 지속적으로 빌리기 위해 동물을 길들이고, 사육하게 되었으며, 곡식을 저장하기 위하여 도기를 제작하게 되었고, 지속적으로 필요한 도구를 조달하기 위하여 마제석기를 만들게 되었고, 방직을 하게까지 되었다. 인류가 농업을 시작한 것은 불을 사용하기 시작한 것만큼이나 큰 변화를 가져오게 되었다.

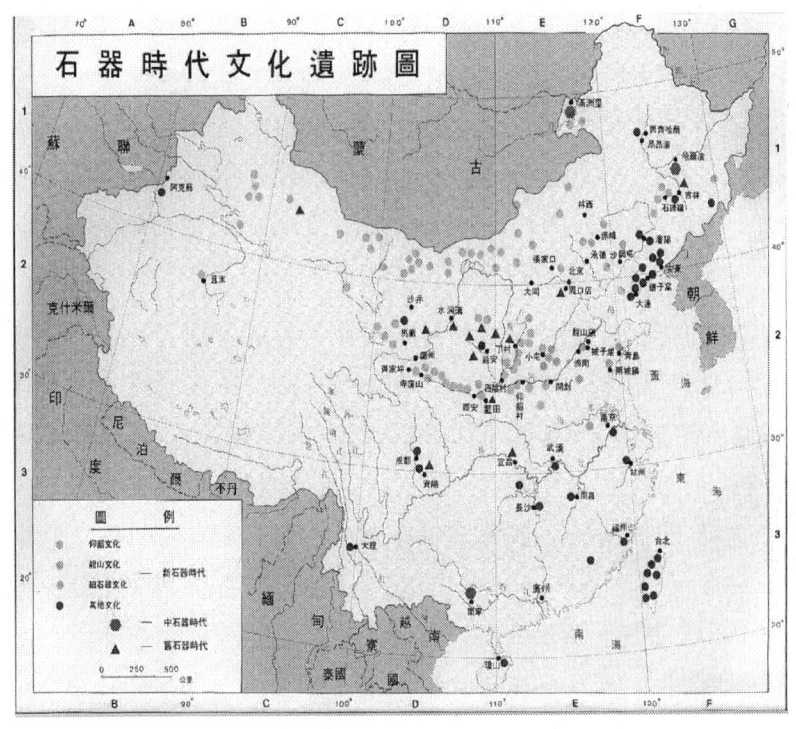

石器時代文化遺跡圖

　　중국은 하북성 서수현(徐水縣)의 남장두(南莊頭) 유적지에서 1만
여 년 전의 신석기 유물인 석마반(石磨盤)·석마봉(石磨棒) 등 곡물
가공 기구가 발굴되었다. 또 하남성 신정현(新鄭縣)의 배리강(裴李
崗)에서는 기원전 7천~6천 년경의 주거지가 발굴되었다. 이곳은 이
미 취락생활을 하였으며, 벼농사를 지었고, 방 가운데에는 웅덩이를
파고 불을 피워 난방과 취사를 하였던 흔적이 발견되었다. 이 외에
도 절강성 만년현(萬年縣)의 선인동(仙人洞) 유적지·운남성 도현(道

縣) 유적지에서는 약 1만 6천 년 전의 구석기 말엽부터 신석기 초엽에 걸쳐 야생 채취한 벼와 재배 수확한 벼가 혼재해 있는 것이 발굴되었다.

중국 고대 도기문화는 B.C 5천~3천 년경 앙소(仰韶)지역에서 발생한 앙소문화의 채도(彩陶)가 반파·중원·감숙성까지 전파되었다. 뒤이어 B.C 4,500~2,300년경 산동지역에서 발달하기 시작한 대문구(大汶口)문화의 흑도(黑陶)가 하남 동부, 안휘 북부까지 전파되었다. 대문구 문화는 산동의 용산문화(龍山文化)로 발전하였다.

채도를 중심으로 한 앙소문화가 먼저 발생하여 그 영역을 넓혀가는 중에 흑도를 중심으로 한 용산문화가 그 영역을 넓혀왔다. 앙소문화의 채도에 비해 보다 얇게 만들었고, 높은 불에서 구워낸 용산문화의 흑도는 더욱 견고하였으며, 물이 새지 않았기 때문에 중국 전역으로 전파되었다. 용산문화는 앙소문화에서 발전하여 은(殷)문화로 연결된 하남 용산문화가 있고, 대문구 문화에서 발전한 산동 용산문화가 있다.

인간은 자신들의 생각이나 경험을 기록으로 남기길 좋아한다. 그러므로 원시인은 그림으로 동굴에 벽화의 형식을 빌려 자신의 생각이나 경험한 사실을 기록하였으며, 문자가 발명된 이후로는 이제까지 책이라는 형식을 빌려 부단히 기록을 남기고 있다.

중국인이 제작한 서적 중에서 가장 오래된 것은 갑골문이며, 다음으로 출현 것이 서경(書經)이고, 춘추(春秋)이다. 이 책들은 모두 역사적 사실이나 생각을 기록한 역사서이다. 이 사서(史書)의 출현배경은 인간사를 하늘에 고하고자 하였던 종교적 의도가 강하였으며, 주

(周)의 붕괴가 가치질서의 혼란으로 이어지면서 현실 판단의 기준을 과거의 선례에서 찾고자 하였다. 이는 사관의 감정과 평가를 배제하고 역사적 사건을 사실대로 기록하여 독자의 판단에 맡기려는 직서(直書)의 정신이 강하게 자리잡을 수 있었으며, 사관의 사상적 관점에 따라 논찬(論贊)을 기술하기도 하였다. 이러한 배경 아래에서 형성된 역사 기록의 원칙과 정신은 평가의 포폄(褒貶)정신과 공정성의 춘추필법(春秋筆法)이라 할 수 있다. 그러므로 역사서의 용도는 역사적 사실에 대해 도덕적 평가를 함으로써 현실비판의 방법으로 쓰였으며, 역사서에 모든 문화현상을 수록함으로써 문화적 가치를 총괄할 수 있었다.

이러한 정신과 원칙에 따라 형성된 역사서의 표준형식은 어떤 인물을 어디에 배치하느냐에 큰 의미를 부여하였다. 그 형식은 제왕중심의 연대순으로 사건을 기록한 본기(本紀)·왕공 등의 일을 도표처럼 기록한 표(表)·제도와 관련된 논문성의 천문지, 예문지, 지리지, 식화지, 백관지 등의 지(志)·지와 비슷한 서(書)·개인의 전기인 열전(列傳)으로 되어 있다.

2. 문화중심의 이동

중국문화의 주체는 한족(漢族)이므로 한족문화(漢族文化)·한문화 (漢文化)·화하문화(華夏文化)·중화문화(中華文化)라 부른다. 한문화 가 가장 먼저 발생한 곳은 황하(黃河) 중류의 황토 계곡지대로 분하 (汾河)·위하(渭河)·경하(涇河) 등 하천이 발달한 곳이다. 이곳은 바 로 앙소문화(仰韶文化), 즉 채도유물분포(彩陶遺物分布)의 중심지역 이기도 하다. 이 일대는 온난한 날씨와 적절한 강수량 등의 자연조 건이 원시농업 발달에 매우 유리한 곳이다.

이 지역에서 발달하기 시작한 앙소문화의 세력이 점차로 동쪽을 향해 확장하여 황하의 충적기에 형성된 충적층이 부챗살 같은 형상 을 이룬 대충적선(大冲積扇) 지대를 지나 태행산맥(太行山脈)에 형 성된 충적선(冲積扇) 지대까지 이르렀다. 이 지역에서는 이미 B.C 4000 년경에 농경촌락(農耕村落)을 형성하였으며, 서안반파(西安半坡)의 신 석기 유적지나 정주(鄭州)부근의 배리강(裵李崗) 유적지가 좋은 예다.

황토고원의 동남부를 지나는 황하의 각 지류의 하곡(河谷)에 발달 된 양안(兩岸)의 강둑은 높이 솟아 있기 때문에 수해를 피할 수가 있을 뿐만 아니라, 황토의 수직적 절리(節理)는 요동(窯洞)을 만들어 혈거(穴居)하기에 편리하며, 큰 짐승이나 적의 공격을 비교적 쉽게 방어할 수 있는 지형적 이점 때문에 일찍부터 취락을 형성하였다. 또 한 황토 입자의 크기가 고르고, 쉽게 부서지며, 토양이 비옥하여 원시농경에 적절하였다. 특히 강우가 여름철에 집중되어 농작물 경작에 매우 유리하여 일찍부터 농업이 발달하였으며, 취락을 이루어 정착하게 되면서 문화를 생성하게 되었다.

춘추시대에 이르면 한문화권은 황하의 중·하류지역까지 진출하게 되며, 지속적인 팽창은 타 민족과 충돌하게 되었다. 타민족을 정복하면서 한문화권은 점점 더 확장되어 갔다. 남방의 초족(楚族)은 전국시대에 중원의 여러 나라가 서로 정벌에 몰두하는 틈을 타서 북쪽으로 회하(淮河)유역까지 그 세력을 확장시켰다. 북방의 흉노족(匈奴族) 또한 그 세력이 흥성해지며, 호북평원(湖北平原)으로 진출해 왔다. 그러자 한족은 위하(渭河)의 하곡(河谷)을 발판으로 삼아 서쪽의 평야지대를 향해 그 세력을 펼쳐 나아갔다. 당시 한족의 정치와 문화 활동은 주로 황하 및 그 지류인 위하(渭河)를 축으로 하여 동서로 펼쳐지고 있었다. 장안(長安)·낙양(洛陽)·개봉(開封)·정주(鄭州)와 같은 도시가 모두 이 축선(軸線)상에 있게 되었으며, 문화의 축을 이루게 되었다.

황하 하류 유역의 풍부한 수자원과 따뜻한 기온은 중류 유역에 비해 농사짓기에 유리하였으므로 매우 자연스럽게 농경지역이 동쪽으로 확장되어 갔다. 또한 화북대평원(華北大平原)을 개척하면서 목축지역과의 분계선인 농경선(農耕線)이 점차로 북쪽으로 확장되었으며, 넓어진 농토는 비교적 많은 인구를 수용할 수 있게 되었다. 이 지역은 또한 산동반도(山東半島)의 연해로부터 어염(魚鹽)을 쉽게 얻을 수 있었다.

많은 인구가 모여 살면서 수공업과 상업이 발전하였으며, 교통로가 개척되었고, 교통의 발전은 수공업과 상업의 발전을 촉진시켰다. 전국시대에 접어들면서 감단(邯鄲)·임치(臨淄) 등은 상당한 규모의 도시로 발전하였다.

진(秦)·한(漢)은 통일제국을 세운 뒤, 모두 정치와 전략적 이유로 섬서(陝西)·위하(渭河) 일대인 관중(關中)에 도읍지를 정하였다. 그러므로 관중(關中)에서 소요되는 식량을 황하 하류 유역인 관동(關東)에서 보급하기 위하여 이 지역에 관개농업을 발전시켰다.

한(漢)대 지리도(地理圖)를 통해 볼 때, 서한(西漢)의 인구와 물산의 절대량이 황하 중하류 유역에 집중되어 있으며, 남쪽은 거의 공백상태임을 알 수 있다. 당시 회하(淮河) 이남의 남방은 "땅은 넓으나 사람이 드물었으며, 화전을 일구고, 논에서 경작하였다"라고 기록하고 있다.

동한(東漢) 말년 정국이 혼란해지고, 흉노가 침입하자 남쪽을 향해 대규모로 이주하였다. 남방은 농업에 절대적으로 필요한 물과 더운 기후의 자연환경뿐만 아니라 관계수리시설이 발전하여 농업생산환경도 좋았으며, 하천의 발달로 수로를 이용한 교통수단이 발달하면서 경제발전과 문화 보급에도 용이하여 많은 인구가 유입되었다.

남방에 오(吳)·촉(蜀)이 세워지면서 북방의 위(魏)와 함께 삼국이 정립되었다. 오(吳)·촉(蜀)은 군대를 유지하고, 남하하는 인구를 수용하기 위하여 토지의 개간이 필요하게 되었다. 이를 통해 남방은 비교적 대규모로 토지를 개발하게 되었다. 그러나 하남(河南), 남양(南陽)의 남쪽 업(鄴)과 洛陽 일대의 중원문화가 한문화의 중심이었으며, 조조(曹操)의 위(魏)에는 여전히 많은 인재가 있었고, 오(吳)·촉(蜀)의 인재도 모두 북쪽에서 온 사람들 이었다.

중국은 상고(上古) 이래 서진(西晉) 말년에 이르기까지, 관중(關中)과 산동(山東)을 중심으로 한 북방의 문화·경제 수준은 남방과는 비교할 수 없을 정도로 발전하였다. 그러나 세 차례의 대혼란으로 중원의 인사가 대규모로 남하하여 정착하게 되면서, 남방에 노동력과 지식인이 증가하게 되었고, 경제와 문화가 크게 발전하였다.

제일차 사건은 진·회제(晉·懷帝) 때 발생한 영가(永嘉)의 난으로, 흉노족(匈奴族)에 의해 서진(西晉)이 멸망한 사건이다. 이때 난을 피해 많은 인구가 남으로 피난을 가면서 문화적 공백기가 생겼으나, 남경(南京)에 도읍을 정한 동진(東晉)의 남방은 비교적 안정되었으며, 많은 노동력의 유입과 지식인의 정착으로 문화가 발전하고, 경제개발이 신속히 진행될 수 있었다. 『진서·식화지(晉書·食貨志)』에 '동남지역은 동진(東晉) 말년'에 이르면 이미 "세상에는 어려운 일이 일어나지 않았으며, 해마다 풍년이고, 백성은 생업에 전념하여 물산이 풍부하였다."라고 적고 있다.

북방이 비록 전쟁으로 크게 파괴되었지만, 북위(北魏)가 통일한 이후로 '균전제(均田制)' 등의 제도개선을 추진하면서, 사회질서는 점차 안정되어 갔다. 비록 남방의 문화수준이 크게 발전하였다고는 하나, 황하 유역의 문화적 우위는 지속될 수 있었다. 수(隋)·당(唐) 대에 이르면서 황하유역의 문화는 크게 꽃을 피우고 있었다. 특히 학술·정치·외교·군사 등의 활동은 전 세계를 상대로 번창하였으므로, 남방의 문화와는 비교할 수 없을 정도로 북방이 절대적 우위를 차지하고 있었다.

『신당서·식화지(新唐書·食貨志)』에 "당(唐)은 도읍지를 장안(長

安)에 두고, 관중(關中)을 '옥야(沃野)'라 하였다고는 하나 토지가 협소하여 경사(京師)의 수요를 충족하기에 부족하였을 뿐만 아니라, 홍수와 가뭄은 물론 북방의 외민족과의 전쟁에 대비하여 물자비축을 목적으로 운하를 만들어 동남부의 곡식을 운반해 오게 하였다. 운하의 개통으로 낙양·장안·개봉 등지의 경제와 문화가 급속히 발전하게 되었고, 더불어 남방의 문화와 경제에 큰 발전을 가져왔으나, 문화의 중심은 여전히 북방이었다.

제이차 사건은 당·현종(唐·玄宗) 때 발생한 안사(安史)의 난이다. 안록산이 거란과 결탁하여 장안을 침범한 사건과 사사명이 일으킨 난을 합쳐 안사의 난이라 한다. 안록산의 난은 그의 아들 안경서(安慶緒)에 의해 살해됨으로써 평정되었으나, 안경서의 부장으로 있던 돌권인 사사명이 다시 난을 일으켜 당을 매우 곤궁에 빠지게 되었다. 특히 안사의 난 이후 번진(藩鎮)의 세력이 강대해지고, 환관이 득세하면서 내우외환(內憂外患)의 연속이었다.

안사의 난을 거치며, 황하 중·하류 지역의 북방문화는 크게 쇠퇴하게 되었다. 특히 당 말기부터 오대(五代)에 이르는 동안, 북방은 긴 세월 전쟁으로 인해 황하 유역의 주민은 견디다 못해 모두 흩어지고, 농경지는 황폐하게 되었다. 그러므로 당시 당(唐)의 중앙정부 재정은 거의 전부가 동남부지역에서 조달할 수밖에 없었다.

북방은 내우외환으로 살기가 어렵게 되자 많은 인구가 남방으로 유입하였고, 남방은 많은 노동력을 확보하게 되면서 경제는 크게 성장하였으며, 지식인의 정착으로 문화 또한 크게 발전하였다. 특히 동남부 지방의 읍군(邑郡)은 수로가 발달하여 배로 연결되지 않는 곳이 없었으며, 교통의 발달과 인구의 증가로 천하의 물자가 집중되면서 양주(揚州)와 성도(成都)는 각기 문화와 경제가 크게 번창하는 도시가 되었다. 북송(北宋) 후기에 이르면 중앙정부의 정권을 장악한 인물 중에는 남방출신이 이미 다수를 차지하고 있었으며, 많은 거부(巨富)가 생기게 되었다. 그러나 문화중심은 여전히 개봉·낙양의 동서를 잇는 축선상에 있었다.

제삼차 사건은 송·흠종(宋·欽宗) 때 발생한 정강(靖康)의 난이다. 북송(北宋)이 긴 세월 중문경무(重文輕武) 정책을 펴면서 국방을 소홀히 하게 되었으며, 강성해진 북방의 외족으로부터 잦은 침략을 당하게 되었다. 그러나 외침에 저항할 능력을 상실한 송(宋)은 여진족(女眞族)에 의해 멸망하였다.

여진족의 금(金) 왕조가 백여 년 동안 북방을 통치하는 동안 회하(淮河)·진령(秦嶺)을 경계로 하여 남방에는 남송(南宋) 정권이 수립되었음으로 일시적이나마 회하(淮河)가 남북문화의 경계선이 되기도 하였다. 그러나 북송의 궤멸은 문화중심이 남쪽으로 이동하는 결정적 계기가 되었으며, 몽고의 원(元)과 만주의 청(淸)이 황하유역을 지배하면서 한족(漢族)은 남방에 정착하게 되었고, 문화중심 또한 남방에 고정되었다.

황하를 중심으로 발생하였던 중국문화는 세 차례의 큰 전란을 거치면서 많은 인구가 남쪽으로 이주하게 되었으며, 물자 운송을 위해 건설된 운하를 통해 경제발전은 물론 문화가 급속히 전파되었다. 특히 원·청이 긴 세월 지배하면서 한족은 남부에 정착하게 되었으며, 이민족(異民族)이 지배하는 북방은 지배민족의 문화와 토착의 한문화(漢文化)가 혼재하게 되었고, 남부는 한문화(漢文化)가 이식되면서 남북의 문화 수준이 바뀌게 되었다. 그리고 많은 인구가 유입되면서 강남지역이 개발되기 시작하였으므로 '동남은 재부(財賦)의 땅이고, 강절(江浙)은 인문(人文)의 보고다'라는 평을 받게 되었다.

3. 시대별 학문적 특징

고고학(考古學)에서는 인류가 사용한 도구에 따라 석기시대·청동기시대·철기시대로 구분하기도 한다. 일반적으로 석기시대를 살다 간 사람들은 그 흔적과 유물을 남기긴 하였으나, 역사적 사건에 대해서 구체적인 기록을 남기진 못하였다. 청동기시대를 살다 간 사람들에 와서야 비로소 문자를 사용하여 역사적 사건들을 구체적으로 기록하기 시작하였다.

중국에 있어서 청동기시대는 대체로 B.C 2,000년경부터 B.C 500년경까지이고, 하(夏)·은(殷)·주(周) 삼대(三代)가 이 시기에 해당된다. 비록 고대문헌에서는 삼황오제(三皇五帝)를 언급하기도 하나, 역사학에서는 우(禹)의 하(夏)로부터 역사시대로 본다. 그러나 하(夏) 대의 유물 중에는 구체적인 기록물이 없으며, 하에 대한 기록은 모두 후대의 기록들이다. 또한 역사학에서는 일반적으로 하(夏)를 국가의 형태를 이루기 이전의 부족연맹체 정도의 모습일 것으로 추측하

三黃五帝

三皇: 수인씨(燧人氏: 불), 복희씨(伏羲氏: 사냥), 신농씨(神農氏: 농경)
五帝: 황제(皇帝), 전욱(顓頊), 제곡(帝嚳), 요(堯), 순(舜).

고 있다. 즉 황하유역 일대에서 이족(夷族)과 강족(羌族)을 흡수하면
서 세력을 키워 '화하(華夏)'라는 새로운 부족 연맹체를 결성했으며,
그들은 스스로를 '화하' 또는 '화'·'하'로 지칭하였을 것으로 보고
있다. 그러므로 여기서는 은대(殷代)부터 언급하고자 한다.

1) 은·주(殷·周)시대에 발달한 사학(史學)

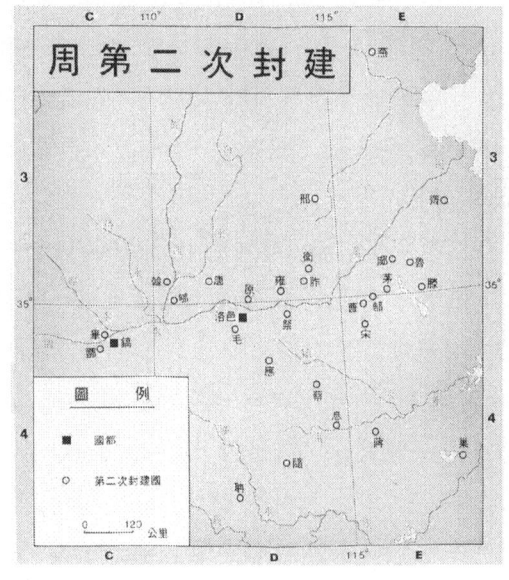

은·주(殷·周)문화의 특색은 사관(史官)문화라 하겠다. 고대 중국의 무격(巫覡, 巫는 여성; 覡은 남성)은 사람과 신(神)을 연결시켜 주는 역할로서 하늘의 명을 받들어 인간을 다스리고, 그 내용을 기록하는 일을 하였다. 이러한 무격의 역할이 은대(殷代) 이후로는 세습화·직업화하면서 사관제도(史官制度)로 정착하게 되었다. 그러므로 제정(祭政)이 분리되기 이전의 요(堯)·순(舜)시대에는 선양(禪讓)의 풍습이 있었으나, 은대 이후 왕권이 신권(神權)으로부터 분리되면서 각기 세습하게 되었다.

은대의 무격의 주된 업무는 복서(卜筮)·제사(祭祀)·성력(星曆)·서사(書史)·교육·의약 등의 신과 인간을 연결하는 일로써 무사문화(巫史文化)의 전형이라 하겠다. 『주역(周易)』이나 『좌전(左傳)』에 사무(史巫)·태사(太史) 등의 기록이 모두 이들에 대한 표현이다. 또한 주(周)대의 학술과 정치·신학과 과학·자연과 인문이 모두 혼합된 형태로 나타나는 문화적 특징은 바로 사관(史官)문화의 전형이라 하겠다. 무사문화(巫史文化)와 사관(史官)문화의 구별은 예기(禮記)에서 이른 대로 '은나라 사람은 신을 존중하여, 백성으로 하여금 신을 섬기게 하였을 뿐만 아니라, 조상신을 잘 섬기었다'와 '주나라 사람은 예를 존중하여 늘 행하였으며, 조상신을 섬기고, 신을 존중하였으나 멀리하였다'는 차이이다. 즉 은대의 무사문화(巫史文化)는 신(神)·귀(鬼)를 존중하는 원시종교의 형태를 띠었다면, 주대의 사관(史官)문화는 예를 존중하는 인문학술의 형태를 지닌 점에서 다르다 하겠다.

사관(史官)의 사(史)는 어떤 의미를 지니고 있을까? 첫째는 '史' 자에는 관청의 장부에 기록한다는 의미의 '中' 자와 서민의 송사를 관장한다는 의미의 '尹' 자의 의미를 함께 지니고 있으므로, 최초의 관직명이고, 둘째는 실제 주대의 관직제도로서 정사를 기록하였던 직위를 말한다. 그러므로 고대에는 사(史) 자와 이(吏) 자를 통용하였다.

중국에 있어서 사관이 최초의 학술계층이었을 뿐만 아니라, 그들은 저술을 기피하고, 역사적 사실들을 기록하였으므로, 육경(六經)이 모두 역사라는 주장이 성립된다. 이 사관직은 한(漢)대 이후 두 갈래로 나뉜다. 그 첫째는 태사(太史)로 불리며, 기언(記言)·기사(記事)에는 참여하지 않았고, 천문(天文)·성력(星曆)을 관장하였다. 명·청대 이후로는 흠천감(欽天監)으로 불리었고, 후일 역관(曆官)으로 불리었다. 다른 하나는 지사(知史)로 불리었고, 후일 저작랑(著作郞)·사관(史官)·한림학사(翰林學士)로 불리며, 순수하게 역사 기술의 직책만 담당하였다.

중국 학술사상의 뿌리는 천인합일(天人合一)에 있다. 주대 제도에 사관은 천문·성력(星曆)·인사(人事)·점복·제사를 관장하고 기록하였으므로, 천(天)에 의지하여 인본치란(人本治亂)의 사상이 정착하게 되었다. 천(天)·인(人)이 함께하기 때문에 덕(德)으로 인간을 다스리는 것이 주(主)가 되고 우선하며, 천상(天象)의 변화는 객(客)이 되고 나중이 되는 것이다.

그들의 하늘에 대한 인식은 자연변화에 조화롭게 순응하고자 하는 것이었다. 이러한 인식은 정치와 학술이 서로 분리되지 않았기 때문에 선진문학(先秦文學)은 모두 정교(政敎)에 활용되었다. 그러므로 천자는 정치현실을 듣기 위하여 공경대부부터 사에 이르기까지 모든 귀족에게는 시를 지어 바칠 수 있게 하였을 뿐만 아니라, 태사(太師)

에게는 순수(巡狩)기간을 통하여 민풍(民風)을 보고 시를 지어 바치게 하였다.

은대는 청동기문화가 가장 화려하게 꽃피웠으며, 갑골문을 발명한 시기다. 은왕(殷王) 무정(武丁)의 부인의 묘에서 200여 개의 예기(禮器)와 청동거울·청동방울 등 수십 개가 출토되었다. 출토된 청동기의 종류가 다양할 뿐만 아니라 그 아름답고 정교함 역시 대단하다. 이와 같이 많은 양이 발굴된 청동기의 사용처는 인간과 신이 서로 통할 수 있는 신물(神物)로 사용하였기 때문이다. 또한 은대는 갑골문을 발명하여 사용하였다. 현재까지 발굴된 갑골은 10만여 건에 이르며, 그중 4,500여 자가 해독되었고, 모두 반경(盤庚)이 은으로 천도한 이후 273년간의 기록들이다.

주는 최초로 무력에 의한 통일 왕국을 세웠다. 주는 '천명사상(天命思想)' 앞세워 은을 공격하였으며, '봉건제도(封建制度)'를 통하여 전공자에 대한 포상을 하였고, 종법제도(宗法制度)를 통하여 왕실과 봉건 제후를 다스렸다. 또한 주대는 제례작악(制禮作樂)하여 제도를 완비하였던 시기이다. 주공(周公) 단(旦)은 조카인 주 성왕(成王)을 섭정하면서 군대를 동원하여 은의 잔당을 소멸시켰으며, 반란을 평정하였고, 제도를 완비하였다. 주공이 예악제도(禮樂制度)를 제정한 대원칙은 사회의 상하귀천 간의 윤리규범을 바탕으로 모든 직제(職制)와 제도를 제정하였다. 면서 그러므로 춘추(春秋)시대로 접어들면서 예악이 붕괴되었다는 말로 사회질서가 문란해졌다는 표현을 대신하게 되었다.

2) 춘추전국(春秋戰國)시대에 활동한 제자백가(諸子百家)

춘추전국시대는 중국학술문화의 핵분열시대이며, 대발전의 시대이다. 이 시기는 제왕학(帝王學)은 해체되고, 제후는 패권다툼에 돌입하였으며, 사(士) 계급이 크게 일어났다. 또한 개인적인 저술활동이 활발하였고, 사교육이 번창해졌으며, 유세가들의 유세가 활발해 지는 등 새로운 제자백가의 쟁명시대가 열렸다.

원래 '자(子)'란 '아들·남자에 대한 통칭'이었으나, 이 시기 이후 '선생님·백가지학(百家之學)에 대한 지칭' 등이 추가되었다. 이 '자'를 붙이는 방법으로는 성과 함께 부르는 경우로 공자·맹자 등이 있고, 이름과 함께 부르는 경우로는 공손용자(公孫龍子)·손경자(孫卿子) 등이 있으며, 학술과 함께 부르는 경우의 노자·묵자 등 이외에도 갈관자(鶡冠子)·관윤자(關尹子) 등과 같이 특별한 사물과 함께 부르는 경우도 있다.

제자백가는 주의 왕실이 쇠퇴하면서 그 직을 잃은 사관들이 사관(私官)을 세우면서 흥기되었다고 볼 수 있으므로 모두 왕관(王官)과 사관(私官)에서 그 뿌리를 찾아야 할 것이다. 춘추시대부터 학문적 분열을 시작한 제자들은 전국시대에 들어서면서 이미 서로 평가하기 시작하였다. 즉 양주(楊朱)에 대해서는 자기만을 위하니 임금이 없고, 묵적(墨翟)은 겸애(兼愛)이니 부모가 없다고 하거나, 노담(老聃)은 귀유(貴柔)하고, 공자는 귀인(貴仁)하고, 묵자는 귀염(貴廉)하고, 관윤(關尹)은 귀청(貴淸)하고, 자열자(子列子)는 귀허(貴虛)하다고 하였다. 이 제자백가류에 대해 사마담(司馬談)은 '음양(陰陽)·유(儒)·묵

(墨) · 명(名) · 법(法) · 도덕(道德)'으로 분류하였으며, 유흠(劉歆)과 반고(班固)는 '유(儒) · 도(道) · 음양(陰陽) · 법(法) · 명(名) · 묵(墨) · 종횡(縱橫) · 잡(雜) · 농(農) · 소설(小說)'로 구분하기도 하였다.

춘추시대는 봉건사회의 질서가 붕괴되면서 '사직무상봉(社稷無常奉), 군신무상위(君臣無常位)'를 외치며 권력과 이익을 따라 이합집산하는 사회가 되었다. 이러한 상황에서 사(士)의 흥기는 매우 자연스러운 현상이었다. 서주시대에 이미 귀족의 최하층을 구성하고 있었던 사(士) 계급은 '식전(食田)'을 받고 경대부(卿大夫)에 고용되어 생활하고 있었다. 이들 사(士)는 예(禮) · 악(樂) · 사(射) · 어(御) · 서(書) · 수(數)의 육례교육을 받았으며, 문무교육을 받았기 때문에, 평시에는 경대부의 가신 역할을 하였고, 고, 전시에는 하급 장교역할을 하였다. 그러나 춘추시대로 접어들면서 이들 사(士)에도 분화가 되면서, 여전히 식전에 고용되어 가신역할을 하는가 하면, 지식인이 되어 교육자가 되기도 하고, 종교의 지도자가 되기도 하였다. 특히 관학이 붕괴되고, 사학이 발전하면서 유세가가 많이 배출되었다.

3) 진 · 한(秦 · 漢)시대를 이끈 경학(經學)

은(殷) 이전은 부족 연맹체 정도의 국가였으며, 주는 봉건제후국(封建諸侯國)의 공주(共主)로서 간접통치를 하였으므로, 중국에 있어서 진정한 의미의 제국(帝國)은 진(秦) 이후 청(淸)까지일 것이다.

진시황은 이사(李斯)를 중용하면서 전국을 통일하였으며, 봉건제를 완전 폐지하고, 중앙집권제를 실시하고자 하였다. 또한 전국을 통일한 진시황은 상앙(商鞅)의 변법(變法)을 통해 정전제(井田制)를 폐지하고, 관직을 20등급으로 나누어 군사력을 극대화하려 하였을 뿐만 아니라 법률·도량형·화폐·문자·역법(曆法)·차궤(車軌)를 통일하고자 하였다. 상앙의 변법은 토지의 사유화를 인정하여 매매를 합법화하고, 소유 토지에 대하여 세금을 징수하며, 중농억상(重農抑商)의 정책을 펴는 것이다. 이와 같이 중앙집권을 확립하려는 정책을 펴는 과정에서 시(詩)·서(書)에 관한 책을 불태우고, 저항하는 유생 460여 명을 묻어 죽이는 분서갱유(焚書坑儒)가 일어나기도 했다.

진시황은 중앙집권적 제국을 건설하기 위하여 삼공구경(三公九卿)제도를 도입하였다. 물론 이 삼공구경제가 서주(西周)의 삼공육경(三公六卿)제와 명칭 면에서는 매우 유사하나 그 직능에 있어서는 차이가 크다. 서주의 삼공은 태사(太師)·태부(太傅)·태보(太保)로 후대의 재상(宰相)과 같은 직위였으나 전국에 대한 정무를 관장할 수 있는 권리는 없었고, 육경은 태사(太史)·태축(太祝)·태복(太卜)·태제(太祭)·태종(太宗)·태사(太士)로 모두 종교업무와 관련이 있었다. 그러나 진의 삼공은 승상(丞相)·어사대부(御史大夫)·태위(太尉)로 승상은 황제를 도와 전국의 정무를 처리하였고, 어사대부는 부승상격으로 황제를 도와 법과 문서를 관장하고 백관을 감찰하였으며, 태위는 황제를 도와 전국의 군사를 관장하였다. 구경으로는 사법(司法)을 관장하는 정위(廷尉)·조세수입과 재정지출을 관장하는 치속내사(治粟內史)·종묘제사의례를 관장하는 봉상(奉常)·민족사무와 대외관계를 관장하는 전객(典客)·황제의 시종을 관장하는 낭중령(郎中令)

· 황실 재정과 관수공업(官手工業)을 관장하는 소부(少府)·궁정 경위를 관장하는 위위(衛尉)·궁정의 거마(車馬)를 관장하는 태복(太卜)·황실종족에 대한 사무를 관장하는 종정(宗正)이 있었다.

진시황은 또한 주대의 봉건제도를 완전히 철폐시키고, 지방에 군(郡)·현(縣)을 설치하여 중앙에서 직접 관리를 파견하여 다스리는 중앙집권적 군현제(郡縣制)를 실시하였다. 군(郡)의 우두머리를 군수(郡守)라 하였으며, 부군수격으로 군위(郡尉)를 두어 군사를 관장하게 하였고, 중앙의 어사대부의 직속인 군감(郡監)을 두어 군을 감찰하게 하였다. 군의 아래에는 약간의 현(縣)을 두었으며, 현의 크기에 따라 현령(縣令) 또는 현장(縣長)을 두었다. 현의 아래에는 향(鄕)을 두었으며, 향의 관원으로 교화(敎化)를 담당하는 삼노(三老)·조세와 소송을 담당하는 색부(嗇夫)·치안을 담당하는 유요(游徼)를 두었다. 향 아래에는 정(亭)·이(里)를 두었으며, 각각 정장(亭長)과 이정(里正)을 두었다.

한(漢)을 일으킨 유방(劉邦)은 해하(垓下)에서 항우(項羽)를 물리치고, 전국을 통일한 서민 황제였으며, 그의 수하에는 포의장상(布衣將相)이 많았다. 그러므로 한(漢) 고조(高祖)는 진의 법 체제를 그대로 계승하였으며, 많은 개혁을 할 수 있었다. 군현제를 실시하는 중에 있어서 다만 일부 지역을 봉건체제로 하여 무시할 수 없었던 개국공신에게는 이성제후(異姓諸侯)의 왕과 동성제후(同姓諸侯)의 왕을 두었다.

뒤를 이은 무제(武帝)는 승상 등의 권리를 약화시키어 황제의 권위를 더욱 강화하였으며, 중앙에서 직접 각 지방에 자사(刺史)를 파견하여 지방 세력을 장악하였고, 삼홍양(桑弘羊)과 같은 재정 전문가를 발탁하여 중앙의 재정을 확고히 하였다. 특히 장건(張騫)을 기용하여 흉노(匈奴)를 치면서 인도·로마·아랍 등지와 교역을 할 수 있게 하였던 것은 역사적으로 매우 큰 사건이라 하겠다.

한고조는 무위이치(無爲而治)를 주장한 황노사상(黃老思想)을 받아들여 국력을 배양하면서 중앙집권화하였다. 그러나 무제는 유위지치(有爲而治)를 주장하는 유가사상을 받아들였다. 무제는 유학에 오경박사(五經博士)를 두어 경학을 연구하고 가르치게 하였다. 그러므로 법가사상을 구현한 진의 체제를 그대로 이어 받은 한이 유가사상을 접목시킨 것은 유표법리(儒表法裏)의 모습을 하게 되었다. 이 유표법리의 형식은 후대의 치국의 전형으로 이어지게 되었다.

경(經)은 처음엔 서적을 이르는 말이었다. 『장자·천하(莊子·天下)』의 '墨學弟子讀墨經'이나 『장자·천운(莊子·天運)』의 '丘治詩書禮樂易春秋六經'이라는 말에서 볼 수 있듯이, 경(經) 자는 유가의 경전에만 쓸 수 있는 것이 아니었다. 그러나 한대의 경학자들에 의해 선진(先秦) 유학의 원전인 『역·시·서·예·악·춘추』를 육례(六藝)라 하였고, 이를 경천위지(經天緯地)의 상도(常道)로 해석하면서 육경(六經)으로 불리었으며, 경학으로 정착되었다. 유학의 이 육경은 『악경(樂經)』이 망일(亡逸)되면서 한대에서는 오경박사를 두게 되었고, 동한(東漢)에 오면서 『논어(論語)』와 『효경(孝經)』을 추가하여 칠경(七經)이 되었으며, 『예』와 『춘추』가 각기 『의례(儀禮)·주례(周禮)·예기(禮記)』와 『공양춘추(公羊春秋)·곡량춘추(穀梁春秋)·좌씨춘추(左氏春秋)』로 나뉘면서 『爾雅』가 추가되어 십이경(十二經)이 되었다. 송대에 『맹자』가 추가되어 십삼경(十三經)이 되었다.

진의 분서정책(焚書政策)과 갱유사건(坑儒事件)으로 사가(私家)의 전적이 산실(散失)되었다. 한 혜제(惠帝)가 '협서지금율(挾書之禁律)'을 해제시키면서 경서의 잔결본을 수집하거나 구술에 의해 당시 통용문자인 예서(隸書)로 정리하였다. 그 이후 경제(景帝) 때에 노공왕(魯恭王)이 그의 궁전을 확장하며, 공자의 구택(舊宅)의 벽에서 선진문자(先秦文字)로 쓰인 주문(籀文)으로 쓰인 『상서(尙書)·예기(禮記)·논어(論語)·효경(孝經)』 등 수십 편에 전적을 발견하였으나, 선진문자를 해독하지 못해 조정 비부(秘府)에 보관하게 되었다.

금고문학파(今古文學派)의 차이

금문학파: 공자(孔子)를 숭상하며, 공자가 천명(天命)을 받았다고 하여 소왕(素王)이라 한다. 공자가 철학가·정치가·교육가임과 탁고개제(托古改制)하고자 하였음을 인정한다. 『춘추공양전(春秋公羊傳)』을 위주로 하는 경학파(經學派)이다. 고문경전을 배척하는 것은 유흠(劉歆)의 위작으로 보기 때문이다. 위서(緯書)를 인정하는 것은 공자의 작은 말에도 숨은 뜻이 있다고 보기 때문이다.

고문학파: 주공(周公)을 숭상하며, 공자는 선사(先師)로써 존중하고, 공자를 사학가로 인정하고 있다. '육경(六經)'을 고대의 역사적 사료로 보며, 『주례(周禮)』·『좌전(左傳)』을 위주로 하는 사학파이다. 금문경전을 배척하는 것은 진나라의 분서갱유로 인해 제대로 전해진 것이 아니라고 보기 때문이다. 위서(緯書)를 배척하는 것은 무망(誣妄)하다고 보기 때문이다.

무제 이후 조정 비부에서 보관해 온 수장본(收藏本)을 애제 때 유향(劉向)·흠(歆) 부자가 정리하던 중 고문자로 된 유가경전(儒家經

典) · 전기(傳記) · 제자서(諸子書) · 시부(詩賦) · 수술(數術) · 방술(方術) 등을 발견하였다. 유향이 정리를 마치지 못하고 타계하자, 그의 아들 유흠이 이어서 정리하게 되었다. 유흠이 고문경과 금문경을 정리대조한 결과 금문경보다 고문경이 더 완벽함을 알게 되었다. 이에 유흠이 애제 때 『좌씨춘추(左氏春秋) · 모시(毛詩) · 일예(逸禮) · 고문상서(古文尙書)』 등 고문 사종을 학관(學官)에 세우자 주장하였으나 받아들여지지 않았다. 동한 말 정현(鄭玄)에 의해 금고문경 통합 작업이 시작되면서 금문경이 쇠퇴하기 시작하였다. 동진(東晋) 원제(元帝)가 유학을 부흥시키려, 왕필(王弼)의 『역(易)』 · 정현의 『상서(尙書) · 모시(毛詩) · 주관(周官) · 예기(禮記) · 논어(論語) · 효경(孝經)』 · 공안국(孔安國)의 『고문상서(古文尙書)』 · 두예(杜預)와 복건(服虔)의 『좌씨춘추(左氏春秋)』만 학관에 세움으로써, 이른바 서한의 금문경 14박사의 경전은 하나도 보존되지 못하였으니, 이로써 금문경은 거의 소멸하게 되었다.

A.D. 25년, 왕망(王莽)의 전횡으로부터 한조를 구한다는 '복고조구업(復高祖舊業)'의 기치를 내세운 유수(劉秀)가 서한을 전복시키고, 낙양에 도읍을 정하니, 동한(東漢)의 시대가 시작되었다. 유수는 동한을 세우고, 왕망에 의해 폐지되었던 서한 초기의 관직체제와 무제의 '독존유술(獨尊儒術)' 정책을 복원하였다. 나아가 무제가 세웠던 오경박사제를 복원하여 『역(易)』에는 4박사 · 『상서(尙書)』에는 3박사 · 『시(詩)』에는 3박사 · 『예(禮) · 춘추(春秋)』에는 각각 2박사 등 5경14박사를 두고, 태학에서 학생들을 가르치게 하였다.

유수는 경학에 정통하였을 뿐만 아니라 참위(讖緯)에도 관심이 많앉다. 한조사상의 특징 중의 하나가 유가학설과 음양오행학설이 결합하여, 오경(五經)을 일종의 신비주의적으로 해석하면서 참위학이 형성되었다. 참(讖)은 신령(神靈)에 가탁(假託)하여 예언하며, 항상 도화(圖畵)가 따라다니기 때문에 도참(圖讖)이라고도 하고, 위(緯)란 경(經)에 대칭되는 말로서 신의(神意)에 가탁해서 오경을 해석한 책이다. 참위는 한무제가 고대의 천제(天祭) 방식 중 하나인 봉선(封禪)을 좋아하여 발생된 것으로 보고 있다. 더구나 서한 말에서 동한 초에 이르는 시기는 사회가 매우 혼란하였으므로 참위학이 크게 발달하였고, 이 시기에 나온 책만도 81종에 달하였다. 유수는 참위학을 좋아하여 도읍인 낙양에 참위학을 연구하고 선양하기 위하여 대규모의 명당(明堂)과 영대(靈臺)를 지었다.

4) 위·진(魏·晉)시대에 유행한 현학(玄學)

요·순(堯·舜)의 선양(禪讓)을 흉내 낸 조조(曹操)의 아들 조비(曹丕)는 한·헌제(漢·獻帝)를 협박하여, 220년 제위를 선양받아 위(魏)를 세웠다. 266년, 조비를 흉내 낸 사마염(司馬炎)은 조환(曹奐)을 협박하여, 제위를 선양받아 진(晉)을 세웠다. 이에 앞서 조조가 그러했듯이 사마염의 아비 사마소(司馬昭) 또한 조모(曹髦)를 폐위시키고, 조환을 황제에 앉히고는 전횡을 일삼았다.

사마소의 정치적 야심에 반발을 하거나 두려워하였던 인사들이 현실정치의 민감한 문제에 대해서 회피하거나 완세불공(玩世不恭)의 태도를 보이기 일 수 이었다. 이들 중 세상을 멀리하며, 허무(虛無)를 숭상하고, 예법을 가벼이 여겼던 무리 중 혜강(嵇康)·완적(阮籍)·산도(山濤)·완함(阮咸)·향수(向秀)·왕융(王戎)·유령(劉伶)을 죽림칠현(죽림칠현)이라 불렀다. 이들이 정치를 멀리하고자 할수록 정치는 이들을 압박해 왔으므로, 완적(阮籍)·산도(山濤)·향수(向秀)는 결국 굴복하여 정치에 참여하게 되었으며, 다른 사람들은 천수를 다 누리지 못하였다.

이와 같은 암흑시기에 정치를 멀리하고, 성명(性命)을 보존하며, 자신의 생각을 나타내려 하지 않았던 행태를 '위진풍도(魏晉風度)'라 하였다. 이 위진풍도의 특색은, 먼저 방랑생활을 하면서 혼자임을 보여주는 것이며, 둘째는 음주에 빠져 스스로 해방되려 한 것이고, 셋째로는 현실을 도피하여 산림에 은둔하는 것이었다. 뿐만 아니라 현학(玄學)이 크게 발전하였다.

현학(玄學)이란 현원지학(玄遠之學)의 준말로써, 위진(魏晉)시대 특유의 학문이다. 현학가들은 삼현(三玄)이라 지칭되는 『역(易)·노(老)·장(莊)』을 좋아하여 '삼현지학(三玄之學)'이라 불리기도 하였으며, '신도가지학(新道家之學)'이라 불리기도 하였다. 위진시기인 건안(建安)으로부터 정시(正始)에 현학이 발달하게 된 원인이 한대의 경학정치문화(經學政治文化) 실패에 있다고 보기도 한다. 위진의 현학가는 유도(儒道)에 정통하나 예법(禮法)을 타파하려 하였으며, 노장적 자연과 유가의 명분과 교훈을 준칙으로 하는 도덕관념인 명교(名敎)의 관계를 절충하려 하였고, 형이상학적(形而上學的) 사고를 좋아하였다.

현학의 이러한 특성으로 학문적 분위기를 많이 바꿔 놓게 되었다.

즉 경학 연구에 있어서 글만 읽고 뜻을 음미하지 않는 경향을 의미와 이치를 찾으려는 경향으로 바꾸었으며, 스승으로부터 전수받던 형식에서 평등한 위치에서 서로 토론과 비판할 수 있는 분위기로 바꾸었고, 경학 단일 범주의 연구를 다변화하였다. 이들 현학청담(玄學淸談)의 논제로 '유무(有無)·체용(體用)·동정(動靜)·형신(形神)·명실(名實)·언의(言意)·일다(一多)·음성(音聲)·재성(才性) 등이 즐겨 등장하였다. 현학가가 현원(玄遠)을 논하고, 허정명도(虛靜明道)를 구함은 그들 나름대로의 생존 방식이며, 자각적(自覺的) 학술활동이라 하겠다. 그러므로 그들은 조용한 방에서 청담(淸談)과 독서·바둑·악기 연주 등을 통해 명성표의(明性表意)하거나 산수(山水)를 찾아 나서길 좋아했을 뿐만 아니라 연회를 열어 통음(痛飮)을 하면서 인생무상(人生無常)의 비애를 느꼈다.

혜강(嵇康)의 양생론(養生論)

修性以保神: 性을 수련하여 神을 보전한다.
安心以全身: 心을 안정시키어 身을 온전하게 한다.
愛憎不棲於情: 愛와 憎이 情에 깃들지 못하게 한다.
憂喜不留於意: 憂와 喜가 意에 남아있지 못하게 한다.
泊然無感: 의지하여 머무르나 마음을 움직여서는 안 된다.
而體氣和平: 신체의 기운은 항상 화평하여야 한다.

위진 현학이 유(有)와 무(無)의 체용(體用)관계를 규명하고자 하는 철학적 바탕 위에서, 성인(聖人)의 유정(有情)과 무정(無情)에 대해 토론하기에 이르렀으며, 나아가 '양생론'·'성무애악론'·'언의지변'

등 3가지 논점에 대해 깊이 논구하였다. 양생론(養生論)이란 혜강(嵇康)의 「양생론」·향수(向秀)의 「난양생론(難養生論)」·혜강(嵇康)의 「답난양생론(答難養生論)」에 기초한 것으로써, 성인(聖人)은 희로애락의 정(情)이 없으나, 일반인에게는 모두 오정(五情) 반드시 있다. 성인에게 본래적으로 오정이 없었던 것이 아니라 양생을 통해 조절하는 것이니, 우리도 '본성을 수양하여 신명을 보전하고, 마음을 편안히 하여 신체를 온전히 하면, 애증이 감정에 깃들지 않으며, 근심과 즐거움이 마음의 뜻에 머물지 않고, 어떠한 욕심과 느낌이 없게 되며, 몸과 마음이 화평하게 된다'고 하였다. 이 이론은 『장자』와 만나면서 후일 수당(隋唐)대의 불성론(佛性論)과 송대 이학(理學)의 천성(天性)은 곧 이(理)이며, 인정(人情)은 곧 욕(欲)이라는 인식 형성에 큰 영향을 끼치게 된다. 다음으로 성무애락론(聲無愛樂論)도 혜강의 「성무애락론(聲無愛樂論)」에서 비롯되었으며, 소리에는 근본적으로 애락이 없다는 설로서 중국 악론사(樂論史)와 미술사에 지대한 영향을 끼쳤다. 그러나 당시 유행하였던 청담(淸談)과 현학의 우주관(宇宙觀)과는 그 연원이 달랐으며, 혜강의 「성무애락론(聲無愛樂論)」은 『예기·악기(樂記)』 이후로 발전해 온 유가의 '음악의 애락(哀樂)과 정치의 선악(善惡)은 서로 통한다'는 인식을 부정하게 되었을 뿐만 아니라 현학의 우주론과 정치가 예술론에 반영되게 되었다. 끝으로 언의지변(言意之辨)이란 사람이 표현하는 말[언(言)]과 인간의 심성(心性) 속에 내재되어 있는 뜻[의(意)]와는 엄연히 다르다는 설이다. 이 설의 이론적 근거는 『주역·계사(系辭)』의 '공자께서 말씀하시기를 글로는 말을 다 나타낼 수 없고, 말로는 뜻을 다 나타낼 수 없으며……'라는 말과, 『장자·외물(外物)』에 '말이라는 것은 뜻에 있기 때문에, 득의(得意)하게 되면 말을 잊게 된다'라는 말에 기초하고 있다. 이것은 바로 '의(意)'란 현묘한 '도(道)'를 말하며, 나아가 '이(理)'를 말하고, 우주의 본체로까지 상승하므로 언어로써 표현할 수 있는 단계가 아니라고 보았다.

5) 수·당(隋·唐)시대에 꽃핀 불교(佛敎)

치열한 분열과 흡수과정을 거쳐, 북주(北周)의 무제(武帝) 우문옹(宇文邕)이 북제(北齊)를 멸망시키고 통일하였다. 북주(北周)는 통일 후 얼마 못가 군사귀족인 양견(楊堅)에 의해 전복되었으며, 양견은 수(隋) 제국을 세우고, 스스로 황제가 되었다. 수는 비록 문제(文帝)·양제(煬帝)로 마감된 국가였으나 그 역사적 의미는 매우 크다. 수 문제는 한족(漢族)과 선비족(鮮卑族)의 혼합혈통이었기 때문에 호인 한화(胡人漢化)·한인호화(漢人胡化)의 개방적인 품성이 강하였으며, 전대(前代)의 한(漢) 제국과는 많은 면에서 다른 특징을 나타내었다.

수는 중앙정부에 삼성육부(三省六部)를 두었다. 삼성은 정책입안기구인 중서성(中書省)과 심의기구인 문하성(門下省)과 행정기구인 상서성(尚書省)으로 구성되었다. 국가의 큰 정책은 모두 중서성에서 입안하고, 입안된 모든 정책은 문하성에서 심의를 하였으며, 심의를 거쳐 황제의 재가를 받은 정책은 상서성이 시행하였다. 상서성의 책임자를 상서령(尚書令)·부책임자를 부사(仆射)라 하였으며, 관원을 선발하고 관리하는 이부(吏部) · 의례(儀禮)를 관장하는 예부(禮部) · 군사를 관장하는 병부(兵部) · 형법을 관장하는 도관부(都官部) · 호구전곡(戶口錢穀)을 관장하는 도지부(度支部) · 건축 토건을 관장하는 공부(工部) 등의 육부를 두었다.

이 외에도 수는 인재를 등용하는 방법으로 과거제(科擧制)를 실시하였다. 과거제도는 수재과(秀才科) · 명경과(明經科) · 진사과(進士科)를 두었으며, 이부에서 일률적으로 문제를 출제하고, 임명권을 행사하였다. 육조(六朝) 이전에는 문벌에 따라 관리를 등용하여 '상품에는 한미한 가문이 없고, 하품에는 사족이 없다(上品無寒門, 下品無士族)'이라는 속어가 있었다. 수 문제는 문벌정치와 지방토호의 세력을 약화시키기 위하여, 구품(九品) 이상의 관리는 모두 이부에서 과거시험을 통해 선발하였으며, 주 · 현(州 · 縣)의 관리는 모두 예외 없이 3년 1환(換)시켰고, 본지인(本地人)은 본지(本地)에 임관시키지 않았다.

또한 호적제(戶籍制)를 실시하여 전국적으로 인구관리 체제를 운용하였다. 전 인구를 나이에 따라, 3세 이하는 황(黃) · 10세까지는 소(小) · 20세까지는 중(中) · 60세까지는 정(丁) · 60세 이상은 노(老)라 구분하여 각종 의무를 부과시켰다.

그리고 낙양(洛陽)으로 천도한 양제는 양자강과 낙양과 황하를 연결하는 대운하를 건설하였다. 이 운하를 개통함으로 전국의 물산이 손쉽게 낙양에 집결할 수 있었으며, 낙양의 문화가 전국으로 보급될 수 있었다. 이 대운하는 고수(沽水, 현 海河) · 하수(河水, 현 黃河) · 회수(淮水, 현 淮河) · 강수(江水 · 현 長江) · 절강(浙江, 현 錢塘江) 등 5대 수계(水系)와 연결되었고, 낙양에서 황하를 거쳐 회수(淮水)의 우이(盱眙)로 연결된 통제거(通濟渠)·회안(淮安)에서 양주(揚州)를 거처 장강(長江)으로 연결된 한구(邗溝)·진강(鎭江)에서 항주(杭州)로 연결되는 강남하(江南河)·심수(沁水)에서 위하(衛河)와 북경과 황하로 연결되는 영제거(永濟渠)가 있다.

이 대운하가 형성되면서 낙양은 신흥 경제 중심지로 부각되었으며, 강남의 풍부한 물자가 낙양으로 집중될 수 있었으며, 동북지역으로 군수물자를 조달하기에도 편리하게 되었고, 황제의 명령이 빠른 시일 내에 각 지방으로 전달될 수 있었다. 이 운하를 통하여 양제는 2,600만 석의 양곡을 낙양 부근에 비축하였으며, 당(唐)은 이를 미쳐 다 소비할 수가 없을 정도였다.

당(唐)을 세운 이연(李淵)은 북방 산서(山西)의 한인(漢人)과 호인(胡人)의 혼혈의 귀족가문 출신이며, 서위(西魏)의 귀족 이호(李虎)의 손자이다. 서위(西魏)의 우문태(宇文泰)는 부병(府兵)을 창건하고, 최고 책임자로 팔주국(八柱國)·십이대장군(十二大將軍)을 두었다. 수(隋)를 세운 양견의 아버지 양충(楊忠)이 십이대장군 중의 하나였으며, 당(唐)을 세운 이연의 조부 이호(李虎)는 팔주국 중의 하나였다. 우문태는 양충·이호와 함께 돌궐의 독고신(獨孤信)과 연합 혼인을 맺었다. 독고신의 장녀는 후에 북주(北周)의 명제(明帝)가 된 우문태의 아들과, 넷째 딸은 이호의 아들 이병(李昞)과, 일곱째 딸은 양충의 아들 양견과 결혼시켰다. 그러므로 양견이 북주를 전복하고 수를 세운 것과, 이연이 수를 무너뜨리고 당을 세운 것은 모두 당시 귀족정치의 산물이라 하겠다.

당태종은 중앙정부에 정사당(政事堂)을 두어 재상(宰相)들로 하여

금 일체의 국가 대사를 논의하게 하였으며, 여기서 논의된 안건을 황제의 재가를 얻어 시행하게 하였다. 또한 중서성(中書省)·문하성(門下省)·상서성(尙書省)의 삼성(三省)을 두었으며, 각 성의 우두머리는 중서성의 중서령(中書令)·문하성의 시중(侍中)·성서성의 좌우부사(左右仆射)였고, 이들은 모두 재상이었다. 재상으로는 이들 외에도 참지기무(參知機務)·참지정사(參知政事) 등 정사당에 참여하는 20여 명이 있었다. 중서성은 천자의 비서관 역할을 하면서 조서(詔書)·칙령(勅令) 및 상소(上訴)에 대한 회답을 작성하는 업무를 관장하였으며, 조서나 칙령의 반포는 반드시 문하성의 동의를 거쳐야 했다. 문하성은 중서성에서 기초한 조서나 칙령을 심사하며, 반박 또는 반송할 수 있는 권한이 있었기 때문에 정사당에 회부하기 이전에 두 부서는 합의를 보아야 했다. 상서성은 합의된 정책을 수행하는 기관이며, 육부(六部)를 두었다. 삼성의 관원은 모두 귀족들로 이루어졌으며, 천자는 이들 귀족을 완전히 장악하지 못하였었기 때문에 이들의 문서에는 명령문 등의 강압적인 문자보다는 온건한 문체로 쓰였다.

태종은 이외에도 수재(秀才)·진사(進士)·명경(明經)·명법(明法)·명서(明書)·명산(明算) 등 육과(六科)를 두어 과거제도를 완비하여 인재등용에 힘썼으며, 흔히 정관율(貞觀律)·당율(唐律)로 불리는 법령을 완비하였다.

서경(西京) 장안(長安)·동도(東都) 낙양(洛陽)은 당시의 정치·경제·문화의 중심지로서 시대조류를 이끌고 있었다. 당시 고선지(高仙芝)가 중앙아시아를 정벌하고 돌아오면서 자지무(柘枝舞)를 들여

오자, 이 춤이 널리 보급되면서 일반 귀족과 평민의 아녀자들까지 호악(胡樂)·호무(胡舞)·호장(胡裝)의 호풍(胡風)이 유행하게 되었다.

이러한 외래문화의 유행은 물질생활뿐만 아니라 정신세계에도 큰 영향을 미치게 되었다. 당시 장안에는 중외(中外) 예인(藝人)들이 연극·희극 및 기타 오락프로그램을 공연하는 극장이 많았다. 특히 남녀가 모두 좋아하는 것으로 페르시아에서 들여온 마구(馬球)라 불리는 폴로게임이 있었다. 인도·페르시아 및 중앙아시아의 문화가 유입되면서 사회가 개방적으로 되었으며, 자유로운 예술사상이 발달하게 되었고, 천재적 예술가들이 배출되어 시가·음악·무용·서예·회화가 모두 발달하였다. 또한 동양 각국 사람들뿐만 아니라 돌궐·인도·페르시아·유럽 등 세계 각지에서 무역을 하기 위하여 찾아오면서 회교·경교 등 다양한 종교도 전래되었다.

현종(玄宗)이 양귀비에 빠져 정치를 이임보(李林甫)·양국충(楊國忠)에게 의지하는 동안 번진세력(藩鎭勢力)과 환관세력(宦官勢力)은 날로 팽창하였다. 현종은 전 군사력을 다하여 토번(吐藩)과 대치하고 있었기 때문에 동북변방의 해(奚)·거란[契丹]에 대치할 병력을 낼 수 없었으므로 안록산을 평로(平盧) 절도사(節度使)에 기용하여 막게 하였다. 이 년 후 범양(范陽) 절도사를 겸하게 되었으며, 칠 년 뒤에는 하동(河東) 절도사까지 겸임하게 되었다. 당시 중앙 상비군은 10만여 명이었는데, 안록산(安祿山)이 이끄는 번진의 군사가 이미 20만여 명이 되었고, 동북·화북의 최대 군벌이 되었을 뿐만 아니라 상서 좌부사·표기대장군이 되었다.

세력을 확장한 안록산은 755년(天保14년) 11월, '奉密詔討楊國忠'

이란 명분을 내세워 소성(薊城, 현 북경 서남부)에서 난을 일으켰다. 이듬해 정월 초하룻날, 낙양에서 국호를 대연(大燕)이라 하고, 스스로 황제에 올랐다. 6월 13일 장안을 떠나게 된 현종은, 양국충과 양귀비를 처형하였다. 이때 태자 이형(李亨)은 현종을 태상황으로 모시고, 스스로 황제에 올랐다. 새로 황제가 된 숙종(肅宗)은 영무(靈武)·하서(河西)·북정(北庭)·안서(安西) 등의 절도사들을 독려하여 군대를 집결시키자, 사세가 불리해진 안록산의 진영은 분열하기 시작하였다. 혼란한 틈을 이용하여 안록산의 아들 안경서(安慶緒)가 안록산을 죽이고, 스스로 황제의 자리에 앉았으나 당군(唐軍)에 밀려서 장안과 낙양을 내주게 되었다.

안록산의 아들 안경서(安慶緒)가 안록산을 죽이고, 스스로 황제의 자리에 앉은 것에 불만을 품은 안록산의 부장 사사명(史思明)이 팔만 군대를 이끌고 당에 투항하였다. 당은 사사명을 범양절도사에 임명하여 안경서를 상대하게 하였다. 양쪽으로 공격을 받게 된 안경서는 황제의 자리를 사사명에게 양보하는 조건으로 협상을 요청하였다. 거짓으로 협상을 받아들인 사사명은 안경서를 죽이고, 스스로 대연의 황제가 되었으며, 반년 뒤 다시 낙양을 함락시켰다. 그러나 반군에 내홍이 생기면서 사사명의 아들 사조의(史朝義)가 사사명을 죽이고 투항하면서 7년 3개월간의 안사(安史)의 난(亂)은 평정되었다.

안사의 난 이후 군벌로 성장한 각 지역의 번진(藩鎭)은 중앙정부의 명령에 따르지 않았을 뿐만 아니라, 조세의 부담도 거절하였다. 전쟁이 장기화되면서 번진의 군사는 장기근무를 하였으며, 이들은 절도사의 사병화(私兵化)하였고, 번진의 절도사(節度使)가 죽으면 절도사의 아들이나 부장 중에서 한 명이 계승하기 때문에, 중앙에서는 후임자를 부임시킬 수가 없었다. 일부 절도사는 스스로 칭왕(稱王)하기까지 하였다.

군벌이 지방을 거점으로 세력을 키워 갔다면, 환관(宦官)은 중앙에서 그 세력을 키워 갔다. 현종이 고력사(高力士)를 총애하여 그 정치권력이 막강하게 된 이후로 무소불위(無所不爲)의 세력가가 되었다. 헌종 이후 10명의 황제 중 9명이 환관에 의해 추대되었으며, 그중 2명의 황제는 환관에 의해 살해되었고, 1명만이 군벌인 주전충(朱全忠)에 의해 황제의 위에 오를 수 있었다.

한(漢)대에 전래된 불교는 위진의 현학가와 손을 잡으면서 하나의 학설로 정착되었으며, 수·당대에 접어들면서 비로소 종교로서의 위치를 확보하게 되었다. 불교가 외래 학술로서 중국화하는 과정에서 중국불교의 종파학적(宗派學的) 특징과 심리학적 이론을 형성하게 되었다. 불학(佛學)이 중국화하는 과정에서 가장 크게 영향을 주고받았던 학술이 경학과 현학일 것이며, 그것은 불경의 번역 때문일 것이다. 불경 번역의 진행은 동한(東漢)부터 서진(西晉)까지의 외국인 중심의 번역기가 제1단계이며, 동진(東晉)부터 남북조까지의 외국인과 중국인이 함께 번역하였던 시기가 제2단계이고, 당대의 중국인 위주의 번역기가 제3단계일 것이다.

당 이전에도 불교의 각 종파는 있었으나, 명확한 이론과 사상으로 종파가 성립된 것은 수·당대 이후일 것이다. 수·당대로 들어서면서 사원경제와 승관제도가 확립되었다. 일반적으로 '국가 대사찰'이라 불리는 사찰에는 국가로부터 전장(田莊)을 받았으며, 도첩(度牒)

을 통해 신분보장을 받았고, 일체의 조세부역(租稅負役)의 의무를 지지 않았다. 또한 불교의 대승(大乘) 공관(空觀)과 중국 전통의 심성학(心性學)이 서로 부합하면서 수·당시대의 불교문화가 싹텄다고 보고 있다.

중국 불교의 대표적 종파로는 정토종(淨土宗)·선종(禪宗)이 있다. 정토종은 신도들이 서쪽 정토(淨土)에 대자대비한 아미타불 있다고 믿었으며, 정성껏 절을 하며 '나무아미타불 관세음보살'을 지속적으로 읊으면 극락세계인 서방 정토에서 재생한다고 믿었기 때문에 '염불종'이라고도 불리었다. 이 종파는 개인의 능력으로는 현세의 고난으로부터 해탈할 수가 없으며, 반드시 현세의 예토(穢土)로부터 벗어나 서방정토에서 다시 태어나기 위해서는 불력(佛力)에 의지해야 한다고 보았다.

그리고 윤회설에 따라 현세의 어려움은 전생의 공덕이 부족한 결과이며, 현재의 부귀는 전생의 공덕의 결과라 믿었기 때문에 많은 적선(積善)의 공덕(功德)을 쌓으려고 노력하였다. 또한 '나무아미타불 관세음보살'이라는 염불 속에는 80억 겁(劫)의 생사의 죄과를 씻을 수 있는 힘이 있다고 믿었기 때문에 지속적으로 읊었다. 이는 가장 손쉽게 극락세계에 갈 수 있는 방법으로 인식되어 하층민계층에 많이 보급되었다.

선종은 정토종과는 달리 사대부계층에 많이 전파되었으며, 문화 정도가 높은 이들은 불경의 본문에만 매달리지 않고, 내심(內心)의 깨달음에 정진하였다. 그러므로 선종은 대대로 조사(祖師)들의 깨달음을 전수하는 방식에 의해 심령(心靈)이 불학(佛學)에 통하는 것을 매우 중요하게 여겼다. 선종의 창시자는 남천축(南天竺)으로부터 북위(北魏)로 온 달마(達摩)이며, 제6대 조사(祖師)는 실제적 창시자인 당(唐)대의 혜능(慧能)이다. 선종은 일체만법(一切萬法)이 모두 중생(衆生) 자신의 마음속에 있으며, 중생 자신의 마음은 본래 청정(淸淨)하기 때문에 소위 불(佛) · 정토(淨土)라는 것은 바로 사람들의 심성이 본래대로 정(淨)한 상태를 말하는 것이고, 소위 지옥 · 번뇌라는 것은 사람의 심성이 번뇌에 침륜(沈淪)한 상태라고 보았다. 즉 불성(佛性)은 바로 심중(心中)에 있으며, 심외(心外)에는 본래 아무것도 없기 때문에 수행(修行) · 보시(布施)가 필요 없고, 돈오성불(頓悟成佛)할 수 있다고 보았다. 소위 '돈오'란 염경(念經) · 좌선(坐禪) · 배불(拜佛) 등이 모두 필요 없이 오직 결심에 의해 문득 깨닫는 것이다. 선종의 이러한 면은 중국불교의 토착화 · 세속화하였을 뿐만 아니라, 송명이학(宋明理學)과도 깊은 관계가 있다.

이 외에도 천태종(天台宗) · 법상종(法相宗) · 화엄종(華嚴宗) 등이 있으며, 이들 불교가 중국에 들어온 이래로 유교 · 도교와 부단히 접촉하면서 서로 영향을 주고받았고, 유 · 불 · 도 삼교가 융합되는 현상을 나타내었다.

6) 송 · 명(宋 · 明)시대를 이끈 이학(理學)

당(唐)은 875년 발생한 왕선지(王仙芝) · 황소(黃巢)의 난으로 군벌의 힘은 황제의 권위를 누르게 되었고, 그중에서도 개봉(開封) 중심의 주온(朱溫)과 태원(太原) 중심의 이극용(李克用)이 가장 강하였다. 907년, 주온은 애종(哀宗)을 폐위시켰으며, 스스로 양(梁)을 세우고, 태조가 되었다. 당시 황하유역에 양(梁)·당(唐)·진(晉)·한(漢)·주(周) 등 5개의 국가가 섰으며, 이를 일러 오대(五代)라 부르고, 모두 전대에 있었던 국가명칭이라 후자를 추가해 후양·후당·후진·후한·후주라 부른다.

960년, 당말·오대의 극열한 사회변동을 거치면서 귀족정치는 철저하게 붕괴되었고, 조광윤(趙匡胤)에 의해 새로운 관료정치체제를 갖춘 송(宋)이 들어섰다. 송이 관료정치를 펴면서 관료의 30% 이상을 평민에서 선발하였으며, 군주독재체제를 형성하게 되었다.

송대의 정치체제의 특징은, 먼저 재상의 권한을 대폭 약화시킨 것이다. 당(唐)대의 재상은 '사무불통(事無不統)의 큰 권한을 행사하였으나, 재상을 증설하면서 그 권한을 분산시켰다. 첫째 삼성(三省)의 수장(首長) 이외에 중서문하평장사(中書門下平章事)를 신설하여 재상으로 하였고, 참지정사(參知政事)를 부상으로 하였다. 둘째 추밀원(樞密院)의 수장을 추밀사(樞密使)로 하고, 재상의 군권(軍權)을 분할하여 재상과 추밀사를 문무(文武)로 나누어 세우면서 재상의 정사당(政事堂)과 추밀사의 추밀원을 합쳐 '이부(二府)'라 부르게 되었다. 셋째 재상의 재권(財權)을 분할하여 염철(鹽鐵)·도지(度支)·호부(戶部)의 삼사(三司)가 장악하게 하였다. 다음의 특징은 군사 권력의 집중화였다. 병권을 잡은 자의 전횡을 누구보다 잘 아는 조광윤은 나라를 세우면서 가장먼저 병권을 정리하였으며, 지방의 병권을 약화하였다. 이로 인해 송조는 문치주의에 흐르면서 무를 가볍게 여기게 되었다. 또한 재정 권력을 집중시켰다.

관료제도가 발달하면서 관료제도로 인한 문제가 발생하기 시작하였다. 무엇보다도 '관(官)·직(職)·차유(差遺)'일 것이다. 관이란 실제로 서열·직급·정액 봉급 등의 등급에 따라 대우한다. 직이란 직무(職務)를 나타내는 말이 아니고, 승진만 하며, 실제가 없는 허함(虛銜)이다. 차유란 관직명에 걸맞게 실제적인 권한과 책무를 부여하는 것이다. 그러므로 관·직은 '유관무권(有官無權)이거나 유직무권(有職無權)임을 알 수 있다. 다음은 권력이 집중된 결과 되는 일도 없고, 되지 않는 일도 없게 되었다. 중앙의 삼성육부이십사사(三省六部二十四司)의 수장은 실제로 본사(本司)의 사무를 관장하지 않았으면서도 녹봉과 그에 따르는 모든 특혜를 다 누렸다.

이러한 폐단을 막기 위하여 인종(仁宗)에게 범중엄(范仲淹)이 관료제도를 정비하며, 정치제도를 혁신하려고 새로운 법을 주청하였으나, 기득권층의 반발로 무산되었을 뿐만 아니라 파직되고 말았다. 또 신종(神宗)에 왕안석(王安石)이 변법(變法)을 주청하였으나 역시 실패하고 말았다.

이 시기 농업이 크게 발달하였으며, 상업혁명이 일어났다. 중국의 인구는 대략 서한(西漢)대인 A.D. 2년경에는 육천여만 명이었으며, 당(唐)대인 A.D. 755년경에는 칠천여만 명이었고, 송(宋)대 초기인 980년경에는 겨우 삼천오백만 명 정도였으나, 12C 초인 북송(北宋) 말년 무렵에는 일억 사천만 명에 달하였다. 인구가 이시기에 급작스럽게 증가하게 된 것은 중부·남부지방에서 논을 크게 개간하였으며, 농업 기술의 발달로 단위생산량이 크게 늘었기 때문이다. 농업기술의 발달 중 가장 먼저 꼽을 수 있는 것이 벼의 조생종 개발일 것이다. 벼의 조생종을 개발을 통하여 조도(早稻)·중도(中稻)·만도(晩稻)를 구별하여 경작하게 되었다. 다음으로 논농사에 있어서 이앙법(移秧法)과 농기구의 개발을 들 수 있다. 농기구 중에서도 수차(水車)의 발명은 고지대 천수답에도 일정한 물을 공급할 수 있게 되었다. 이 외에도 남부지역에 보리를 경작하게 함으로써 이모작(二毛作)을 가능케 하였으며, 농촌에 상업주의가 침투하면서 잠사(蠶絲)·차·채소·칠(漆)·과일·화훼(花卉) 등의 특수작물에 대한 전문 생산자가 나오게 되었다. 농업의 계획생산과 상업주의가 손을 맞잡게 되면서 상업의 지평이 무제한으로 확장하게 되는 상업혁명이 일어나게 되었다.

1,000년경, 진종(眞宗) 때에 익주(益州, 현 四川成都)의 16명의 부상(富商)이 연대하여 일종의 '교자(交子)'라 불리는 전권(錢券), 즉 어음을 발행하였다. 인종(仁宗)은 상인에게서 어음발행권을 회수하고, 익주에 '교자무(交子務)'라는 기구를 두어 교자의 발행·인쇄의 책무를 담당하게 하였다. 1,100년 중엽 무렵 남송(南宋) 때에 이르면, 지폐가 점차로 중요한 화폐의 역할을 했으며, 사천의 전인(錢引)·호광(湖廣)의 회자(會子)·양회(兩淮)의 교자(交子)·동남(東南)의 회자(會子)가 있었다.

'이학(理學)'이란 말을 최초로 사용한 것은 동진(東晉) 종병(宗炳)이 『명불론(明佛論)』에서 불문(佛門)의 '의학(義學)'에 비유하며, '이학정묘(理學精妙)'라는 말을 하였으며, 남송(南宋)의 육구연(陸九淵)이 「여이성한(與李省翰)에서 '본조이학(本朝理學), 원과한당(遠過漢

唐)'이라고 송대 유학가의 학문을 구별하여 말하였고, 뒤에 다시 '성리지학(性理之學)'이라 부르기도 하였다. 명(明) 초 호광(胡廣)이 『성리대전(性理大全)』을 편찬한 이후로, 이학(理學)을 송학(宋學)·도학(道學)이라 부르기도 하였다.

이러한 이학은 위진시대로부터 당대에 이르기까지 유행하였던 불교의 인명학(因明學)과 도교의 우주관을 받아들이면서 유가의 부족하였던 형이상학적 '성(性)·도(道)·교(敎)'의 관념을 확충하였다. 더불어 중당(中唐) 이후 북송(北宋) 초기로 이어지는 의고혹경(疑古惑經)의 사조(思潮)에 편승하여 '경학변고시대(經學變古時代)'를 열었으며, 종법사상·윤리질서·도덕관념을 새롭게 구축하였음으로 신유학(新儒學)이라 불린다.

송대 이학이 발전하게 된 배경에는 송(宋)대 문화제도의 변화가 큰 요인으로 작용하였으며, 그중에서도 종법제도(宗法制度)의 정리·과거제도의 변화·태간제도(台諫制度)의 완비·관각제도(館閣制度)의 확립·서원제도(書院制度)의 성립이 직접적인 요인으로 작용하였다. 종법제도의 재건은 위진(魏晉)의 난(亂)·만당(晚唐)으로부터 오대(五代)에 이르는 기간에 약화된 왕권·번진(藩鎭)세력의 할거(割據)·북방 외족의 침략 등으로 붕괴된 예(禮)를 바로세우기 위하여 '존왕양이(尊王攘夷)'의 구호 아래 왕도정치(王道政治)와 유학전통을 부흥하고자 하였다. 이 결과 효(孝)를 모든 인륜도덕의 기본으로 인식하게 되었으며, 종법제도가 평민에게까지 보급되면서 정치제도의 근간으로 자리잡게 되었다. 즉 이학(理學)의 본질은 심성이론(心性理論)이며, 이는 첫째 선진 유학의 인륜도덕의 근본으로 되돌아가고자 하는 것이었고, 다른 하나는 한당(漢唐)의 사상은 물론 불·노(佛·老)의 사상까지도 흡수하여 구유학(舊儒學)을 개조하고자 하였던 것이었다.

송명 이학은 대체로 네 단계의 과정을 거쳐 발전하였다. 제1단계는 이학의 형성기로써 염학(濂學)·관학(關學)·낙학(洛學)이 중심이 되었다. 염학(濂學)은 주돈이(周敦頤)의 이학사상을 말한다. 주돈이는 유학사상을 위주로 하여 도교와 불교사상을 접목하였으며, 우주관으로 '무극(無極)·태극(太極)·음양(陰陽)·오행(五行)'의 설을 세웠고, 무극의 정(精)과 음양오행의 정(精)이 결합하여 사람과 만물이 된다는 학설을 주장하였다.

관학(關學)은 장재(張載)의 이학사상을 말한다. 장재는 천지의 성(性)은 지선(至善)하며, 인간의 기질지성(氣質之性)은 유선유악(有善有惡)하기 때문에 학습이 중요함을 주장하였다. 낙학(洛學)은 이정(二程)으로 지칭되는 정호(程顥)·정이(程頤)의 사상을 말하며, 송대 신유학 체계를 완성하였다. 일물수유일리(一物須有一理)·만물개유리(萬物皆有理)·천하지유일리(天下只有一理)·만물일리(萬物一理)·만물일체(萬物一體)·혼연여물동체(渾然與物同體)의 단계로 주장을 폈다.

제2단계는 이학의 흥성기로서 민학(閩學)·상산(象山)학파가 중심이 되었다. 민학은 고정(考亭)학이라고도 불리며, 주희(朱熹)의 이학사상을 말한다. 주희는 정이(程頤)를 종주(宗主)로 하였으며, 주돈이·장재와 불(佛)·노(老)학을 겸비하여 이학으로 집대성하였다. 주희 학설의 대요(大要)는 이정(二程)의 '이본론(理本論)'을 바탕으로 하였으며, 이(理)를 통하여 '태극도(太極圖)'를 해석하였고, 염학(濂學)을 낙학(洛學)으로 받아들여 이·기·태극을 연계한 사상을 도출하였다.

또한 이정의 '성즉리(性卽理)'설을 계승하였으며, 관학을 낙학에 받아들여 인성론(人性論)을 완성하였다. 상산학이란 육구연(陸九淵)의 사상을 말한다. 남송학사에 있어서 주희와 육구령(陸九齡)·육구연(陸九淵) 형제의 논쟁은 신유학의 양대 산맥을 이루었다. 1175년 여름, 여조겸(呂祖謙)의 초청으로 주·육(朱·陸) 등의 학자들이 신주(信州)의 아호사(鵝湖寺)에 모여 학술토론을 벌인 적도 있으며, 역사에서는 이를 '아호지회(鵝湖之會)'라 부른다. 육구연은 맹자의 '성선설'에 바탕을 두고, '본심(本心)'을 제기하였으며, '성즉리(性卽理)'설의 기초를 형성하였다. 또한 육구연은 '본심'을 귀중히 여겼으며, '우주가 내 마음이고, 내 마음이 우주'라는 설을 주장하였다.

제3단계는 이학의 절정기이다. 이 시기는 남송의 영가학파(永嘉學派)와의 논쟁에서 이긴 뒤, 정·주(程·朱) 이학은 관방(官方)의 정치철학으로 존중되었으며, 명초부터는 주자학(朱子學)이 홀로 과거시험의 교과목이 되었다.

제4단계는 이학의 쇠퇴기이다. 원·명(元·明)의 학술사상은 이학이 독주하던 시기였다. 주자가 북송 사대가의 학설을 집대성하여 주자학을 이룩하였다면 왕수인(王守仁)은 육구연의 심학(心學)을 계승 발전시키어 양명학으로 발전시켰다.

송·명(宋·明) 이학은 다음의 네 가지 가치에 치중하였다. 첫째 우주본체이론의 확립이다. 구유학의 경천의식(敬天意識)은 본체적(本體的) 의의를 갖추지 못하고 상징적이었으나, 이학은 우주본체의식이 도덕윤리관념 속에 녹아 있었다. 즉 이학은 비록 '이본(理本)·심본(心本)·기본(氣本)'으로 말하였으나 '심체(心體)·성체(性體)'를 말하였다. 둘째는 인격본체의 창현(彰顯)이다. 이는 불가의 영향을 받아 발전하게 되었으며, 인생 현실과 우주만물의 공동적 본체를 찾고자 하였다. 그러므로 '천리'를 말하면서도 내적으로는 '심리'의 경계를 포함하게 되었다. 셋째는 도덕실천을 중요시하였다. 이학가와 구유가의 차이점은 인격(人格)을 우주본체(宇宙本體)에 두는 것이며, 불가의 불성본체론(佛性本體論)과의 차이점은 장기적인 도덕실천과 인격수양에 있다.

7) 청(淸)대의 고증학(考證學)

거란족은 916년 야율아보기(耶律阿保機)에 의해 임황부(臨潢府, 현 내몽고)에 거란국(契丹國)을 세웠으며, 947년 야율덕광(耶律德光)이 개봉(開封)에서 정식으로 즉위식을 하였고, 국호를 대요(大遼)라 개정하였다. 요(遼)의 중앙관제에는 '남면관(南面官)과 북면관(北面官)을 두었다. 남면관은 한인(漢人) 위주의 농경민을 관장하는 부서이고, 북면관은 거란족 위주의 유목민을 관장하는 부서이다. 요(遼)는 문자가 없어 문학작품을 한자(漢字)로 썼으며, 한자를 이용하여 거란대자(契丹大字)·거란소자(契丹小字)로 불리는 문자를 만들기도 하였다.

말갈족(靺鞨族)은 속말말갈(粟末靺鞨)과 흑수말갈(黑水靺鞨)이 있으며, 후일 여진족(女眞族)이라 불린 부족은 흑수말갈이었다. 거란에 정복되면서 거란의 문화를 받아들이고, 거란에 호적을 올린 부족을 숙여진(熟女眞)이라 하며, 거란에 편입하기를 거부하면서 고유의 풍속을 지킨 부족을 생여진(生女眞)이라 하였다. 1115년, 생여진의 완안아골타(完顔阿骨打)가 칭제(稱帝)를 하며 '대금(大金)'을 세웠다.

요(遼)·금(金)의 북방문화는 중원의 문화를 능가할 만한 내용을 지니지 못함으로써, 한문화에 의해 문화적 동화로 귀결되었으며, 중원의 문화는 남방으로 이주하여 정착하게 되었다.

1206년, 몽고족(蒙古族)의 테무진(鐵木眞)은 몽고대한(蒙古大汗)에 오르며, 칭키스칸(成吉思汗)으로 존중되었고, 10여 년 뒤 대몽고국(大蒙古國)을 세웠다. 1271년에 홀필열대한(忽必烈大汗)이 북경(北京)에 원(元)을 건국하였으며, 1279년에 남송(南宋)이 멸망되었다. 몽고는 유학(儒學)을 받아들여 치국(治國)의 도(道)로 삼았으며, 문치(文治)를 표방하였고, 몽고의 구제도를 개혁하는 등 한화(漢化)에 힘썼다. 그러나 원(元)의 라마문화 또한 강력한 통치에 의한 문화독재를 폈으나, 단순히 이질문화의 강요에 불과하였으므로, 문화의 섬으로 전락하게 되었다.

팔기제도(八旗制度)

300명(名)--------1 대전(大箭)
5개 대전(大箭)----1 대(隊)
5개 대(隊)--------1 기(旗)
기(旗): 황(黃)·백(白)·홍(紅)·람(藍)
8기(旗): 정황(正黃)·정백(正白)·정홍(正紅)·정람(正藍)·
　　　　양황(鑲黃)·양백(鑲白)·양홍(鑲紅)·양람(鑲藍)

1636년, 대청(大淸) 제국을 세운 만주족은 명조(明朝)의 정치체제

를 계승하였으며, 모든 부서의 책임자는 만주족과 한족 한 명씩 두었다. 중앙정부에는 내각(內閣)·육부(六部)·도찰원(都察院)과 통정사(通政司)·국자감(國子監)·대리사(大理寺)·광록사(光祿寺) 등을 두었다. 지방에도 명조의 체제를 본떠 성(省)·도(道)·부(府) 또는 주(州)·현(縣)을 두었다. 그중 팔기제도(八旗制度)는 가장 만주족의 색채가 남아 있는 제도이다. 만주족은 관외(關外)의 군대를 팔기병(八旗兵)이라 부르는데, 이것은 팔기제도에서 기인한 것이다. 팔기란 민병합일(民兵合一)의 사회제도이고, 누루하치[努爾哈赤]시대에 설치하였다. 이 구조는 매 1기(旗) 아래에는 5개 대(隊)가 있으며, 매 1개 대 아래에는 5개 대전(大箭)이 있었다.

청조(淸朝)는 초기 개인의 서원(書院) 설립과 대중결사(大衆結社)를 금지하였으며, 과거(科擧)와 관련된 서적 이외의 서적 출판을 금지하였고, 이미 출판된 책을 금서(禁書)로 지정하였을 뿐만 아니라 언론을 철저히 규제하였으나 많은 문화적 업적을 남기기도 하였다. 경(經)·사(史)·자(子)·집(集)으로 분류하여 3,475종의 도서를 수집하였으며, 79,090권으로 편집하여 36,000책(冊)으로 편찬한 『사고전서(四庫全書)』이외에도 4만 9천여 자가 수록된 『강희자전(康熙字典)』·180권(券)의 『대청회전(大淸會典)』·106권의 『패문운부(佩文韻府)』·900권의 『전당시(全唐詩)』 등을 출판하였으며, 1만 권의 『고금도서집성(古今圖書集成)』의 편찬을 계획하기도 하였다.

청조(淸朝) 초기의 학자들은 양명학에 대한 비판을 전개하면서 송명이학에 대한 반성론이 대두되었다. 또한 황종희(黃宗羲)와 같은 실학자들에 의해 현실적으로 경세치용(經世致用)적인가를 연구하게 되

면서 언어훈고(言語訓詁)·진위고증(眞僞考證)·학리탐색(學理探賾)을
중요하게 여기게 되었다. 청초(淸初)의 학술은 염약거(閻若璩)·호위
(胡渭) 등의 고거학(考據學)과 북방학파(北方學派)인 안원(顏元)·이
공(李塨) 등에 의해서 실용학풍이 일어났다.

청대의 학술이 경사(經史)를 위주로 하게 된 것은 당시의 문화정
책과 깊은 관련이 있으며, 그 연구 방법은 고거학(考據學)을 위주로
하였고, 경학·사학·문자(文字)·음운(音韻)·교감(校勘)·집일(輯佚)·반
위(班僞) 등을 대상으로 하였다.

4. 현대중국의 성립

1) 신해혁명(辛亥革命)

중국이 현대라는 시간대로 들어서는 관문을 신해혁명(辛亥革命)이
라 할 수 있을 것이다. 신해혁명은 1894년 청일전쟁에서의 패색이
짙어가던 중에 망국의 위기의식을 느낀 손문(孫文) 등이 청조로는
이러한 위기를 막아낼 수 없으므로 그를 타도하자는 취지로 하와이에
서 흥중회(興中會)라는 비밀결사를 만든 것을 출발점으로 하고 있다.

중국의 전통적 황제지배체제를 무너뜨리고, 아시아 최초의 공화국

을 세운 신해혁명은 좁은 의미에서 1911년 10월 무창봉기(武昌蜂起)에서 시작되어 1912년 4월 원세개정권의 성립에 이르는 시기의 변혁과정을 말하며, 넓은 의미에서는 1895년 손문(孫文)이 홍콩에서 흥중회를 만들어 광주성을 무장점령하려는 최초의 반청봉기를 계획하였던 시기로부터 사건이 발각되어 실패로 끝나는 1913년의, 이른바 제2혁명이 실패로 끝나는 시기까지를 말하기도 한다.

1905년 7월 30일, 손문은 일본에서 황흥(黃興)·진천화(陳天華)·송교인(宋敎仁) 등 각 혁명단체의 대표 70여 명과 중국동맹회를 결성하였으며, 8월 20일에는 동맹회의 정식 성립대회가 열려 손문을 초대총리로 추대하였다. 손문은 중국동맹회의 기관지인 『민보(民報)』를 창간하였으며, 『민보』의 발간사에서 '민족·민권·민생'의 삼민주의를 주장하였다. 삼민주의의 민족주의란 만주족의 청조를 타도하고, 한족의 국가를 회복한다는 것을 말한다. 그리고 민권주의는 전제지배의 타도와 민주국가의 수립을 지향하는 것이었다. 또한 민생주의는 지권(地權)의 균등화를 말한다. 지권의 균등화란 땅값을 일정하게 책정하여 현재의 땅값은 소유자에게 갖게 하되, 혁명 후 오르게 된 땅값은 국가에 귀속시키어 빈부격차가 없는 사회혁명을 이룩한다는 것이었다.

신해혁명을 주도했던 혁명세력은 1912년 1월 1일 중화민국(中華民國)의 개국을 선포하고, 손문을 초대 총통으로 추대하였다. 2월 12일 청조는 중화민국의 '황실에 대한 우대조건(中華民國對皇室的优待條件)'을 받아들이고, 정식으로 퇴위하였으며, 2월 13일 손문은 원세개(袁世凱)와의 약속대로 청·선통(淸·宣統)의 폐위와 함께 총통직을 사임하였다. 2월 15일의 임시 참의원 선거에서는 청조(淸朝)의

해체과정에서 주도적 역할을 하였던 원세개를 제2대 총통에 추대하였다. 총통에 오른 원세개는 정당내각을 주장해 온 총리 송교인을 암살하도록 사주하였을 뿐만 아니라, 국회의 동의도 없이 거액의 차관을 도입하기도 하였고, 남방 과격파의 움직임을 견제하기 위해 강서(江西)·광동(廣東)·안휘(安徽)의 도독을 면직시켰다.

원세개가 이와 같이 전횡을 일삼자, 손문, 황흥 등은 1913년 소위 제2혁명이라 불리는 원세개 토벌전쟁을 벌이게 되었다. 그러나 전란을 원치 안았던 분위기에서 혁명군은 별다른 호응을 받지 못하고 진압되자, 손문 등은 다시 일본으로 망명하였다.

손문 등 반대파 세력을 축출하는 데 성공하고, 종신총통에 오른 원세개는 황제가 되고자 하였다. 그는 1915년에 황제제도를 복원하려는 제제운동(帝制運動)을 추진하였으며, 이듬해인 1916년 1월에는 스스로 황제등극을 선포하기도 하였으나 강한 반발에 부딪혀 총제등극을 철회하였다.

2) 5·4운동

1914년 오스트리아와 독일이 세르비아를 침공함으로써 시작된 제1차세계대전은 1918년 독일이 항복함으로써 끝이 났다. 이 전쟁은 주로 유럽을 중심으로 전개되었으나 전 세계적으로 큰 영향을 끼쳤다. 이들의 나라는 아시아 등 전 세계에 식민지를 운영하고 있었기 때문에 열강들의 세력변화는 아시아 여러 나라에도 직간접적으로 영향을 미쳤다. 중국도 특정국가에 의해 지배되지는 않았으나, 영국·프랑스·독일·러시아·일본 등에게 많은 영토 및 이권을 빼앗기고 있었다. 독일에 의해 주도된 제1차 대전에서 연합군에 가담한 중국은 연합국의 승리로 전쟁이 끝남에 따라 승전국의 대열에 끼게 되었다.

전쟁의 뒷수습을 위한 1919년 프랑스 파리의 평화회담에서 윌슨은 '14개조의 평화안'을 제시하였고, 이 '평화안'의 주요 내용 중 하나가 '민족자결'의 원칙이었다. 이 원칙을 중국도 환영하였으며, 전승국의 일원으로 대표단을 파견하여 열강의 중국에 대한 특수권익에 대하여 '중국에 설정된 세력범위의 포기·중국에 주둔하고 있는 각국 군대의 철수·각 국가가 중국에서 경영하고 있는 우편 및 유무선 통신사업의 이양·영사재판권의 폐기·조차지의 반환·관세자주권의 승인' 등의 희망조건을 제출하고, 제1차 대전 중에 일본이 얻은 각종 특수권익의 반환을 요구하였다. 그러나 이 요구는 회원국의 승인을 얻지 못하였을 뿐만 아니라 전후 독일이 중국에서 얻은 권익을 일본이 인계할 것을 결정하였다.

이러한 결정은 이미 중국의 원세개(袁世凱)가 1917년에 일본으로부터 거금의 차관을 전제조건으로 산동(山東)과 남만주(南滿洲) 등지에서 이권을 확보해 주었으며, 일본군의 자유로운 군사행동과 군사기지설치 등을 승인하는 '중일공동방적군사협정(中日共同防敵軍事協定)'이라는 비밀협정을 맺었기 때문이었다.

당시 중국 내부에서는 서구로부터 전통적 권위에 대항하는 새로운 자유주의사상이 유입되고 있었다. 이러한 사상은 호적(胡適)·진독수(陳獨秀) 등이 1915년 9월에 창간한 『신청년(新靑年)』을 통해 학생

및 일반 시민사회에 급속하게 전파되었다. 새롭게 소개된 사상은 자주・인권・자유를 주장하였으며, 손쉬운 문자생활을 위한 백화문(白話文) 운동을 전개하였다. 진독수는 '청년들에게 고함[敬告靑年]'이라는 『신청년(新靑年)』 발간사에서 '자주적・진보적・진취적・세계적・실리적・과학적'인 자세를 촉구하며, '노예적・퇴영적・은일적・쇄국적・허명적・상상적'인 자세를 갖지 말라는 주장을 통하여 반봉건・반고전문학의 바탕 위에서 민주적 혁명을 주장하였다. 그 영향으로 정치와 문화방면에 강한 영향을 주어 큰 변화를 불러오고 있었다.

이와 같이 새로운 사상에 변화된 중국인에게 파리 평화회담으로부터 전해진 소식은 받아들이기가 어려웠다. 그러므로 5월 1일 북경대학생들을 중심으로 그 결정에 대한 반대의사를 분명히 표시해야 한다는 의견이 모아졌으며, 5월 3일 저녁 각 학교 대표들은 파리 평화회담 반대시위를 5월 4일 천안문 광장에서 하기로 결정하였다.

5月 4日 오후, 천안문 광장에는 약 3천여 명의 학생들이 모여들었다. 그들은 '21개조를 취소하라!', '청도(靑島)를 반환하라!', '매국노를 타도하라!' 등의 구호가 적힌 깃발을 들고, 파리평화회담의 결정을 받아들이지 말 것과 중국의 이권을 외국에 넘긴 매국노들을 처벌할 것을 외쳤다. 시위대는 그들의 의사를 세계에 전하기 위해 각 국 공사관이 밀집되어 있는 곳으로 몰려갔으나 경찰과 군대에 의해 저지당한 끝에 시위대표들이 진정서를 전달하는 데 그칠 수밖에 없었다. 그들은 군벌정부의 교통총장으로 중국의 이권을 외국에 넘기는 등 반민족적인 행위를 한 대표적인 사람 중의 하나로 지목된 조여림(曹汝霖)의 집을 습격하였다. 그러나 조여림은 이미 도피한 후였기

때문에 시위대는 조여림의 집을 불태웠다.

　이날의 시위에 대해 중국 정부는 학생 30여 명을 체포하고, 학생들의 타도 대상이었던 조여림 등의 매국노에게 상을 줌으로써 중국인들의 민족감정을 더욱 부채질하였다. 이에 학생들은 동맹휴학으로 항의했고, 이날의 소식이 전국에 알려지면서 항의시위는 전국으로 확대되었다. 이들은 동시에 민족 위기를 호소하고, 국산품 장려·일본 상품의 부매 등을 외쳤다. 동맹휴학 사태가 전국에 걸쳐 전개되자 그때까지 사태를 관망하던 정부는 마침내 6월에 들어서면서 시위에 가담한 학생들을 본격적으로 체포하기 시작했다. 체포된 학생의 숫자가 많아져 북경대학 건물이 임시수용소가 될 정도였다.

　시위대의 체포소식이 상해(上海)에 전해지자, 상해의 상가는 항의의 뜻으로 문을 닫았고, 노동자들은 파업하였다. 부두 노동자의 작업거부로 일본 화물선은 화물을 싣지도 못한 채 항구를 떠나야 했을 정도였다.

　상해의 경제활동이 중단은 곧 중국경제의 마비를 의미했으므로, 정부도 더 이상 강경책을 고집하지 못하고, 매국노로 지목된 조여림·장종상(章宗祥)·육종여(陸宗輿) 등 3명을 그 지위에서 파면했으며, 파리에 파견되었던 중국대표로 하여금 파리조약을 거부하도록 하였다.

3) 중국 공산당의 성립

　당초부터 코민테른의 지도를 받아 진독수(陳獨秀)를 지도자로 하여 주로 도시 노동자를 중심으로 지지층을 형성하한 중국의 공산주의자들은 1921년 7월 23일 상해에서 정식으로 중국공산당 제1차 전국대표대회를 개최하였다. 제1차 대회가 5차례에 걸쳐 진행되었으나, 7월 30일의 제6차 회의는 경찰의 갑작스런 조사로 중단되었다. 이들은 경찰의 감시를 피해 회의장소를 절강소흥(浙江紹興)의 남호(南湖)의 배 위로 옮겨 선상회의로 계속 진행하기도 하였다.

중국공산당 제1차 전국대표대회에서는 무엇보다도 중국공산당을 설립하는 것을 목표로 하였으며, 당의 강령과 실제적 사업계획을 결의하고자 하였다. 그러므로 중국공산당의 기본임무와 조직원칙 및 지도기관 등에 대해 토론하였으며, 중국공산당 강령과 추진 사업에 대해 결의하고, 중국공산당의 중앙기관을 선출하였다.

중국공산당 강령을 통해 공식명칭을 '중국공산당'으로 결의하였으며, 중국공산당은 노동자계급의 정당임을 명확히 밝히고 있다. 또한 강령에는 노동자계급 혁명군대로서 자본가계급을 전복하여 노동자계급으로 국가를 세우고, 사회계급 구분을 소멸시키며, '노동자계급의 독재는 계급투쟁이 끝나는, 곧 사회의 계급 구분이 소멸되는 데까지 지속된다는 점을 승인한다', '자본가의 사유제를 소멸하고, 기기・토지・공장・반제품의 생산수단 등을 몰수하여 사회공유로 귀속시킨다' 등을 규정하고 있다.

그러나 1934년 10월, 국민당의 장개석(蔣介石)은 '선안내후양외(先安內後攘外)'의 정책에 따라 공산당 섬멸작전을 전개하자, 공산당은 서금(瑞金)을 버리고, 연안(延安)으로 도피하는 1만 2천㎞의 만리장정(萬里長征)에 들어갔다. 같은 해에 일본은 만주국(滿洲國)을 설립하기에 이르렀다.

연안에 근거지를 마련한 중국공산당은, 1935년 1월, 중국 중앙정치국의 준의회의(遵義會議)를 소집하고, 모택동을 공산당과 홍군의 지도자로 결정하였으며, 섬서성의 연안을 혁명의 근거지로 공표하여 재기의 발판을 구축하였다.

4) 국민당의 성립

19세기 후반, 열강에 의하여 중국이 반식민지화되고, 청조(淸朝)의 지배가 동요되기 시작했을 때, '멸만흥한(滅滿興漢)'을 기치로 하는 정치세력이 대두하였다. 이들은 손문(孫文)을 중심으로 하여 1894년 흥중회(興中會)를 조직하였으며, '만주의 적(賊)을 제거하고, 중화를 회복하여, 합중정부(合衆政府)를 창립'한다는 목표를 구현하고자 하였다.

1905년, 흥중회는 동경(東京)에서 화흥회(華興會)·광복회(光復會) 등의 혁명단체와 합병하여 중국혁명동맹회(中國革命同盟會)로 확대 개편하였다. 중국혁명동맹회는 손문을 총리로 추대하였으며, 그의 '민족·민권·민생'의 삼민주의를 강령으로 채택하였고, '청(淸)의 타도, 중화 회복, 민국 창립, 지권(地權) 평균'을 주장하였다.

중국혁명동맹회가 성립된 후인 1911년, 무창(武昌)에서의 봉기를 계기로 임시정부가 수립되었고, 1912년에는 중화민국(中華民國)이 탄생하였다. 손문은 총통으로 취임하였으나, 바로 북방군벌과 열강의 후

원을 얻은 원세개(袁世凱)에게 그 자리를 내어 주었어야 했다. 손문은 비밀결사단체인 중국혁명동맹회를 원세개가 이끄는 공화당(共和黨)에 대항하기 위해 공개적인 정당으로 개편하여 국민당(國民黨)을 결성하였다.

국민당은 1913년 2월 선거에서 제1당이 되었으나 원세개에 의해 해산되었고, 손문은 일본으로 망명하였다. 일본에 망명한 손문은 1914년 중화혁명당(中華革命黨)을 조직하였고, 1919년 '5·4운동'이 발생하자 중화혁명당의 본부를 동경에서 상해(上海)로 옮겨오면서 중국국민당(中國國民黨)이라 개칭하였다.

1924년 1월 20일, 중국 국민당은 제1회 전국대회를 광주(廣州)에서 개최하였으며, 국공합작을 선언하였다. 제1차 국공합작은 국민당과 공산당이 당대당(黨對黨)의 합작이 아니었으므로 공산당원은 개인자격으로 국민당에 입당하게 되었다. 이는 공산당 자체의 힘이 미약했으므로 코민테른에서 손문의 국민당을 활용하기 위한 고육책이었다.

1924년 국민당 제1기 전국대표대회에는 모택동(毛澤東) 등 공산당원도 대표로 참가하게 하였으며, 이 대회에서 삼민주의(三民主義)를 실현하는 방도로서, '연소(聯蘇)·용공(容共)·농공부조(農工扶助)'의 3대 정책을 채택하였다. 이어서 광동(廣東)에 혁명정부와 혁명군사학교를 창설하였다. 이 시기의 국민당은 공산당과 제휴하였을 뿐만 아니라 국민 각 계층을 대표하는 통일전선적 정당이었다.

1925년 7월, 국민당이 정부 수립을 공식적으로 선포하였다. 한편 국민당에 개인자격으로 입당한 공산당원이 의도적으로 요직을 차지하면서 국민당 정책을 지배하려 했다. 이에 위기감을 느낀 장개석

등은 1927년 4월 12일 반공 쿠데타를 일으켜 공산주의자를 국민당에서 축출하면서 제1차 국공합작은 무산되었다.

5) 제1차 국공합작

제1차 국공합작은 1921년 7월 탄생한 중국 공산당은 그해 제1기 전국대표대회 직후 제국주의와 군벌을 타도하고 '민족혁명'을 성취할 목적으로 국민당과의 합작을 결정하였다. 공산당원이 국민당의 일원으로 참가한 것은 코민테른의 지시에 따른 것이었다. 코민테른은 1920년 레닌이 발표한 「민족 및 식민지 문제에 관한 결의」에 따라 부르주아 정당인 국민당을 연합전선의 대상으로 선정하고, 소수 지식인집단에 지나지 않는 공산당이 국민당에 들어가 조직 기반을 확대하도록 지시하였다.

1920년경부터 반제(反帝)·반봉건의 입장을 취해 왔을 뿐만 아니라 소련의 도움이 절실했던 손문도 이에 긍정적인 반응을 보여 공산당과 국민당 사이의 공식적인 연합전선이 형성되었다. 본래 공산당은 당 대 당의 대등한 당외(黨外)합작을 원했지만 손문의 거부로 공산당이 국민당에 입당하는 당내(黨內)합작을 받아들일 수밖에 없었다.

국민당은 1924년 제1기 전국대표대회에서 '연소(聯蘇)·용공(容共)·농공부조(農工扶助)'의 3대 정책을 채택함으로써 국공합작이 성사되었으며, 공산당원은 그 당적을 보유한 채 개인자격으로 국민당에 입당하였다. 국민당에 입당한 이대쇠(李大釗) 등 3명이 중앙집행위원에, 모택동(毛澤東) 등 4명이 중앙집행위원 후보에 선출되었다.

공산당원을 흡수한 국민당은 노동운동과 농민운동을 빠른 속도로 전파하였으며, 1924년 6월에는 소련에 시찰을 다녀온 장개석을 교장으로 하는 황포(黃浦)군관학교가 설립되었다. 1927년에는 무한(武漢)에 좌우연합 혁명정부를 수립하게 되었다. 그러나 1925년 손문이 사망하면서 국민당 내부에서는 좌우(左右)의 대립이 격화되었을 뿐만 아니라 북벌과정에서 공산당이 지도하는 대중운동이 과격해졌다. 이에 급속히 고조되는 좌파의 영향력을 견제하기 위해 장개석(蔣介石)은 1927년 4월 상해에서 반공쿠데타를 통해 공산당원을 축출하였으며, 국공합작은 결렬되었고, 공산당은 불법화되었다.

공산당원을 축출한 장개석은 남경에 국민당 정부를 세웠으며, 국민당에서 축출된 중국공산당은 모택동을 지도자로 하는 강서성(江西省)에 '중화소비에트'를 세웠다. 공산당 정부는 농민을 대상으로 하여 토지혁명을 추진하는 등 농촌지역에서의 세력확장에 주력하면서 남경(南京)의 국민당정부에 대항하였다. 이에 따라 10년간에 걸친 국공내전이 전개되었다.

6) 5·30운동

손문이 1924년 북방군벌에 대한 북벌을 단행하면서 국민회의의 반제국주의 운동이 북방으로 확산하기 시작하였으며, 각 지방의 학생·노동자·시민 등의 단체가 결집되어 갔다. 그러나 손문이 죽으면서 구심점을 잃은 이 운동은 급격하게 무산의 위기를 맞았다. 그러나 상해에서의 5·30사건이 일어나면서 다시 조직적인 반제국주의의 운동이 가능하게 되었다.

5·30사건은 1925년 2월 상해의 일본 방직공장에서 일어난 파업이 발단이 되었다. 5월 중순에 파업 중이던 중국인 노동자가 피살된 데 대해 5월 30일 대중적인 항의 시위가 일어났다. 이 시위 도중 영국 경찰의 발포명령으로 십여 명이 사망하고, 다수의 부상자가 발생하였다. 이러한 상해 조계지에서의 유혈사건은 상해는 물론이고, 기타 대도시 전역으로 반제운동이 확산되었다.

공산당은 상해에서 노동자조직인 총공회(總工會)를 조직하였고, 총공회는 학생·상인 단체와 함께 공상학(工商學)연합회를 조직하여, 불평등조약의 철폐와 상해사건의 해결을 요구하는 5·30운동을 지속적으로 전개하였다. 국민당 근거지인 광주에서도 상해사건에 대해 6월 23일 10만여 명이 참여하는 항의시위를 하였다.

상해의 시위대가 영국과 프랑스의 군대와 충돌하면서 50여 명이 사망하고, 170여 명이 부상당하는 등 많은 희생자가 발생하였다. 이 사건을 계기로 광주와 홍콩에서는 국민당의 지원하에 파업이 1년 4개월이나 계속되었다.

이 5·30운동을 계기로 공산당은 당원의 숫자를 늘릴 수 있었을 뿐만 아니라 대중운동의 지도역량을 강화할 수 있었으며, 기왕의 소수 지식인 단체로부터 노동자가 참여하는 당으로 전환하게 되었다.

국민당도 이 운동을 통해 대중적 지지 기반을 넓혀 나갔다. 특히 광주에서의 유혈사건 이래 국민당이 보여준 영국에 대한 강경책과 불평등조약 철폐요구는 북경정부와 기타 지역 군벌의 미온적인 태도와 선명히 대비되어 대중적 지지도를 높였다.

　그러나 노동운동의 고양은 국민당과 공산당의 역량을 증대시켰으나 대립을 심화시키기도 하였다. 특히 공산당이 급진적인 노동운동을 전개하자, 국공합작을 통해 국민정부의 권력을 신장시키려던 장개석 측은 공산당의 대중운동에 대해 부정적 시각을 갖게 되었다.

7) 장개석 국민당의 북벌

　장개석은 손문이 사망한 후 반공을 추구하는 당내의 분파활동을 억제하고, 연소용공, 노동자와 농민 지원이라는 당의 노선을 재차 확고히 하였다. 그러나 1926년 3월 공산당원이 지휘하던 중산함(中山艦)이 황포(黃浦)에 회항한 것을 자신에 대한 쿠데타로 본 장개석이 지휘관 등의 공산당원과 소련 고문을 체포, 연금하는 중산함사건이 일어났다. 이 사건을 계기로 군과 당을 실질적으로 장악한 장개석은 1926년 7월 북방의 군벌을 정벌하는 북벌에 나섰다.

　북벌은 군벌과의 전쟁 방식과 군벌과의 타협이라는 두 가지 방식으로 진행되었다. 북벌의 진척에 따라 국민정부군의 점령지역이 호남·호북·강서로 확대되면서 점령지역의 지배권을 둘러싸고, 세력 간의 당내 대립이 발생하였다.

　1926년 12월 13일 국민당의 반장개석파와 호남·호북 군벌 및 공산당원들은 중앙당부와 국민정부를 무한(武漢)에 두기로 결의하였다.

이에 맞선 장개석은 다음해인 1927년 1월 3일 중앙당부와 국민정부를 자신의 근거지인 남창(南昌)에 둘 것을 천명하였다. 그러나 3월의 중앙집행위원회 회의에서 장개석이 장악하고 있던 국민혁명군 사령부의 권한을 대폭 약화시키는 조치를 취함으로써 정치적 명분싸움에서 무한정부 측이 유리하게 되었다.

1927년 4월 12일, 장개석은 상해·남경 등지에서 중국공산당 탄압을 위한 쿠데타를 일으키고, 4월 18일 남경에 국민정부를 세웠다.

장개석이 빠져나온 무한의 국민당정부는 공산당 지도하의 대중운동과 군벌출신 국민혁명군의 충돌이 심각하게 일어나고 있었다. 그러던 중 코민테른이 토지국유화 시행·공산당원과 노동자·농민의 무장 등을 지시한 전보가 구실이 되어 공산당은 국민당으로부터 축출되었다. 7월 15일 무한의 국민당은 정식으로 3년여에 걸친 공산당과의 합작을 결렬시키기로 결정하였으며, 남경정부와 통합하였다.

군정에 대한 전권을 장악한 장개석은 1928년 4월 북벌을 재개하였다. 1928년 6월 북경을 장악하고 있던 봉천파 군벌 장작림(張作霖)이 북경을 넘겨주고, 자신의 근거지인 만주로 퇴각하던 중에 일본 관동군에 의해 폭사(爆死)하였다. 국민혁명군은 싸움 없이 북경을 점령하였고, 12월에는 만주를 지배하고 있던 장학량(張學良)이 국민정부에 복종하겠다는 의사를 표시함으로써 군벌 지배하의 중국은 국민정부에 의해 통일되었다.

8) 만주사변과 만주국의 설립

만주(滿洲)에는 러·일전쟁의 결과로 일본이 불평등 조약으로 획득한 많은 특수권익을 확보하고 있었다. 그러나 중국의 국권회복운동이 거세게 일어나기 시작했으며, 소련이 1928년부터 추진한 제1차 5개년계획에 의해 동진해 옴으로써 만주에 주둔하고 있던 일본 관동군(關東軍)은 불안을 느끼어 만주 전체를 점거하기로 하였다.

일본군은 그 구실을 만들기 위해, 1931년 9월 18일, 심양(瀋陽) 외곽의 유조구(柳條溝)에서 스스로 만철(滿鐵) 선로를 폭파하고, 이를 중국 측 소행이라고 트집 잡아 북만주로 진격하였다.

만주를 점령한 일본군은 1932년 3월 1일, 일본의 괴뢰국가인 만주국의 성립을 선포하였으며, 만주를 일본 침략전쟁의 병참기지로 만들었다. 국제연맹은 중국 측의 제소(提訴)에 따라 조사단을 파견하고, 그 조사보고서를 채택하여, 일본군의 철수를 권고하였으나, 열하성(熱河省)을 점령한 일본은 이를 거부하였을 뿐만 아니라 1933년 3월 국제연맹을 탈퇴하였다. 이를 계기로 일본 정국(政局)은 정당내각(政黨內閣)에 종지부를 찍고, 파시즘 체제로 전환하였으며, 이러한 침략행위는 1937년의 중일전쟁과 1941년의 태평양전쟁으로 확대되었다.

9) 만리장정

1930년대에 접어들면서 공산당은 세를 확장하여 13개 성에 걸쳐 15개에 달하는 근거지를 확보하였다. 이들은 1931년 11월에 중화소비에트 제1차 전국대표대회를 소집하여 「헌법대강」·「노동법」·「토지법」등을 제정하였으며, 강서성(江西省) 서금(瑞金)을 수도로 하는 임시중앙정부를 선포하고, 모택동이 중앙집행위원회에서 주석으로, 주덕(朱德)은 혁명군사위원회 주석으로 선출하였다. 이는 중국 내에 남경국민당정부를 부정하는 또 하나의 정부가 수립된 것이므로, 국민정부는 공산당 토벌작전을 더욱 강화하게 되었다.

공산당의 세력이 점점 커져가고 있는 것을 깨달은 국민정부는 1930년 12월부터 다음해 1월에 걸쳐 10만 명을 동원하여 공산당 근거지에 대한 포위공격을 시도하였다. 그러나 이 제1차 포위공격은 실패하였다.

1차에서 실패한 국민정부군은 곧이어 1931년 봄에 20만에 가까운 병력을 동원하여 제2차 포위공격 작전을 개시하였다. 홍군은 국민당의 각 부대 간에 긴밀한 협조가 이루어지지 않고 있던 상황을 이용하여 약한 부대를 집중 공격하는 방식으로 역시 이를 격파하였다. 두 차례의 실패로 경각심을 가지게 된 국민정부군은 장개석의 진두지휘하에 정예부대 10만 명을 동원하여 1931년 여름에 제3차 포위공격을 개시하였다. 그러나 제3차 공격 또한 만주사변으로 인해 실패하고 말았다.

국민정부군은 일본과 정전협정을 맺고, 대외적인 위기가 소강상태로 들어가자 국내를 안정시킨 뒤 외국의 침략을 막아낸다는 안내양외(安內攘外)정책을 수립하였다. 장개석이 1932년부터 1933년에 걸쳐 제4차 포위공격을 준비하였으나 일본이 요동지방을 공격하게 되면서 무산되었다.

국민정부군은 이어 1933년부터 1934년에 걸쳐 제5차 포위공격을 단행하였다. 이에 공산당군은 서금(瑞金)의 근거지를 포기하고, 1934년 10월부터 1935년 11월까지 일 년여에 걸친 장정 끝에 섬서성(陝西省)의 연안(延安)에 도달하였다.

장정 도중인 1935년 1월 중국공산당은 귀주성(貴州省) 준의(遵義)에서 정치국 확대회의를 열고, 5차 포위공격에 대한 군사적 실패의 책임을 당 지도부에 돌리고, 당 지도부를 지배해 온 왕명 등 소련유학생들이 지도권을 박탈하고, 모택동이 정치국 위원이자 중앙 군사위원회 주석으로 취임하면서 당의 지도권을 장악하였다. 이후 모택동은 중국공산당의 유일한 지도자로서의 지위를 유지하였다.

밖으로 일본의 침략이 격화되어 가고 있었음에도 불구하고, 장개석은 여전히 안내양외 정책을 고집하면서, 1936년에는 제6차 포위공격을 준비하였다. 그러나 당시 공산당은 이미 내전을 중지하고, 국공이 공동으로 항일투쟁을 하자는 주장을 하였으므로 광범위한 지식인, 학생층은 장개석의 내전에 반대하였다. 결국 6차 포위공격은 서안사건으로 무산되었으며, 제2차 국공합작을 이끌어 내게 되었다.

1934년부터 1936년까지 중화소비에트공화국의 수도 강서성(江西省) 서금(瑞金)으로부터 섬서성(陝西省) 북부의 연안까지 주은래(周恩來)와 주덕(朱德), 임표(林彪), 팽덕회(彭德懷)가 이끄는 홍군(紅軍)

이 국민당군과 싸우면서 18개의 산맥을 넘고, 24개의 강을 건너 1만 2500㎞의 이동을 장정(長征) 또는 만리장정(萬里長征) 혹은 대서천 (大西遷)이라고 한다. 1936년 12월 공산당은 섬서성의 연안(延安)으로 본부를 옮겨 중일전쟁을 치루는 동안 계속하여 그곳을 본거지로 삼았다.

이 장정기간 동안 중국공산당 홍군의

(1) 민중의 것은 감자 하나도 취하지 않는다.
(2) 잠자리에 까는 건초는 반드시 묶어서 제자리에 갖다 놓는다.
(3) 부인들이 있는 곳은 피해 가라.

등의 규율은 엄격하기로 유명하다.

10) 서안사변

당시 장개석은 외국기자에게 중국(국민당)에 있어서 "일본은 피부 병이고, 공산당은 심장병이다"라고 할 정도로 공산당 토벌에 적극적 이었다. 그러므로 만주사변 이후 만주에서 밀려나 북경을 근거로 국민 당군에 합류하고 있던 장학량에게 공비토벌을 적극 독려하고 있었다.

그러나 당시 동북군의 참모 중에는 공산당 이론에 매료된 자가 많 아 장학량은 공산당에 우호적이었다. 그러므로 장학량은 내전을 중 지하고, 항일투쟁에 나서자는 공산당의 주장에 동조하고 있었을 뿐만 아니라 1936년 장학량군과 홍군 사이에는 비밀협정이 맺어져 적대적인 싸움을 중지하고 있었다.

당시 일본 관동군이 내몽고를 독립시키려는 공작의 일환으로 수원성(綏遠省)을 공격하는 사건이 일어났다. 이에 장학량이 장개석에게 수원성을 돕겠다고 요청하였으나, 장개석은 이를 거부하였으며, 1936년 12월 4일 서안으로 와서 공산군 토벌을 독려하였다.

다급해진 장학량과 양호성은 제6차 공산당 포위공격령이 내려진 12월 12일에 장개석을 연금하였다. 이 사건에 대해 국민당내의 일부 인물들은 장학량의 토벌을 주장하였으나, 장개석의 부인 송미령(宋美齡) 등은 사건을 평화적으로 해결하기 위해 서안으로 왔다. 공산당은 장학량의 요구에 따라 주은래(周恩來)를 파견하여 협상을 도모하였다.

구국연합회는 장개석을 석방하여 그의 지도하에 항일전을 수행해야 한다는 일반적인 여론을 배경으로 하여 장개석의 석방과 중앙정부 지도하의 항일전을 요구하였다. 장학량·양호성과 공산당과 국민정부는 협상을 통하여

① 남경정부를 개편하고, 각 당 각파를 참여시켜 구국의 책임을 질 것.
② 모든 내전을 정지할 것.
③ 상해에서 체포된 애국적 지도자를 즉시 석방할 것.
④ 전국의 모든 정치범을 석방할 것.
⑤ 민중의 애국운동을 개방할 것.
⑥ 민중의 집회, 결사 등 모든 정치적 자유를 보장할 것.
⑦ 손문의 유언을 확실히 실행할 것.
⑧ 구국회의를 즉시 소집할 것.

이라는 8개 사항을 합의하고, 장개석은 12월 25일 남경으로 귀환하였다.

국민당과 공산당은 상호 협조에 대한 회의를 하던 1937년 7월, 일본이 노구교(蘆溝橋)사건을 일으키면서 전면적인 중일전쟁으로 확대되었다. 이에 국민당과 공산당은 서둘러 합의를 보고, 9월 23일 제2차 국공합작을 선언하였다. 제2차 국공합작은 제1차 국공합작과는 달리, 공산당도 자체 정부와 군을 가지고 있었으므로 명실상부한 당 대 당의 합작이었다.

그러나 공산당의 소비에트정부는 국민정부 휘하의 변구(邊區)정부로 격하되었으며, 홍군은 국민혁명군으로 개칭되어 '국민혁명군 제8로군(八路軍)'이 되었다. 국민정부는 공산군에 무기를 공급하기로 약속하고, 공산당 대표를 장래 소집될 국민참정회에 무소속 대표와 함께 참가시킨다는 약속을 하였다.

11) 중일전쟁

1937년 7월 7일 밤, 북경 교외의 노구교(蘆溝橋)에서 훈련 중이던 일본군을 향해 총탄이 몇 발 날아오자 일본군은 부근에 있던 중국군을 공격하였고, 중국군이 이에 응전한 것이 이후 8년에 걸친 항일전쟁의 시발점이 되었다.

일본군은 병력을 증강하여 7월 28일부터 중국군에게 총공격을 가하기 시작하여, 30일에는 북경과 천진을 점령하였고, 8월 13일부터는 상해에서도 전쟁을 일으켰다. 이와 같은 일본군의 총공세에 국민정부는 8월 14일 전면전쟁을 선포하였다. 또한 9월 28일 제2차 국공합작을 선언하면서, 공산당의 홍군을 팔로군으로 개명하여 화북지방의 국민혁명군에 편입시켰다.

속전속결로 전쟁을 종결시키겠다는 전략으로 화북을 전면 침공한 일본군에 대하여 국민정부는 화북을 전략상 포기하고, 주력군을 양자강 하류에 집중시켰으며, 일부를 산서 등지로 산개하는 등의 장기전체제로 대응하였다.

일본군에 의해 1937년 11월 말 상해가 점령되었으며, 12월에는 수도인 남경도 점령되었다. 남경을 점령하는 과정에서 속전속결을 목표로 한 일본군은 중국인의 항전의지를 꺾어 놓겠다는 의도로 도시의 민간인 시설에 대한 폭격·살상·강간·약탈을 자행하였다. 전후 중국은 남경을 점령하면서 1938년 2월까지 자행된 일본군은 만행으로 30여만 명의 중국인이 학살되었다고 주장하였으며, 극동국제군사재판에서는 비전투원과 포로로 희생된 수가 약 12만이라고 판결하였다.

국민정부는 공간을 내주고, 시간을 버는 지구전략에 따라 상해가 함락된 1937년 11월 수도를 사천성의 중경(重慶)으로 옮기어 항전체제를 강화하였다. 1938년 3월에는 무한에서 국민당 임시전국대표대회를 열어 외교로부터 교육에 이르기까지 각 분야에서 총동원체제를 확립하고자 하였다. 정치적으로는 민의를 반영하기 위해 국민참정회를 소집하기로 하고, 경제적으로는 농촌경제를 개발하며, 공업을 장려하기로 하였다. 사회적으로는 제한된 범위 안에서이기는 하지만 언론·출판·집회·결사의 자유를 보장하는 등 일련의 민주화조치를 취하기도 하였다. 국민당의 이러한 조치는 각 계의 지지를 이끌어 낼 수 있었을 뿐만 아니라 장개석을 정점으로 하여 무한을 보위하겠다는 전민(全民)항전의 결의가 형성되었다.

1938년 10월 21일 광주를 함락시켰고, 10월 27일에는 무한을 점령하였으나, 백만에 가까운 군대를 중국전선에 묶어둔 채 장기전의 대치상태가 되었다. 이와 같이 전쟁이 장기화되자 일본은 국민정부의 내부붕괴를 도모하고자 1939년 5월부터는 중경 등 도시에 대한 무차별 폭격을 개시하는 한편 1940년 3월에는 남경에 친일 괴뢰정부를 세웠다.

그리고 일본이 독일·이탈리아와 동맹을 맺고, 미국·영국 등 연합국과 적대적인 관계로 들어서면서 연합국은 중국을 지원하였다. 중국에서의 항일전은 동아시아의 전쟁에서 세계대전의 일환으로 그 성격이 바뀌어 치러지게 되었다.

12) 중화민국의 성립과 중화인민공화국의 성립

1946년 6월, 장개석이 공산당의 점령 지역에 대해 전면적인 공격을 하면서 3년간의 내전이 시작되었다. 내전이 진행 중이던 1948년 5월 공산당은 민주당파와 사회단체, 유명 인사들에게 새로운 정치협상회의를 소집하여 인민대표대회와 민주 연합정부에 대하여 논의할 것을 제의하였으며, 민주당파 인사들이 이에 동조하여 해방구로 모여들어 공산당 중앙의 대표와 함께 신정치협상회의 준비회의 성립과 임무 등을 협의하였다. 또한 국민정부와 자본주의를 반대하는 민주당파, 민간단체, 무당파의 민주 인사가 1949년에 신정치협상회의를 소집하여 중화인민공화국 정부 건립과 임시헌법 제정 문제를 논의하였다.

공산당의 승리가 확실해지면서 중화전국총공회·중화전국민주청년연합회·중화전국학생연합회·중화전국부녀연합회·중화전국문화예술계연합회 등 노동자·청년 학생·여성계·문화예술계를 대표하는 민간단체들이 성립되었다. 또 늘어난 해방구 각지에서 인민대표대회가 소집되어 행정기구가 성립되자 민주당파 인물들이 참여하였다.

공산당은 1949년 3월 승리 후의 방침을 논의하기 위해 중앙위원회 회의를 열어 활동중심을 향촌으로부터 도시로 옮기고, 농업국가로부터 공업국가로 전환할 것 등을 결정한 후 당의 중앙기관을 북경으로 옮겼다.

1949년 6월 북경에서 공산당과 민주당파·민간단체·소수 민족과 화교 대표 등 134명이 모인 신정치협상회의 준비회가 열렸다. 여기서 [신정치협상 회의 조직조례]가 통과되어 모택동을 중심으로 하는 상무위원회가 실무를 맡게 되었다. 9월에 소집된 두 번째 준비회에서는 회의 명칭을 중국인민정치협상회의로 개명하였다.

1949년 9월 21일부터 30일까지 북경에서 공산당·민주당파·민간단체·인민해방군·각 지구·각 민족·화교 대표 총 662명이 모인 인민정치협상회의 전체회의를 열었다. 이 회의에서 임시헌법이라 할 수 있는 [중국인민정치협상회의 공동강령]과 [중앙인민정부 조직 법] 등을 제정하고, 수도를 북경으로 정하였으며, 국기를 오성홍기(五星

紅旗)로 정할 것 등을 결정하였다. 그리고 모택동이 중앙인민정부 주석으로 선출되었다.

1949년 10월 1일, 중앙인민정부 위원회 제1차 회의를 통해 인민정부 주석·부주석·위원들의 취임을 선포하였다. 주은래가 인민정부 정무원 총리 겸 외교부장에 임명되고, 모택동이 인민혁명군사위원회 주석·주덕이 인민해방군총사령관이 되었으며, 최고인민법원장·최고 검찰서검찰장 등 주요 정부기관이 구성되었다. 또한 오후 천안문에서 수많은 군중이 모인 가운데 중화인민공화국의 수립이 선포되었다.

한편, 국민정부는 1949년 11월 27일 성도(成都)에서 철수하여 대만으로 옮겨감으로써 중국 대륙은 완전히 공산당 지배하로 들어갔다. 장개석이 후방기지로 삼은 대만은 청일전쟁의 결과 일본의 식민지가 되어 무려 50년간이나 일본의 통치를 받았던 곳이다. 대만에서 몇 차례의 항일운동이 있었으나 만주사변 이후로는 혹독한 탄압을 당하였고, 중일전쟁과 아시아 태평양전쟁시기에는 20여만 명이나 되는 대만인들이 일본군 또는 전쟁 잡역부로 동남아와 중국 남부의 전선으로 징용되었다. 그러므로 1945년 일본의 항복으로 국민 정부에서 진의(陳儀)를 파견하여 대만을 접수하게 되자 대만인들은 이들 국민정부군을 열렬히 환영하였다.

대만에 상륙한 국민당과 국민정부군은 정복자로 행세하며, 대만인들을 약탈하였다. 본토인에 대한 대만인들의 분노는 2·28사건으로 폭발하게 되었다. 1947년 2월 27일 담배 밀매상 노파를 단속반이 구타한 데 항의하는 대만인들을 향해 발포하여 1명이 사망하였다. 28일 전날의 발포에 항의하는 시위대를 향해 또다시 발포하여 많은 사상자가 발생하자 흥분한 대만인들은 폭동을 일으켰다. 순식간에 섬 전체에 번진 폭동에서 대만인들은 자치와 기본권을 요구하였다. 진의는 타협적인 태도를 보였으나, 증원군이 도착하자 운동의 지도자를 체포·처형하는 등 살육을 벌였다. 1949년, 대만 전체에 계엄령이 내려졌으며, 이 계엄령은 1987년 7월까지 지속되었다.

제4장　사상적 특징

중국 전통문화의 주축은 유가(儒家)·도가(道家)·불가(佛家)의 삼가(三家) 학설이라 할 수 있으며, 그중에서도 유가의 학술이 중심축이라 하겠다.

1. 유가사상

유가사상(儒家思想)을 이해하기 위해서는 유가(儒家)를 이해해야 하며, 유가를 이해하려면 유학(儒學)을 이해해야 하고, 유학을 이해하기 위해서는 유(儒)의 개념을 알라야 할 것이다. 최초의 유(儒)란 무(巫)·사(史)·복(卜)에서 나뉜 술사(術士)를 일컫는 직업 명칭이었다. 그러므로 『설문해자(說文解字)』에는 '유(柔)한 것이며, 술사(術士)를 지칭하는 것이다'라고 설명하고 있다. 이 유(儒)들이 주대(周代) 초기에는 9계급 중 제4계급에 해당하며, 보씨(保氏)라는 직함으로 제후(諸侯)를 도와 정치에 참여하거나 예(禮)·악(樂)·사(射)·어(御)·서(書)·수(數)의 육예(六藝)를 가르치는 일을 담당하였다. 그러므로 유(儒)들은 육예에 밝았으므로, 서주(西周)·춘추(春秋)시대에는 영빈연음(迎賓燕飲)·관혼상제(冠婚喪祭) 등 각종 행사의 집례자(執禮者)로 활동하였다.

유가(儒家)란 공자(孔子)가 춘추말기에 창시(創始)한 학파를 말한다. 공자가 육예를 가르치던 유(儒)였기 때문에 이들 학파를 유가라 하였으며, 이들이 연구한 학문을 유학(儒學)이라 하였다. 공자가 창시한 이후, 유학은 크게 3단계를 거처 발전하게 된다.

첫 단계는 선진원시유학기(先秦原始儒學期)이다. 이 시기의 주요 인물로는 공자·맹자(孟子)·순자(荀子)가 있다. 공자는 인(仁)·예(禮)를 핵심으로 한 도덕사상과 덕치국가(德治國家)의 정치사상을 폈으며, 인사(人事)를 귀중히 여기고 귀신을 가벼이 여기는 천명사상을 제창하였다. 맹자는 인정설(仁政說)·심성론(心性論)을 통하여 공자의 학설을 발전시켰으며, 순자는 심성론을 통하여 예(禮)의 중요성을 강조하여 법가(法家)의 출현을 이끌어 냈다.

둘째 단계는 한(漢)대 경학화기(經學化期)이다. 이 시기의 대표적 인물은 동중서(董仲舒)이다. 진시황이 통일제국을 세우고, 분서갱유(焚書坑儒)를 하면서 유학은 큰 타격을 입게 되었다. 뒤를 이은 한 대 또한 황노사상(黃老思想)을 받아들이고, 무위정치(無爲政治)를 표방하자, 유학은 궤멸의 위기에 봉착하였다. 무제(武帝) 때 동중서의 '백가사상(百家思想)을 버리고, 유가사상만 받아들이라'는 건의가 채택되면서 활로를 되찾게 되었다. 이후 선진 유가의 전적에 경(經)자를 사용하여 『시경』·『서경』·『역경』으로 불리게 되었다. 또한 동중서는 선진 유학을 주체로 하고, 도(道)·법(法)·묵(墨)·명(名)·음양(陰陽)의 사상을 받아들여 '천인합일(天人合一)' 사상을 제창하였다. 셋째 단계는 신유학기(新儒學期)다. 이시기의 대표적인 인물은 주희(朱熹)이다. 주희는 도교·불교의 사상을 비판적으로 흡수하면서 성리학을 집대성하였다.

공자(孔子)는 이름이 구(丘)이며, 자가 중니(仲尼)이고, 노양공(魯襄公) 21년인 B.C 551년에 노국(魯國)의 추(陬)에서 태어났다. 공자는 은(殷)의 후예이며, 송국(宋國)의 제후였으나 변란을 피하여 노국(魯國)으로 이주하였다. 부친 숙량흘(叔梁紇)은 노국의 무관(武官)이었고, 안징(顔徵)과 결혼하여 공자를 보았으며, 공자 3세 때에 죽었다. 홀로 된 안징은 공자를 데리고 곡부(曲埠)의 성(城)안으로 이주하였다. 50세에 현장(縣長)인 중도제(中都宰)가 되었고, 52세에 토목공사를 담당하는 소사공(小司空)을 거쳐 사법을 관장하는 대사구(大司寇)가 되었으나 55세에 주유천하(周遊天下)의 길에 들어섰다. 14년 뒤에 다시 노국으로 돌아와 학술연구와 제자 육성에 힘썼으며, 노애공(魯哀公) 16년인 B.C 479년에 73세로 죽었다.

공자의 사상은, 첫째 인(仁)을 핵심으로 한 예(禮)의 도덕사상이다. 둘째는 덕치(德治)의 정치사상이다. 셋째는 경귀신중인(輕鬼神重人)의 천명관(天命觀)이다. 넷째는 교화(敎化)를 중요시하며, '유교무류(有敎無類)'의 평등교육사상이다.

맹자(孟子)의 이름은 가(軻)이며, 자는 자여(子輿)이고, 전국(戰國) 중기의 추국(鄒國)사람이다. B.C 372년에 나서 B.C 289년에 죽었다. 노국(魯國) 귀족 맹손씨(孟孫氏)의 후예이며, 어려서 부친을 잃고, 모친 장씨(仉氏)에 의해 성장하였다. 연대는 잘 맞지 않으나, 맹자는 공자의 손자인 자사(子思)의 제자에게서 공부를 하였다고 하여 사맹학파(思孟學派)라 부르기도 한다.

맹자의 사상은, 첫째 성선론(性善論)적 인성론(人性論)을 주장하였다. 인성에는 사단(四端)이 있음을 말하면서 과욕(寡慾)·자성(自省)·양심(養心)·수신(修身)을 통해 선량한 본성을 회복할 것을 주장하였다. 둘째는 인정(仁政)의 정치사상이다. 즉 국가에는 국민·사직·군왕이 있는데, 그중 가장 귀한 것이 국민이고, 왕은 가장 가볍다고 보았으며, 역성혁명(易姓革命)까지 인정하였다. 셋째는 외천(畏天)·지천(知天)의 천명관(天命觀)이다. 즉 천(天)은 지고무상(至高無上)의 초인적 힘을 가진 존재로서 인간의 길흉화복을 주재하기 때문에 천명을 경외(敬畏)하여야 한다고 보았다. 인간이 천명을 감지(感知)할 수 있는 방법으로, 선량한 본심을 확충하여 인간의 본성을 알게 되고, 나아가 하늘의 뜻도 알 수 있으며, 천인합일(天人合一)의 경지에 도달된다고 주장하였다.

맹자는 특히 호연지기(浩然之氣)를 주장하였는데, 호연지기란 하늘과 땅 사이에 가득 찬 넓고도 큰 원기(元氣)를 말하며, 사물에서 해방되어 자유롭고, 즐거운 마음으로 도의를 따르므로, 공명정대하게 되어 조금도 부끄러울 바 없는 도덕적 용기를 말한다.

순자(荀子)는 생졸연대가 명확하지 못하며, 다만 B.C 298년(?)에 나서 B.C 238년 무렵에 죽은 것으로 추정하고 있다. B.C 298년은 공자가 죽은 지 200년쯤 뒤이고, 맹자가 죽은 무렵이다. 『순자(荀子)』는 처음 『손경신서(孫卿新書)』라고 하였으나 한대의 유향(劉向)이 정리하고, 당(唐)의 양경(楊倞)이 개편하여 『손경자(孫卿子)』라 하였다가, 다시 『순자(荀子)』라 하였다.

『순자(荀子)』는 공자 이후 맹자에 의하여 정비된 유교는 내면적·주관적인 입장만이 강화되었다고 보고, 공자의 예(禮) 사상을 내세워 제자백가의 사상을 비판적으로 받아들이면서 객관적 입장에서 유교를 재정비하였다. 공자나 맹자에서 도덕적 기초를 이루는 것으로 생각되어 온 천(天)의 권위를 부정하고, 하늘은 인간의 도덕적 활동과는 아무런 관계도 없는 자연적 공간에 불과한 것으로 보았으며, 성악설(性惡說)을 주장하였다.

동중서(董仲舒)는 광천(廣川, 현 河北省 景縣) 사람이며, 생졸연대(生卒年代)는 명확하지 않으나 한고조(漢高祖) 말 년경에 태어나서 B.C 104년 이전에, 80세 이상을 살고 죽었을 것으로 추측하고 있다.

동중서의 사상은, 첫째 '대일통(大一統)'이다. 이는 천경지의(天經地義)가 일(一)이며, 일은 만물(萬物)의 본원(本源)이므로, '대일통(大一統)'이라 하는 것이다. 그러므로 천하만물(天下萬物)은 하나로 합쳐져야 하며, 천하만민은 천자에 하나로 합쳐져야 한다고 주장하였다. 둘째 삼강오상의 도덕론이다. 이는 양존음비관(陽尊陰卑觀)에서 기인한 것으로 군위신강(君爲臣綱)·부위자강(父爲子綱)·부위부강(夫爲婦綱)의 삼강(三綱)과 인·의·예·지·신의 오상은 하늘의 의지이기 때문에 영원히 불변하는 도덕규범이라 정의하고 있다. 셋째는 천인합일(天人合一)의 사상이다. 하늘은 모든 신(神) 중의 왕이며, 지고무상(至高無上)의 신(神)이고, 사람은 하늘이 자신의 의지대로 자신의 형상에 맞추어서 만들었으므로 절대 순종해야 할 뿐만 아니라, 서로 감은(感應)할 수 있다고 보았다. 또한 군주는 하늘의 아들이며, 하늘이 자의적으로 선택하여 인간의 대표로 하였기 때문에 황권(黃權)은 지고무상한 것이라 하였다.

주희(朱熹)는 남송(南宋)시대인 1130년에 태어났으며, 71세로 1200년에 죽었다. 자는 원회(元晦)·중회(仲晦)이며, 호는 회암(晦庵)·회옹(晦翁)·둔옹(遁翁)·운곡노인(雲谷老人)·창주병수(滄州病叟)로 하였다.

주희의 사상은, 첫째 이(理)를 천지만물(天地萬物)의 본원(本源)으로 하는 우주관을 지녔다. 이(理)는 우주만물 생성(生成)의 본원이며, 기(氣)는 만물을 구성하는 재료로 보았다. 이(理)는 만물을 생성하는 본원이지만 보이지도 만질 수도 없는 본체(本體)이며, 형이상(形而上)의 도(道)이다. 기(氣)는 물질을 생성하는 음양(陰陽)·오행(五行) 등의 물질이다. 이(理)의 전체·이(理)의 최고 경계(境界)를 태극(太極)이라 하며, 태극은 일체의 이(理)의 총화이다. 사람과 만물 및 삼강오상(三綱五常) 등 일체의 현존하는 물질과 제도는 모두 천리(天理)의 체현(體現)이다. 둘째는 인성론과 금욕주의적 윤리학이다.

주희는 맹자와 이정(二程)의 인성론을 계승하여 인성(人性)은 곧 이(理)이고, 태극(太極)이 인간에 체현(體現)한 것이 성(性)이기 때문에, 천리(天理)는 지선(至善)하며, 인성(人性) 또한 지선(至善)한 것이다. 또한 인성(人性) 중의 천리(天理)와 인욕(人慾)이 대립할 경우, 사람의 마음이 천리(天理)에 부합되는 것을 선(善)이라 하고, 천리에 위배되는 것을 악(惡)이라 하며, 사람이 악을 행하게 되는 것은 바로 사람의 욕심이 천리를 침범하였기 때문이다. 그러므로 천리(天理)를 보존하고, 선량한 본성(本性)을 지키기 위해서는 천리를 보존하고 인욕(人慾)을 없애야 한다고 보았다.

2. 묵가사상

묵자(墨子)의 이름은 적(翟)이고, 노나라 사람이며, 생졸연대가 분명치 않으나, 대략 공자 이후 B.C 480년 무렵에 태어나서 맹자가 태어나기 이전인 B.C 420년 무렵에 죽은 것으로 추정하고 있다. 『회남자 · 태족훈(淮南子 · 秦族訓)』에는 '추종자가 180명 정도이며, 불 위를 걷게 하고, 칼날을 밟게 했다. 죽을지라도 발길을 돌리지 않았다'라고 기록하고 있다.

묵자의 제자들이 묵자의 언행을 기록한 것으로 보이는 『묵자』53편이 현존한다. 묵자의 사상은 유가(儒家)로부터 분파된 것으로 보고 있다. 묵자는 '천하의 재해'의 원인은 '서로 사랑하지 않음'에서 기인한다고 보았으므로 서로 사랑하고, 이익을 나누는 것이야말로 천하의 모든 재해를 해결할 수 있다고 보았으며, 이러한 사상을 '겸애(兼愛)'라 하였다. 겸애란 소생산 계층의 상부상조적 미덕을 차별이 없는 보편적 원칙으로 보는 것이다. 즉 '내 나라를 보듯이 남의 나라를 보고, 내 집을 보듯이 남의 집을 보며, 나 자신을 대하듯이 남을 대한다'는 원칙에 합당하면 겸(兼) · 의(義)이고, 합당하지 못하면 별(別) · 불의(不義)이다. 그러므로 전쟁이야말로 가장 심한 별(別)이고, 불의(不義)로 보았으므로 비공(非攻)을 주장하였다. 즉 죄가 없는 나라를 침공하는 것은 어떠한 경우에라도 용납되어서는 안 될 뿐만 아니라, 큰 나라가 작은 나라를 공격해서는 더욱 안 된다고 보았다. 그러나 어떠한 전쟁도 불의(不義)이지만, 불의함은 끝내 정벌할 수 있다고 보았기 때문에 대리전쟁으로 이익(利益)을 취하기도 하였다. 또한 묵자의 경제사상은 노예제사회에서 봉건제사회로 전이되는 단계에서, 사유재산의 획득·확인·보장에 대한 인식을 갖고 있으며, 이 과정에서 노동 없이 이익을 점유하는 것을 해악(害惡)한 것으로 규정한 것이다. 이 외에도 통치자는 현인(賢人)이어야 한다는 상현(尙賢)·왕은 하늘의 덕과 같아야 한다는 상동(尙同)·운명적 천명론(天命論)을 비판한 비명(非命) 등의 사상이 있다.

3. 도가사상

도가(道家)는 춘추·전국(春秋戰國)시대에 노자(老子)에 의해 개창(開創)된 학파이다. 『노자』 81장의 핵심사상은 '도(道)'이므로 이들 학파를 도가(道家)라 한다. 도가사상은 자연에 순응하고, 운명에 안주하며, 현실을 도피하여 고요히 아무것도 하지 않는 것을 권장하고 있다. 그러므로 도가는 소극적 출세주의(出世主義)로 유가의 적극적 입세주의(入世主義)와 상반된다. 이 사상은 혼란시기에 유행하였으며, 역경과 실의에 빠진 지식인에게 환영받아 정신적 위안이 되었고, 심미적 예술세계를 지배하였다.

노자의 생애에 대한 기록은 매우 미미하여 생졸연대나 그의 행적에 대해 자세히 알 수가 없다. 사마천(史馬遷)의 『사기(史記)』에 의하면, 성은 이(李)이고, 이름이 이(耳)이며, 자는 담(聃)으로, 춘추시대 말기의 초국(楚國) 고현(苦縣, 현재 河南) 사람이다. 공자와 비슷한 시대의 사람으로 10살쯤 연상(?)으로 보기도 하고, 주(周) 왕실의 도서관 사서직을 하다가 은거(隱居)했다고도 한다.

노자(老子)는 『노자(老子)』를 남겼는데, 『노자』 81장은 도(道)·덕(德)의 두 편으로 나눌 수 있으며, 5,000여 자로 되어 있다. 『노자』의 중심사상을 정리하면 다음과 같다. 첫째 '도(道)'는 우주 만물의 본원이다. '도'는 만물의 본원이며, 주재이고, 천지(天地) 이전에 존재하였다. 도가 일을 생성하고(道生一), 일이 이를 생성하며(一生二), 이가 삼을 생성하였으며(二生三), 삼이 만물을 생성하므로(三生萬物), 도는 만물지종(萬物之宗)이다. 또한 '천하 만물은 유(有)에서 생겨나고, 유는 무(無)에서 생겨나'기 때문에, 무(無)가 바로 도(道)이다. 그러나 무(無)는 없는 것이 아니고, 다만 볼 수도·들을 수도·만질 수도 없는 존재이며, 혼돈(混沌)의 상태로 시간과 공간을 초월하여 영원불멸한다.

둘째 천도(天道)는 무위(無爲)이다. 소위 '무위'라는 것은 무의식(無意識)·무목적(無目的)으로 자연의 발전에 맡기자는 것이다. 바로 천도(天道)란 대자연의 이치를 법으로 따르는 것이며, 만물이 만들어진 것은 무위에 의한 것이며, 그 어떤 의지(意志)나 공로(功勞)가 개입되지 않았다고 본 것이다. 그러므로 노자는 '천도(天道)가 무위(無爲)하였기 때문에 만물(萬物)을 화육(化育)할 수 있는 거대한 역량

(力量)을 가질 수 있는 것이다'라고 하였다. 노자는 이 무위사상을 정치사상으로 발전시키어 '내가 아무것도 하지 않으면 백성들은 저절로 되고(我無爲而民自化), 내가 고요하면 백성들은 저절로 바르게 되며(我好靜而民自正), 내가 일을 벌이지 않으면 백성들은 저절로 부유하게 되며(我無事而民自富), 내가 욕심을 부리지 않으면 백성들은 저절로 소박해진다(我無欲而民自樸)'고 무위정치를 주장하였다. 또한 누구나 생존을 추구하나 이때 실제로는 멸망을 향하며, 지혜를 이용하여 싸우며 행복을 추구하나 오히려 재앙을 향하고 있다.

셋째는 유(柔) 사상이다. 사물은 미약할 때 오히려 생기가 발랄하며, 약한 것이 강한 것을 이기고, 일단 커지면 곧 죽는다. 또한 천하만물은 변화하며, 모든 사물은 모순적 대립에 처하고, 운동변화한다. 즉 유무(有無)·난이(難易)·장단(長短)·고저(高低)·미추(美醜)·전후(前後)·강유(强柔)·강약(强弱)·영욕(榮辱)·화복(禍福)·대소(大小)·생사(生死)·지우(智愚) 등이다.

장자(莊子)의 성은 장(莊)이며, 이름이 주(周)이고, 맹자와 비슷한 시기인 전국시대 B.C 355년경부터 275년경 무렵까지 살았던 송국(宋國) 몽지(蒙地, 현 山東) 사람이다. 장자는 『장자(莊子)』33편(篇)을 남겼다. 장자는 노자의 사상을 계승했지만 다른 점이 많다. 첫째 무차별의 사상이다. 노자는 미추(美醜)·강약(强弱) 등의 구분과 대립이 있다고 했지만, 장자는 이런 구분도 대립도 없다고 보았으며, 절대적 시비나 표준이란 없다고 보았다. 현실 세계에서 다투는 것은 모든 사물이 귀(貴)·부(富)·미(美) 등을 추구하는 것과 같이 차별(差別)을 추구하기 때문이나, 실제로 만물에는 본래적으로 차별이 없다. 다만 보는 각도에 따라서 다르게 보이듯이, 사람들이 다르게 보고 싶어 하기 때문에 다르게 보일 뿐인 것이다. 그러므로 천하 만물이란 모두 한 가지이고, 구분도 없으며, 간섭도 없는 모두 잊어버린 상태인 '허무(虛無)'의 경계(境界)가 최선이다. '무기(無己)', 즉 자신을 잊고, 일체를 초월해야 외부의 어떤 유혹이나 간섭도 없는 대자유를 얻게 된다. 그러나 인생은 과녁 위의 표적과 같으므로 활을 피할 수 있는 방법으로 쓸모 있는 사람이 되지 않고, 세속의 탁류를 피하는 것이라며, 나무를 예로 들어 설명하고 있다. 둘째는 편안하게 되면 순해지며, 하늘의 명까지도 들을 수 있다. 모든 사물은 좋아하는 상태가 되면 순해지고, 싫어하는 상태가 되면 거역하게 된다. 마찬가지로 '생사(生死)·존망(存亡)'과 같은 모든 명(命)은 이미 정해진 것이며, 바꿀 수가 없기 때문에 순응해야 하고, 거역하게 되면 화가 오게 되는 것이다.

4. 법가사상

전국시대 제자백가의 한 유파로 그 계통을 이은 일군(一群)의 정치 사상가에 대한 총칭이다. 특히 유가 사상과의 대립·항쟁 과정에서 발달하였으며, 전국시대의 전제적 지배를 지향한 군주에게 채용되어, 진·한조의 통일제국 성립을 뒷받침한 중요한 사상이 되었다. 『한서·예문지(漢書·藝文志)』에 의하면, 신상필벌(信賞必罰)의 질서 있는 정치를 주장한 장점이 있고, 오로지 형법(刑法)에 의거하여 때 로는 육친의 정까지도 저버린 것이 단점이라는 평도 있다. 위(魏)나 라의 문후(文侯)를 받들어 부국강병의 실적을 올린 이극(李克, BC 455?~BC 395?), 진(秦)나라의 재상으로 국내개혁을 달성한 상구(商 鞴, ?~BC 338), 저서를 통하여 진시황(秦始皇)을 감탄시킨 한비자 (韓非子, ?~BC 233), 진(秦) 통일제국의 기초를 구축한 이사(李斯, ?~BC 210), 전한(前漢)의 중앙집권화에 힘쓴 벽착(劈錯, ?~BC 154), 무제(武帝) 때의 유능한 경제관료 상홍양(桑弘羊, ?~BC 80) 등이 법가의 대표자들이다.

상앙(商鞅)의 변법(變法)

기원전 361년에 즉위한 진효공(秦孝公)은 기원전 359년 상앙을 등용하여 부 국강병책의 일환으로 상앙의 변법을 시행하였다. 신법의 시행에 앞서 상앙은 도 읍의 남문 옆에 있는 통나무를 북문으로 옮기는 자에게 상금을 준다는 포고를 냈으며, 그것을 실행한 자에게 상금을 주어 법령에 거짓이 없음을 표시한 뒤에 새 법을 공포했다. 또한 태자가 법을 어기자 태자의 스승인 공자건(公子虔)과 공 손가(公孫賈)를 처벌하여 법에는 예외가 없음을 보여주었다.

상앙의 변법은 2차에 걸쳐 진행되었다. 제1차 변법의 내용은: 첫째 호적을 작 성하고, 다섯 가구를 일오(一伍)로, 열 가구를 일십(一什)으로 하여 서로 감시하도 록 하며, 만약 한 가구가 법을 어겼을 경우 고발하지 않으면 열 가구가 연좌되도 록 했다. 죄인을 검거하는 자에게는 적을 죽이는 것과 마찬가지로 상을 내리지만, 죄인을 은닉하면 적에게 투항하는 것과 마찬가지로 처벌을 받게 된다. 둘째 백성 들이 농업 생산에 전력하여 곡물과 직물의 공납이 많으면 한 가구의 부역을 면제 해 주었고, 게으름을 부리거나 농업을 포기하고 상업에 종사하는 자는 아내 및 자녀와 함께 관노로 삼았다. 셋째 관직과 작위는 전공(戰功)을 기준으로 하여 큰 공을 세운 자는 높은 관직과 작위에 봉하지만 전공이 없는 자는 아무리 재물이 많아도 호화로운 생활을 할 수 없으며, 귀족이라 해도 평민 대우를 받을 수밖에 없다. 넷째 한 가구에 아들이 둘 이상이면 성인이 된 후 분가하여 각자 납세해야 하며, 분가하지 않을 경우 한 사람이 두 사람 몫의 세금을 납부해야 한다. 이 것은 씨족제의 붕괴를 목적으로 하며 지배계급에 대해서는 봉건 영주로서의 특권을 박탈하고 관료화하는 한편, 피지배 계급에 대해서는 촌락 공동체의 울타리를 허물고 소가족을 무수히 만들어 내어 개인을 한 단위로 한 납세·군역·순법의 시스템을 만들고자 한 것이다.

2차 변법의 내용은 정전(井田)을 폐지하고, 토지사유를 승인하며, 매매를 허락하여 토지량에 따라 세금을 거두었다. 또한 향·읍·촌락을 합쳐 전국을 31현으로 나누었으며, 현에는 영(令)과 승(丞)을 두고, 국왕이 임면권을 행사했다.

법가의 이론은 위국(衛國)의 공손앙(公孫鞅, 후일 商鞅으로 개명.)이 주장한 법(法)과 정국(鄭國) 신불해(申不害)가 주장한 술(術)과 조국(趙國) 신도(愼到)가 주장한 세(勢)를 바탕으로 하고 있다. 상앙(商鞅)은 법을 제정하여 누구나 지키게 하였으며, 유가(儒家)에서 주장하는 선왕(先王)의 도를 따르고자 하는 교화중심의 복고주의를 반대하였다. 신불해(申不害)는 도가적(道家的) 무위(無爲)를 통한 통치를 위해 황제는 자신의 의중을 신하에게 나타내지 않고, 신하를 제압하여 군주 자신에게 유리하게 만드는 정치술을 주장하였다. 그리고 신도(愼到)는 도가적 무위를 통한 통치를 위해 황제는 성색(聲色)을 나타내지 않고, 위세(威勢)로써 신하를 감독해야 한다고 주장하였다. 그것은 절대적 권능을 가진 군주는 백관을 제어할 수 있으며, 국민과 백관은 명령에 복종하고, 군주의 지시 사항은 잘 시행하게 된다고 보았기 때문이다.

한비자(韓非子)는 한국(韓國)의 귀족출신이며, 이사(李斯)와 함께 순자(荀子)에게서 배웠고, 법(法)·술(術)·세(勢)를 연계한 이론을 정리한 법가사상의 집대성자이다. 그는 말더듬이었으므로, 유세(遊說)보다는 집필에 치중하였으며, 문장을 통해 진시황에게 등용되었다.

한비자는 정권은 천하통일에 적합한 준칙을 제시하여야 하며, 이 법은 누구나 반드시 준수하여야 하고, 누구든지 '법'을 위반하면 징벌해야 한다고 하였다. 그리고 '술'은 군주가 '법'에 의거하여 관료를 통제하는 수단이며, '법'이 공개된 것이라면, '술'은 은폐된 것이며, 국왕은 '술'을 통해서만 정권을 독점할 수 있다고 보았다. 그러므로 '세'가 없는 왕은 이빨과 발톱을 잃어버린 호랑이처럼 무력하며, '세'는 왕의 지위 때문에 생기는 권세·권력이므로, 왕의 인격·도덕성·능력과는 무관한 것으로 보았다. 그러므로 '자연지세(自然之勢)'보다는 '인위지세(人爲之勢)'를 중시해야 한다고 강조하였다.

한비자의 철학은 세 가지 중심 이론을 가지고 있다. 첫째, 인간은 근본적으로 이기적이기 때문에 국가는 강력한 통제와 조종을 통하여 부강을 꾀할 수 있다. 둘째, 군주는 법과 세와 술로 국민과 백관(百官)을 통솔하며, 그 제재 방식은 종교적, 도덕적이 아니라 사회 조직의 정점에 선 왕의 권세와 법의 강제에 의한다. 셋째, 가치 판단의 기준은 그 결과가 현실적으로 어떠한 효과를 낳았느냐 있으므로, '고대의 도와 원칙을 따르는 것이 아니라, 그 시대의 상황을 연구하고, 대처 방안을 내는 것'이 관리들의 임무가 된다고 보았다.

공정한 법의 집행과 중앙집권적 관료제도, 공고한 경제적 기초 등의 확립을 통하여 부국강병을 실현하고자 한 한비자의 정치 철학은 후세에 커다란 변화를 가져왔다. 그러나 법가 사상은 자유와 자발성이 아니라 복종과 강제를 강조하여 군주 전제주의를 옹호하였으며, 국민에게 정치에 대한 논의나 생각을 하지 말고, 오직 복종할 것만을 요구하였다. 이는 주대의 봉건제도를 극복하는 효율적인 관리제도를 확립하였다.

이러한 법가사상에 힘입어 진시황은 중국을 통일하였으나, 지나친 통제 위주의 통치로 인해 쉽게 멸망하게 되었다. 그러므로 후대의 통치가들은 법가적 통치술을 펴되 유교의 도덕론과 결합하였다.

5. 불가사상

불교의 특징은 무엇보다도 특정 신(神)을 내세우지 않는 것이며, 지혜와 자비로 대표된다. 지혜의 내용은 여러 가지로 발전하는데, 일체를 종(縱)으로 절단하는 시간적 원리인 무상(無常)과, 일체를 횡(橫)으로 연결하는 공간적 원리인 연기(緣起)가 중심에 있으며, 이것은 후에 공(空)으로 표현된다. 또한 현실을 직시하는 경향이 강하며, 모든 일에 집착과 구애를 갖지 않는 실천만이 강조되고 있다. 나아가 조용하고, 편안하며, 흔들리지 않는 각성(覺性), 즉 해탈(解脫)을 이상의 경지로 삼아 이를 '열반(涅槃)'이라고 한다.

불교의 기본교의로 고(苦)·집(集)·멸(滅)·도(道)의 사체설(四諦說)이 있다. 고(苦)·집(集)은 인생의 본질과 그 성인(成因)을 말하며, 멸(滅)·도(道)는 인생 해탈의 귀숙(歸宿)과 해탈의 길을 말한다. 고체(苦諦)는 사람이 세상에 살면서 겪는 생(生)·노(老)·병(病)·사(死)·원증회(怨憎會)·애별리(愛別離)·구부득(求不得)·오음성(五陰盛) 등 팔고(八苦)와 108번뇌(煩惱)가 있다. 집체(集諦)에는 인생의 고통과 번뇌를 조성하는 원인과 그 진행을 분석한 것이다. 인생은 우매무지(愚昧無知)한 '무명(無明)'과 끊임없이 쾌락을 추구하는 갈애(渴愛)에 의해 일어나는 각종 욕망에서 업(業)·혹(惑)에서 벗어나지 못한다고 보았다. 멸체(滅諦)는 일체의 번뇌를 없애면 모든 고통으로부터 벗어나며, 생사(生死)의 윤회에서 해탈하여 생사의 고통에서 초월하고, 열반의 경지에 들 수가 있다고 보았다. 도체(道諦)는 열반의 경지에 들어서는 길을 말한다. 도체에는 팔정도(八正道)와 삼학(三學)이 중요하다. 팔정도란 정시(正視)·정사(正思)·정어(正語)·정업(正業)·정명(正命)·정정진(正精進)·정념(正念)·정정(正定)을 말하고, 삼학이란 일상생활을 통해 지켜야 할 계율의 계(戒)·불도가 전심전력을 다해 정진하는 수양자세의 정(定)·불법을 헤아릴 수 있는 통찰력의 혜(慧)를 말한다. 그러므로 혜(慧)가 있어야 비로소 해탈을 할 수 있고, 열반에 들 수 있다.

중국에 불교가 처음 전해진 연대에 관해서는 여러 설이 있으나, 대체로 1세기 중엽인 한(漢)나라 때, 서역(西域, 티베트)을 경유하여 들어온 것으로 추정된다. 서역지방은 옛날부터 인도와 중국을 연결하는 요로이므로 양쪽 문화의 접촉 장소가 되어 왔고, 인도 불교가 서역으로 전해지면서 곧바로 중국으로 전래되었다. 서역지방에도 독특한 불교문화가 개화하였는데, 그 서역불교의 발자취는 돈황(敦煌)을 비롯한 여러 곳의 유적에서 엿볼 수 있다.

초기 전래된 시기부터 4세기까지를 중국불교의 제1기라 할 수 있으며, 이 시대에는 서역방면으로부터의 내입승(來入僧)의 활약이 눈에 띈다. 즉 안세고(安世高)·지루가참(支婁迦讖)·축법호(竺法護)·불도징(佛圖澄) 등이며, 그들은 대승·소승의 경전을 번역하여 불교에 대한 중국인의 이해를 넓히는 데 노력하였다. 중국인 불도(佛徒)로 주사행(朱士行)·도안(道安)·혜원(慧遠) 등이 나왔으며, 도안·혜원 등은 이론적이었던 불교를 실천을 통해 이해시키는 방향으로 나아갔다.

401년 구마라습[鳩摩羅什]이 장안(長安)에 들어와 대승경전의 번역을 시작한 때부터 중국불교는 제2기에 들어선다. 구마라습은 여러 경전을 한역(漢譯)하여, 그 한문경전에 의한 불교 본래의 교리연구가 진행되었고, 중국인의 불교에 대한 이해도 넓어졌으며, 이후 중국불교의 사상적 발전의 기틀을 마련하였다. 또 그 문하생이 3,000여 명에 달하여 제2기 불교의 중심세력이 되었다. 구마라습 외에도 각현(覺賢) 담무참(曇無讖)·보리류지[菩提流支]·진제(眞諦) 등이 도래하여 경전의 한역을 행하고, 그 경전의 연구를 통하여 삼론(三論)·사론(四論)·성실(成實)·법화(法華) 등의 학파가 파생되었다. 또한 선별적으로 전래된 여러 경전을 본래의 역사발전의 순서에 따라 정리하고, 체계를 세우기 위한 교판(敎判: 敎相判釋)도 성행하였으므로 교학연구는 더욱 진전되었다. 수(隋)·당(唐)시대에는 앞 시대의 교학연구를 기초로 하여 소의(所依)의 경론(經論)에 의한 종파가 확립되었고, 올바른 이해와 실천에 따른 실천적 불교의 성립을 보았으므로 중국불교의 황금시대가 되었다. 수나라는 지의(智義)가 『법화경』에 의하여 천태종(天台宗)을 개종(開宗)하였고, 이어서 길장(吉藏)은 용수의 삼론(三論)에 의한 삼론종(三論宗)을 확립시켰다. 당대(唐代)에는 화엄종·선종(禪宗)·정토종(淨土宗)·법상종(法相宗)·율종(律宗) 등 각파가 성립하였다.

제5장 문화적 특징

1. 예속(禮俗)

1) 예의(禮儀)

『관자·오보(管子·五輔)』에 '상하(上下)에는 의(義)가 있고, 귀천(貴賤)에는 분(分)이 있으며, 장유(長幼)에는 등(等)이 있고, 빈부(貧富)에는 도(度)가 있으니, 이 여덟 가지가 예(禮)의 경(經)'이라고 하였다. 또 『예기·애공문(禮記·哀公問)』에서는 '예가 아닌 것으로는 천지의 신을 섬기는데 절제가 없는 것이 있고, 예가 아닌 것으로는 군신(君臣)·상하(上下)·장유(長幼)의 지위를 분별하지 않는 것이 있으며, 예가 아닌 것으로는 남녀·부자(父子)·형제의 친함에 구별이 없는 것이 있다'고 하였다. 이러한 옛 문헌을 통해 볼 때 예의 본질은 사회생활에 있어서 차이·구별·등급을 구분하는 것이라 하겠다. 또한 예에는 단순한 정신적 질서 이외에도 물리적 구별을 수반하므로 음식·복식·거마(車馬)·가옥의 구별과 같은 예물(禮物)이 있고, 궤배(跪拜)·읍(揖) 등과 같은 예의(禮儀)가 있다. 그러므로 예(禮)란 예물(禮物)·예의(禮儀)·예의(禮意)가 구비되어야 하는 것이다.

예의 기원에 대해 『예기·예운(禮記·禮運)』에서는 '예는 음식(飮食)에서부터 시작되었다'고 말하고 있다. 이 말과 위의 『관자·오보(管子·五輔)』·『예기·애공문(禮記·哀公問)』의 말을 종합해 볼 때, 사람과 사람의 초기 사회적 차별은 음식물을 나눌 때의 차별일 것이다. 낮은 자와 어린 자는 존귀한 자와 어른에게 음식을 바쳤고, 또 먼저 먹게 함으로써 존경을 표시하였을 것이며, 이것이 예의 처음이었을 것이다. 그러므로 예란 첫째 인간 스스로 금수(禽獸)·야만(野蠻)과 구별하고자 하는 표시이고, 둘째는 인관관계·사회의 질서에 자연법칙의 구현이며, 셋째는 국가의 통치(統治)·전제(典制)의 기본이다.

예(禮)는 씨족 구성원 사이의 질서로부터 출발하였으며, 이 질서가 집단에 정착되면서 예속(禮俗)이 되었고, 사회가 더욱 발달하면서 통치자는 예속을 보완하여 예제(禮制)로 정착할 수 있게 제도화하였을 것이다. 이러한 제도를 흔히 '하례(夏禮)·은례(殷禮)·주례(周禮)'라 하며, 이 삼대(三代)의 예는 이미 인간의 행위규범의 범주를 벗어나서 국가의 정치·경제·군사 등 각 방면의 전장제도(典章制度)로써 자리잡게 되었으며, 일종의 관습법의 역할을 하게 되었다.

예에는 길례(吉禮)·흉례(凶禮)·빈례((賓禮)·군례(軍禮)·가례(嘉禮)의 오례(五禮)가 있다. 길례(吉禮)란 각종 제례(祭禮)를 의미하며, 귀신을 섬기어 무재유복(無災有福)을 기원하는 마음에서 길례(吉禮)라 하게 되었다. 제사의 대상은 천신(天神)·지지(地祇)·인귀(人鬼)가 있으며, 천신에는 호천상제(昊天上帝)와 일(日)·월(月)·성(星)·신(辰)과 풍사(風師)·우사(雨師)가 있고, 지지에는 토지신과 곡식신인 사직신(社稷神)·목(木)·화(火)·수(水)·금(金)·토(土)의 오관신(五官神)·오악신(五嶽神)·산림(山林)·천택신(川澤神)·사방(四方)의 백물신(百物神) 등이 있으며, 인귀(人鬼)에는 조상신(祖上神)이 있다.

흉례(凶禮)란 상장례(喪葬禮)를 말한다. 흉례에는 상(喪)·황(荒)·조

(弔) · 회(禬) · 휼(恤)의 오종이 있다. 상례(喪禮)란 일반 개인이 사망하였을 경우 애통함을 나타내는 예이다. 황례(荒禮)란 기근이나 역병으로 특정 지역 · 특정 국가에 재난이 닥쳤을 경우 음악을 폐하고 물자를 보내는 등의 동정을 표시하는 예를 말한다. 조례(弔禮)란 다른 국가나 친구가 홍수나 화재 등의 자연재해를 당하였을 때 위문하는 예를 말한다. 회례(禬禮)란 동맹국가가 침략을 당했거나 토지가 크게 파괴되었거나 많은 백성이 사상을 당하였을 경우 사신을 파견하고, 재물을 수집하여 위무하는 예를 말한다. 휼례(恤禮)란 인근 국가에 외우내란으로 큰 피해를 당하였을 경우 원조와 지원하는 예이다.

빈례(賓禮)란 국가 간의 사신을 접견하는 예이며, 군례란 군사(軍事)와 유관한 예를 말하고, 가례(嘉禮)란 관혼(冠婚) · 빈사(賓射) · 향연(饗宴) · 하경(賀慶) 등의 인간관계에서 협조하는 예를 말한다.

2) 혼인(婚姻)

중국은 1950년 4월 13일 혼인법을 공포하였다. 제1조에는 '독단적 · 강제적 · 남존여비적이거나 자녀의 이익을 경시하는 봉건주의적인 혼인 제도를 폐기한다. 남녀의 결혼은 자유 · 일부일처 · 남녀의 권리평등과 자녀의 합법적인 이익을 보호하는 신민주주의적 혼인 제도를 실행한다'고 규정하고 있다. 1980년 9월 개정한 혼인법에서는 결혼 연령을, 남자 20세 · 여자 18세에서 남자 22세 · 여자 20세로 개정하였다.

현대 결혼 피로연

1. 낮에는 기념이 될 만한 곳을 찾아 들러리와 함께 사진을 찍는다.
2. 저녁에 결혼 잔치를 베푼다. 식당이나 집에서 연회를 마련하며, 친척과 친구 등을 초청해서 음식을 먹고, 축하 술을 마신다.
3. 연회에서는 간단한 결혼 의식과 함께, 신랑과 신부는 하객에게 축하 술을 따르고, 축하 담배에 불을 붙여주며, 하객들은 모두 신랑 신부에게 술을 권한다.
4. 연회 대신 다과회를 거행하기도 한다. 친구와 동료들이 모여서 사탕·과일·담배 등을 준비하고, 간단한 혼례 의식을 거행한다. 이 형식은 비교적 간단하고, 편리하며, 절약을 할 수 있어서, 일반적으로 기관 간부와 지식인들 사이에서 유행한다.
5. 합동 결혼. 직장 부서 혹은 관련 단체가 주관하여 진행한다. 몇 쌍 또는 수십 쌍의 신랑과 신부가 동시에 결혼 예식을 진행한다. 기념품을 주고, 노래를 부르며, 춤을 추는 등 친목을 다지는 여흥으로 이어진다.
6. 여행 결혼. 신랑 신부가 결혼 휴가를 이용하여 여행을 하는 것으로 대신한다. 여행 전에 간단한 결혼 피로연을 거행하기도 하고, 여행에서 돌아온 뒤에 친척·친구·이웃·동료에게 축하 사탕을 보내는 것으로 대신하기도 한다. 이것은 1994년을 전후해서 유행하는 결혼 방식이며, 간편할 뿐만 아니라 신랑 신부가 휴식과 오락을 즐길 수 있어 선호하는 경우도 있다.

결혼의 형식은 법률혼이므로, 전통 사회의 의례혼(儀禮婚)과는 달리 정해진 법률적 절차를 밟으면 된다. 즉 결혼할 남녀가 관할지의 담당 부서에 함께 가서 혼인신고를 하고, 혼인증서를 교부받으면, 합법적인 부부가 된 것이다. 일반적으로 혼인증서를 교부받은 이후에 별도의 의식을 거행하기도 한다.

원시인류의 초기 삶의 모습은 집단을 이루며, 혼음(混淫) 생활을 했다. 이러한 모습에 대해 『여씨춘추·시군(呂氏春秋·恃君)』에서는 '옛날 태고적에는 임금은 없이 사람들은 이곳저곳에 무리를 지어 살앗고, 어미는 알았으나 아비를 몰랐으며, 친척·형제·부부·남녀의 구별은 물론 상하·장유(長幼)의 도리도 없었다'고 설명하고 있다. 해남도(海南島)의 여족(黎族)의 한 신화 중에는 이러한 풍습의 흔적을 보여주는 다음과 같은 이야기가 있다.

옛날 옛적에, 천지가 변하면서 재난이 닥쳐 인간이 전멸하게 되었다. 모든 사람이 다 죽었으나, 다행히 모자(母子) 두 사람만이 살아남게 되었다. 인간이 멸종하게 된 것을 안타깝게 여긴 천제(天帝)가 이들 두 사람을 불러 부부로 살도록 명령을 하였다. 이들 모자는 매우 난감하였으나, 천명을 어길 수도 없었다. 그들은 고심을 한 뒤에 자신의 얼굴을 바꾸고자 하여, 얼굴에 문신을 한 뒤에 부부로 살았다.

이 신화는 성을 공유(共有)한 흔적을 보여주는 신화이며, 170만 년 전부터 20만 년 전까지 살았던 원모인(元謨人)·남전인(藍田人)·북경인(北京人) 등이 이에 해당된다. 이들이 인지가 발달하면서, 혈족혼(血族婚)·족외혼(族外婚)·대우혼(對偶婚)·일부일처(一夫一妻)의 형태로 변하게 되었다.

혈족혼(血族婚)이란 동배혼(同輩婚)이라고도 하며, 부족 내에서 배우자를 선택할 때, 서로 비슷한 연령대를 선호하게 된 인류 최초의 결혼형태를 말한다. 복희(伏羲)와 여왜(女媧)는 본래 친남매였으나 후일 결혼하녀 부부가 되었다는 전설이 이러한 흔적을 이야기하고 있다. 운남(雲南)의 납서족(納西族)의 전설에, '옛날 옛적에, 가난한 집에 오남매가 있었는데, 큰형은 결혼을 했으나, 나머지 형제들이 배우자를 구할 수가 없게 되자 남매들끼리 부부로 살았다'는 이야기가 있다. 이와 같이 남매가 결혼하여 부부가 된다는 전설은 흔히 볼 수 있으며, 또한 혈족혼의 한 흔적이라 볼 수 있다. 운남의 경파족(景頗族)은 자기의 여동생과 부인을 모두 '점(占)'이라 부르는데, 이 또한 고대에는 남매도 부부가 될 수 있다는 것을 의미하며, 혈족혼의 한 흔적이라 볼 수 있다. 이러한 혈족혼은 20만 년 전부터 10만 년 전까지 살았던 마구인(瑪垻人)·장양인(長陽人)·정촌인(丁村人) 등이 모두 이에 속한다.

족외혼(族外婚)은 군혼(群婚)이라고도 하며, 종족(同族) 간의 결혼을 기피하게 되고, 타족(他族) 간의 결혼을 선호하게 된 것을 말한다. 이 경우 자녀는 아비를 알 수 없으며, 여성이 모계집단(母系集團)에서 기른다. 이러한 모계집단을 씨족(氏族)이라 부르고, 씨족 밖에서 배우자를 선택하기 때문에 족외혼이라 부른다. 이때 남성은 여전히 모계 씨족에 속하게 되며, 다른 씨족의 여인을 찾아 밤에 나갔다가 새벽에 돌아오게 되는데, 이러한 행위를 가(嫁)라 불렀다. 그러므로 초기의 가(嫁)란 남성이 여인의 집을 찾아가는 것을 말하였다. 이러한 족외혼의 흔적은 운남의 납호족(拉祜族)이 농한기에 부족들의 청춘남녀가 함께 모여, 낮에는 노래 부르고 놀다가, 저녁이 되면 모닥불을 피워놓고 함께 밤을 지새운다. 운남의 아세인(阿細人)의 젊은이들은 각자의 공방(公房)이라 부르는 곳에 있다가, 저녁이 되면 남성은 여성의 공방을 찾아 함께 밤을 지내게 된다. 이러한 혼인풍습은 10만 년 전부터 만 년 전까지 살았던 유강인(柳江人)·하투인(河套人)·산정동인(山頂洞人) 등이 이에 속한다.

대우혼(對偶婚)이란 한 쌍의 남녀가 일정한 시기를 특정한 장소에서 함께 거주하는 것을 말하며, 동시에 다른 이성(異姓)을 만날 수 있었다. 이러한 대우혼의 흔적은 운남의 납서족(納西族)에 아주혼(阿注婚) 또는 아초혼(阿肖婚)이라 불리는 풍습에 남아 있다. 이들의 청춘남녀가 집회에서 만나 서로 마음이 맞는 것을 '아초(阿肖)'라 하며, '아초'가 되면 여성의 집에서 밤을 지새우고, 아침에 돌아간다. 이때의 '아초'는 한 번으로 끝나거나 단기적일 수 있고, 장기적일 수도 있으며, 동시에 다른 이성을 만날 수도 있다. 이러한 대우혼은 일부다처제(一夫多妻制)·일부일처제(一夫一妻制)로 넘어가는 과정이라 할 수 있다.

일부일처제(一夫一妻制)는 부계씨족(父系氏族) 사회의 결혼형태이며, 여성의 입장에서는 혈통의 순수성을 유지하게 되었고, 남성의 입장에서는 여성에게 정조(貞操)의 순결을 요구하였다. 초기의 일부일처제는 남자가 여자의 집에 가서 일정기간 생활하는 데릴사위 형식이었으나, 차츰 남자의 권위가 높아지면서 여성이 남성에게 와서 살게 되었으며, 더욱 남성 중심사회가 되면서 일부타처제의 모습으로 변하였고, 현재는 일부일처제의 형식이 정착되었다.

중국의 고대 결혼제도에서는 몇 가지 특징적인 모습을 볼 수 있다. 첫째 적서(嫡庶) 차등의 처첩제(妻妾制)이다. 기본적으로는 일부일처제였으나, 신분에 따라 부인의 수가 다름을 법으로 규정하였을 정도이고, 시대에 따라 그 수는 달랐다. 은대의 무왕은 64명의 부인이 있었으며, 모두 '부(婦)'라고 호칭하였다. 주대에는 종법제도에 의하여 '왕의 비(妃)는 120명이었으며, 후(后) 1명·부인(夫人) 3명·빈(嬪) 9명·세부(世婦) 27명·여어(女御) 81명'이었다. 또한 『공양전

(公羊傳)』에는 '천자(天子)는 처(妻)를 12명·제후(諸侯)는 9명·대부 (大夫)는 부(夫)를 3명·사((士)는 2명을 둘 수 있으며', 천자의 비 (妃)는 후(后)·제후는 부인(夫人)·대부는 유인(孺人)·사는 부인(婦 人)·서인(庶人)은 처(妻)라 불렀고, 이들의 첩(妾)은 모두 서처(庶 妻)라 하였다. 서주 초기에는 잉첩(滕妾)제도가 성행하였다. 잉첩이 란 시집갈 때 신부를 따라가는 몸종 등을 말하며, 서주 초기에는 남 매·조카 등이 따라와 첩(妾), 즉 잉첩이 되었다. 『공양전(公羊傳)』 에 의하면 천자는 일취십이녀(一娶十二女)·제후는 일취구녀(一娶九 女)하였다고 한다. 진시황(秦始皇)은 적부인(嫡婦人)을 황후(皇后)·서부 인(庶婦人)을 부인(夫人)이라 했다. 한무제(漢武帝)는 비(妃)를 8등분 하여 황후(皇后)·부인(夫人)·미인(美人)·양인(良人)·팔자(八子)· 칠자(七子)·장사(長使)·소사(少使)라 하였으며, 궁녀는 수천에 이 르렀다. 또한 제후는 첩을 이백(二百)·열후(列侯)는 일백(一百)·민 (民) 이상은 삼십(三十) 이내로 둘 수 있었다.

둘째는 서사불혼(庶士不婚) 제도이다. 소위 말하는 양반과 천민은 결혼할 수 없다는 제도이다. 이 제도가 발전하여 신분이 낮은 가문 과의 결혼을 부끄럽게 여기고, 기피하게 되었기 때문에, 황족·재상 의 집안은 신분이 다음 단계인 집안과 혼인하도록 법으로 정하게 되 었다.

셋째는 동성동본(同姓同本)의 불혼제(不婚制)이며, 넷째는 칠거지 악(七去之惡)이었고, 다섯째는 혼령제도(婚齡制度)의 시행이다. 고대 의 결혼은 조혼(早婚)의 경향이 농후하였는데, 이러한 경향은 자손의 번창과 노동력의 조기 확보 등을 위한 목적이 내재되어 있었기 때문에 시대에 따라 다르며, 전쟁과 같은 혼란기에는 그러한 현상이 더욱 현저하게 나타난다. 즉 주대에는 남자 30세·여자 20세이고, 당대에는 남자 20세·여자 15세였고, 송대에는 남자 15세·여자 13세인 경우도 있었다.

중국 고대 혼례제도의 절차는 육례(六禮)에 따라 행하여진다. 육례란 납채(納采)·문명(問名)·납길(納吉)·납정(納征)·청기(請期)·친영(親迎)을 말한다. 납채(納采)란, 납(納)은 받아들인다는 뜻이고, 채(采)는 선택의 뜻이므로, 즉 구혼(求婚)을 한다는 것이다. 즉 남자 쪽에서 중매인을 통해 예물을 여자 집으로 보내어 구혼하는 절차이며, 여자 집에서 그 예를 받아들이지 않으면 거절하는 것이 된다. 문명(問名)이란, 납채를 통과한 남자 쪽에 중매인을 통해 홍첩(紅帖)이라는 청첩장과 함께 예물을 여자 집에 보내어 여자의 사주(四柱)를 받아온다. 납길(納吉)이란 여자의 성명과 사주를 가지고, 조상의 위패 앞에서 점을 치며, 중매인을 통해 그 결과를 여자 집에 통보를 한다. 납정(納征)이란 점괘가 좋으면 중매인을 통해 빙례(聘禮)를 여자 집에 보내어 정식 정혼(定婚)하는 것이다. 청기(請期)란 혼인 관계가 결정된 이후에 신부를 맞이할 길(吉)한 날을 선택하여 중매인을 통해 여자 집에 보내는 것이며, 여자 쪽에서 날짜를 받아들이기 어려우면 바꾼다. 친영(親迎)이란 결혼 날 신랑이 신부를 데려오는 것을 말한다. 결혼 당일, 신랑은 몸소 중매인과 예물을 가지고 신부 집으로 간다. 여자 집에 도착하면 먼저 신부의 부모님을 뵙고, 이어서 신부 집 조상의 사당에 알현하며, 모든 절차가 끝나면 신부를 데리고 신랑 집으로 돌아온다.

육례(六禮)를 마치고 난 뒤, 신랑 집에서는 정혼례(正婚禮)를 거행하게 된다. 정혼례는 배당(拜堂)·좌장(坐帳)·동뢰합근(同牢合巹)의 순서로 이루어진다. 배당(拜堂)은 '배천지(拜天地)'라고도 하며, 조상과 천지신명(天地神明)께 신랑·신부가 결혼함을 알리는 의식으로서 살곡두(撒谷豆)·사살(射煞)·과마안(跨馬鞍)과 화분(火盆)·전석(傳席)·배당(拜堂)의 순서로 이어진다. 살곡두는 신부가 탄 가마가 문 앞에 도착하면 쌀·콩 등을 뿌려서 사악한 기운을 물리치는 풍속이며, 송대 이후부터 유행하였다. 사살은 신부가 탄 가마를 땅에 내려 놓으면, 신랑이 기다렸다가 가마를 향하여 세 차례 활을 쏘는 시늉을 하면서 '사흑살(射黑煞)'를 외친다. 이는 나쁜 귀신과 악귀가 따라 들어오지 못하게 하려는 것이다. 과마안(跨馬鞍)과 화분(火盆)은 안전하게 문을 넘어 들어와서 타는 듯 붉게 살라는 의미이다. 과마안이란 말안장을 넘는 것이고, 화분은 화로를 말한다. 전석은 신부가 가마에서 내린 이후, 붉은 천을 밟고 집안으로 들어가게 하는 것이며, 몇 개의 천을 번갈아가며 밟고 가게 한다. 이는 행운이라는 말의 '홍운(紅運)'에서 비롯된 것이고, 영원히 행운이 있기를 바랄 뿐만 아니라 자자손손 대대로 그 행운이 이어지길 바라는 의미이며, 당대 이후로 유행한 풍속이다. 배당은 신랑과 신부가 집례자(執禮者)의 인도로 천지(天地)에 절하는 것이다. 일반적으로 삼배(三拜)를 하는데, 일배(一拜)는 천지에 하고, 이배(二拜)는 고당(高堂)에 하며, 삼배(三拜)는 부부가 맞절한다.

정혼례의 두 번째 순서는 좌장(坐帳)이다. 신랑과 신부는 배당(拜堂)을 마친 뒤, 동방(洞房)으로 들어가서 휘장을 친 침상에 어깨를 나란히 하고 앉는다. 이때 신랑은 왼쪽에 앉고, 신부는 오른쪽에 앉으며, 이를 좌장(坐帳) 또는 좌복(坐福)이라 한다. 세 번째 순서는 동뢰합근(同牢合졸)이다. 동뢰는 신랑 신부가 한 가지 고기를 먹는 것이고, 합근은 신랑 신부가 합환주(合歡酒)를 마시는 것이다. 이는 신랑신부가 같은 음식을 먹고, 함께 자며, 영원히 한마음으로 결합했다는 것을 의미한다.

3) 상례(喪禮)

각 민족이 죽음의 문제를 처리하는 방식은 다르며 이는 기후·지리조건·종교·습관 등과 긴밀한 관계를 가지고 있다. 중국은 일반적으로 매장(埋葬)을 하지만 이 밖에도 화장(火葬)·수장(水葬)·천장(天葬, 일명 鳥葬)·향료보존장(香料保存葬) 등이 있다. 수많은 민족이 공존하는 중국에는 장례의 절차도 각 지역과 민족에 따라 다르다. 일반적으로 매장을 하며, 유교문화의 영향으로 죽음의 문제도 예(禮)의 일부로 받아들여 일정한 규정에 따라 진행시킨다. 이런 규정이 점차 상례(喪禮)로 정착되어 지금에 이르고 있다.

예법(禮法)의 원형은 주대(周代)에 형성되었고, 그 뒤에 불교·도교 및 각종 민간 신앙과 결합하여 현재의 형식으로 변천되었다. 사망한 사람의 신분·결혼·자손의 유무 등에 따라서 예식의 규모가 결정되었으므로, 봉건사회의 계층관념이 반영되어 있다. 대개 지위가 높고, 천수(天壽)를 다 누리었으며, 자손이 많을수록 성대하게 장례를 치른다. 전통적인 장례의 절차는 다음과 같다.

과거 중국의 사대부(士大夫) 계층은 연침(燕寢)과 정침(正寢)이 따로 있었다. 연침은 평상시에 생활하는 곳이고, 정침은 병이 났다든가 하는 특별할 때에만 사용하는 곳이며, 천자나 제후의 경우 정침을 노침(路寢)이라고도 하였다. 이 정침은 집의 뒤쪽에 남향(南向)으로 짓고, 남쪽으로는 호(戶)라는 출입문을 두며, 서쪽으로는 유(牖)라는 창문을 두었다. 집안의 병환이 위중한 사람은 이 정침으로 옮기어 임종을 맞았다. 임종을 하게 되면 복(復)이라는 초혼(招魂)을 한다.

사람이 사망하게 되면 혼백(魂魄)으로 나뉜다고 보았으므로, 상례는 혼백 양면에 대한 예의절차(禮儀節次)인 것이다. 혼(魂)에 대한 예의절차를 전제(奠祭)라 하며, 백에 대한 예의절차는 목욕·입관·매장 등의 절차를 말한다. 그러므로 사람이 사망하게 되면 먼저 주식(酒食)을 차려 혼을 위무하는 전제(奠祭)를 한다. 전제는 백(魄)에 대한 예의절차를 진행할 때마다 하며, 초하루·보름에도 행한다.

현재의 중국인은 방바닥이나 침상에서 죽는 것을 가장 꺼리므로 임종 직전에 문짝을 떼어 실내에 깔고, 그 위에서 임종을 맞는다. 임종하게 되면 여러 면에서 원만한 사람, 즉 전복인(全福人)을 청하여 몸을 청결하게 하고, 손·발톱을 깎고, 머리를 빗긴 뒤, 평상복을 입힌다. 그다음으로 입안에 붉은 실로 꿴 진주·돈·찻잎·곡식 등을 넣어 가진 것 없이 이승을 뜨지 않도록 하며, 망자의 머리맡의 탁자에는 장명등(長明燈)을 놓아 저승으로 가는 길을 밝히도록 한다. 등 옆에 도두반(倒頭飯)이라는 사잣밥을 놓고, 저승길에 개가 밥을 빼앗아 먹으면 이 몽둥이로 쫓으라는 뜻의 타구봉(打狗棒)이라 불리는 젓가락을 꽂아 둔다.

상사(喪事)의 첫째 날 보상(報喪), 즉 부고(訃告)를 하며, 조문객은 3일 안에 와서 적언(吊唁), 즉 문상(問喪)을 한다. 문상은 이 소식을 들은 사람들이 종이돈·향·과자 등의 예물을 들고 와서 조문(弔問)하는 것이다. 조문객이 찾아오면 남자는 관 옆에서 곡을 하고, 여자는 상가 대문에서부터 곡을 한다. 출가한 딸은 마을 어귀에서부터 곡을 하며, 상주는 조문객과 함께 곡을 한다. 이때 특별한 연락도 없이 문상하지 않으면 그 집안과는 절교하였다.

상사의 둘째 날 수의(壽衣)를 갈아입히는 소렴(小殮)을 행한다. 이때 상주(喪主)는 젖은 솜을 젓가락으로 집어서 망자의 눈가·귀·입 등을 닦고, 면이나 종이로 얼굴을 덮는다. 신분에 따라 다르지만 사(士)의 경우 19벌을 입힌다. 그리고 시신을 평소 생활하던 연침(燕寢)으로 옮겨 입관하는 대렴(大殮)을 한다. 지역에 따라 다소 다르지만 관 바닥에 붉은 천과 동전을 깔고 상주(喪主)가 망자의 머리 부분을 들고, 나머지 자손들이 팔과 다리 부분을 들어 관 속으로 옮긴다. 관 속에는 망자가 평소 좋아하던 물건을 넣고 손에는 손수건이나 은전들을 쥐어준다. 목수가 관의 뚜껑을 덮고 세 개의 못을 박으면 자손들이 곡을 한다.

옛사람들은 날짜의 성격을 천간(天干)에 따라 강일(剛日)과 유일(柔日)로 나누었으며, 강일이란 천간이 갑(甲)·병(丙)·무(戊)·경(庚)·임(壬)의 날이고, 유일이란 을(乙)·정(丁)·기(己)·신(辛)·계(癸)의 날을 말한다. 그러므로 안장일(安葬日)을 반드시 유일로 정하였으며, 이에 맞추어 발인시각과 안장시각을 정하였다.

장례((葬禮)의 기간은 보통 3일에서 49일 정도가 소요된다. 일반적으로 3일장을 치르며, 가장 형편과 지위 등에 따라서 5일장이나 7일장을 치르기도 하고, 관을 운구하는 사람의 수나 악대(樂隊)의 규모도 마찬가지이다. 하얀 색의 상복(喪服)을 입고, 상주(喪主)는 손에 하얀 종이로 만든 조기(弔旗)와 지팡이를 든다. 안장(安葬)의 절차는 묘지에 관을 내려놓고, 상주가 먼저 흙을 한 줌 뿌리면, 매장하는 사람이 흙을 덮어 봉토(封土)를 한다. 이 절차가 마무리되면 상주가 조기를 무덤 위에 꽂으며, 가족들은 상복을 벗고, 집으로 돌아가서 조문객들에게 술과 음식을 내놓는다.

장례를 마치면 우제(虞祭)를 지내게 되는데, 사(士)는 삼우제로 4일이 소요되고, 대부(大夫)는 오우제(五虞祭)로 8일이 소요되며, 제후는 칠우제(七虞祭)로 12일이 소요되고, 천자는 구우제(九虞祭)로 16일이 소요되었다. 사(士)의 경우 삼우제를 지내는데, 일우제는 안장 당일의 중오(中午)에 지내기 때문에 유일이 되며, 재우(再虞)는 격일(隔日)로 지내기 때문에 역시 유일(柔日)이고, 삼우(三虞)는 재우(再虞) 다음날 지내기 때문에 강일(剛日)이 된다. 우제를 마치게 되면 곡을 하지 않게 되므로 졸곡(卒哭)이라 한다. 졸곡으로부터 3년이 되면 제상(除喪)이라 하여 탈상(脫喪)하게 되는데, 1주년이 되는 13번째 달에 소상(小祥)을 지내고, 2주년이 되는 25번째 달에 대상(大祥)을 지내며, 마지막으로 대상을 거행한 지 2개월 뒤인 27번째 달에 담제(禫祭)를 지내면 탈상하는 것이다. 오늘날 중국은 불교의 영향으로 안장을 한 후에 7일을 1주기로 하여 7번의 제사를 지내기도 한다. 또한 그 뒤로 백일제(百日祭)와 1·3·10주년 등의 주년제(周年祭)를 지내기도 한다.

1949년 이후, 이런 장례 절차를 봉건적 형식으로 규정하여 금지시켰으며, 사람이 죽으면 공동묘지에 안장하고, 청명절에 성묘하였다. 그러나 근래에 농촌 등지에서는 전통적인 장례 절차가 부흥되는 추세에 있다. 따라서 스님과 도사를 부르고, 냉장고·세탁기·TV 등 각종 일상용품을 종이돈에 그려 태우기도 한다.

중국 소수 민족의 장례풍습은 매우 다양하다. 여족(黎族)의 장례풍습은 비교적 간단하다. 성인이 죽으면 총소리를 내여 죽음을 알리면, 소리를 듣고 온 마을 사람들이 조문을 온다. 망인의 가족은 3일간 주식을 먹지 않고, 찹쌀로 만든 단 술만 먹는다. 관은 일반적으로 통나무를 파서 만들며, 입관 할 때에는 미리 준비해 두었던 의상을 입힌다. 입관한 후 즉시 발인하며, 매장한다. 매장한 후 봉분을 만들지 않고, 매장지점에 물레나 직포기 같은 망인이 생전에 쓰던 도구들을 놓아둔다. 남자는 그 마을에서 혈족 공공묘지에 묻고, 여자의 경우는 본가로 보내 장례를 치르게 한다. 여자의 본가에서는 일반적으로 혈족 공공묘지에 묻는다. 도교의 영향으로 일부 지방에서는 풍수지리에 능한 사람을 청해 묘 자리를 선택하기도 한다.

토가족(土家族)의 장례풍습은 특이하다. 당·송시대 이후로 토가족은 암관장(巖棺葬)과 화장(火葬)을 병행하였다. 높은 산 중턱에 굴을 파서 매장하는 암관장(巖棺葬)에서 송대의 숭녕중보(崇寧重寶)와 천승원보(天聖元寶) 등의 동전이 발굴되었다. 이러한 암관장은 사천 남부와 상서, 복건 등 곳에서도 발견되었다. 화장은 망자를 화장한 뒤 유골을 수습하여 묘소에 매장하는 것을 말한다. 이런 장례방식은 당대(唐代)의 오계만(五溪蠻) 때 성행하였다. 청대(淸代) 이후로 토가족은 주로 매장을 하였다. 사람이 죽으면 무당이 경을 읽고, 도사가 망인에게 저승길을 안내한다. 온 마을 사람들이 찾아와 조문을 하며, 친척들도 장례에 참가한다. 장례기간 동안 청년 남녀들은 밤새도록 북을 두드리고, 춤추며, 노래하여 추모의 뜻을 표한다.

　몽고족(蒙古族)의 장례풍습은 매장·천장(天葬)·화장이 있다. 몽고밀사(蒙古密史)에 '고대 몽고인들은 사람이 죽으면 야외에 묻었으며, 묘소는 있되 봉분은 없다'고 기록하고 있다. 그들은 생전에 될수록 잘 살기를 바라므로 가난한 사람들의 장례는 아주 간단하게 치른다. 매장은 나무로 된 관을 사용하나 봉분을 만들지 않는다. 라마승이 경을 읽고, 가축이나 천 등을 답례로 한다. 천장(天葬)은 목축지대에서 흔히 볼 수 있는 장례방식이며, 일주일이 지나도 시신이 그대로 있으면 불길하게 여기고, 다시 라마승이 경을 읽게 하여 망자를 위한 액막이를 한다. 화장 때에도 라마승이 경을 읽으며, 시신을 흰 천에 싸고, 황유를 바른 후에 화장한다.

　장족(藏族)의 장례풍습엔 종교색채가 농후하다. 장족은 사람이 죽으면 전세(傳世)한다고 여기기 때문에 일련의 종교의식을 행한다. 라마승이 경을 읽고, 법사는 망자의 영혼이 천당으로 가게 한다. 티베트족 장례에는 천장(天葬)이 위주이고, 3일 동안의 종교의식을 마치면, 천장하는 곳에 사람을 보내 시신을 가져가게 한다. 시신은 가장 높은 산정에 보내져서 진행하나, 1주일이 지나도록 완전히 이루어지지 않으면, 생전에 죄를 지었기 때문이라고 믿어 다시 라마승이 경을 읽는다. 탑장(塔葬)과 화장은 티베트족의 고급스런 장례풍속이다.

탑장자의 시신은 향료로 처리한 후 금속탑에 넣어 보존하며, 지위가 높은 활불에게 행하는 장례다. 화장은 활불(活佛)과 대라마승에게 행하는 장례방식이다.

장족(壯族)의 장례풍습에는 매장·화장·암장(巖葬)이 있으며, 화장의 역사가 오래되었다. 사람이 죽으면 시신을 입관한 뒤에 무당이 경을 읽고, 해가 질 때 화장한다. 화장을 할 때에 상가(喪歌)를 부르고, 상무(喪舞)를 추며, 상주(喪酒)를 마시면서 망자와 영결을 고한다. 이튿날 날이 밝으면 유골을 지하에 묻거나 동굴 속에 안치한다. 한족(漢族)과 접촉이 많은 지역에서는 매장을 하며, 장례절차는 한족과 같고, 돌이나 흙으로 봉분을 만든다. 매장을 하는 지역에서도 비정상적으로 사망하였을 경우에는 화장을 하며, 살해된 사람의 화장 날자가 가족 중의 생일과 같은 사람이 있을 경우에는 높은 곳으로 피신하여 화를 면해야 한다고 믿었다.

이족(彝族)의 장례풍습은 한족들과 접촉이 많은 곳에서는 매장을 한다. 사천·운남·대량산·소량산 지역에서는 시신을 널빤지 위에 안치하며, 이때 머리는 안으로 하고, 다리는 밖으로 향하게 한다. 상복에는 검은 상복·흰 상복·푸른 상복이 있고, 무당이 경을 읽어 망자에게 영혼이 가야 할 길을 가리켜준다. 경문은 대체로 이족의 원시종교 내용을 담았으나, 도교의 내용도 있다. 경을 읽을 때 망자가 저세상에서 노자로 쓰라고 종이돈을 태운다. 화장을 하게 될 경우에는 유골을 화장자리에 묻는다. 유골을 묻지 않고, 주머니나 항아리에 넣어 동굴 속에 안치하거나 돌로 봉분을 만드는 경우도 있다. 향산에서는 장례를 지낸 후 일 년 뒤에 망자를 위해 안신제를 지내기도 하며, 안신제를 지낸 뒤에 위패를 세우기도 한다. 위패는 무당이 경을 읽은 뒤에 망자의 가정에 세우며, 설이나 명절이 되면 위패에 제사를 지낸다. 가정에 환자가 생기면 위패에 제사를 지내며 평안을 빌기도 한다. 위패를 일 년 모신 뒤 무당이 경을 읽게 하며, 밤새도록 여러 가지 활동을 하면서 망령이 극락세계로 가기를 기원한다.

묘족(苗族)의 장례풍습은 고대부터 현관장(懸棺葬)·암장(巖葬)·매장을 해 왔으나 피살·천재지변에 의한 사망·산후 사망일 경우엔 화장을 한다. 사람이 죽으면 우선 시신을 씻긴 뒤에 수의를 입히고, 입관한다. 수일 동안 무당이 경을 읽어 망자의 영혼을 보낸 뒤에 매장한다. 매장에는 순장(順葬)과 횡장(橫葬)이 있으며, 순장은 머리를 북쪽으로 향하게 하고 발은 남쪽을 향하게 하는 것이고, 횡장은 머리를 동쪽을 향하게 하고 발은 서쪽을 향하게 하는 것이다. 묘족은 동방에서 왔으므로 그 영혼은 조상이 살던 곳으로 간다는 뜻에서 머리를 동쪽으로 향하게 한다.

포의족(布依族)의 장례풍습은 원래 관을 쓰지 않았고, 봉분도 만들지 않았으며, 화장을 하였으나, 청대 이후로 한족의 영향을 받아 무덤을 만들고, 비석을 세우게 되었다. 정상적인 사망이면 지붕·위에 긴 장대를 달고, 종이로 만든 조기를 달며, 자손들은 하얀 천으로 만든 상복을 입는다. 무당을 청해 길일을 택해 장례를 치루며, 친척들은 쑥 잎을 달인 물로 시신을 씻는다. 망자가 남자이면 이발과 면도를 해 주며, 여자면 잘 치장해 주고, 수의를 입힌다. 입관하여 방에 안치하고, 관 위에 흰 천을 덮으며, 3일간 무당이나 도사가 망자의 명복을 빈다. 자손들은 항렬에 따라 매일 3번씩 절을 하며, 세 번째 날에는 새벽에 발인한다. 망자의 일가친척들이 북을 치고, 징을 울리면서 묘지까지 운구해 간다. 지관이 묘혈의 방위를 잡아주며, 망자가 생전에 입던 옷과 종이 사람 및 종이 말을 태우고, 묘혈에 한 줌의 쌀을 뿌린다. 지관이 주사(朱沙)로 팔괘도(八卦圖)를 그린 후 묘혈에 술을 뿌리고, 묘혈의 네 귀퉁이와 주변에 닭 피를 뿌린다. 석회와 흙을 섞어 봉분을 만든 후 종이돈을 봉분 우에 꽂아놓고, 제사를 지낸다. 장례가 끝나면 사람들은 술로 손을 씻으며, 망자와 갈라진다는 뜻에서 화톳불을 뛰어넘어 집으로 간다. 집안에 위패를 백일 동안 모시며, 3년상을 지킨다.

동족(侗族)의 장례풍습은 시신을 씻어 주고, 새 옷을 갈아입힌 뒤에, 남자는 삭발하고, 여자는 머리를 빗겨준다. 망자의 입에 은을 물려준다는 뜻에서 함구은(含口銀)이란 말이 있으며, 망자가 부자일 경우 은장식을 저승에 갖고 가게 한다. 여평(黎平) 등에서는 지금도 망인의 손에 찹쌀밥을 쥐어 준다. 놋그릇과 오동나무 씨 기름을 순장해서는 안 된다. 상복을 입으며, 부자들은 조의를 표하는 방을 만들어놓고 도사가경을 읽게 한다. 길일을 택해 매장하고, 매장한 후 묘혈 주변에 도자기로 된 잔을 깔아 이른바 기석(基石)을 만든다. 종강현(從江縣) 고증(高增)에서는 관을 야외에 두었다가 마을의 동년 동배가 사망하기를 기다려 함께 매장하는 풍속도 있으며, 변사자는 화장한다.

태족(傣族)의 장례풍습은 매장을 위주로 하고, 화장도 하며, 일부 지역에서는 천장 혹은 수장(水葬)을 한다. 태족은 임종 전 친척을 통해 스님을 불러와 염불을 외우게 하며, 절에서 노란 천을 가져와 임종 후 망자의 몸에 덮어준다. 사람이 운명하면 가족과 친척들은 머리를 씻고, 옷을 갈아입는다. 여자가 죽으면 가장 좋은 치마를 입히고, 손 장식품을 끼워준다. 시신은 흰 천으로 싸고, 관 밑과 관 뚜껑에 흰 천을 편다. 관은 나무나 참대로 만들며, 위와 아래가 바람이 통하게 되어 있다. 입관한 후 스님이 망자를 위해 염불을 외운 후 매장하며, 봉분을 만들지 않는다. 관을 실은 수레 앞뒤에 밧줄을 매고, 그 밧줄을 앞뒤에서 당기는데, 앞에 맨 밧줄을 쥔 사람이 많기에 수레는 그냥 앞으로 굴러 화장터로 간다. 화장이 끝나면 납골을 항아리에 넣고, 사찰에 두었다가 매장한다. 매장하는 날 온 마을 사람들은 하얀 옷을 있고 제사를 지낸다. 수장은 대체로 살해되었거나 질병으로 사망했거나 어려서 요절한 망자에게 행한다. 일반적으로 강변과 가까운 곳에 있는 부락들에서 수장을 한다. 천장을 하는 경우는 아주 드물며, 천장을 할 때에는 망자의 사지를 떼서 야외에 놓아 새나 짐승들이 먹게 한다.

경파족(京頗族)의 장례풍습은 주로 매장을 하나, 피살·싸움으로 인한 사망 등 비정상적인 사망일 경우 화장한 후 납골을 땅에 묻는다. 영아나 어린이가 죽으면 천장을 한다. 천장을 할 때는 죽순으로 만든 옷으로 시신을 싸서 나무 위에 걸어 놓는다. 정상인이 사망했을 경우 가족들은 밖에 나가 총을 쏘아 마을사람들에게 사망소식을 알려 도움을 청한다. 청년 남녀들은 상가 집에 모여 밤을 새워가며 목곤과(木滾戈)라는 춤을 추면서 망인을 추모한다. 묘혈을 판 후 동살(董薩)이 매장 날짜를 정하기를 기다리며, 매장 일이 되면, 소·돼지·양·닭을 잡아 제사를 지낸다. 동시에 혼백을 보내는 식을 거행하는데, 동살이 망자의 혼백을 인도해 조상들이 거주했던 곳으로 보낸다.

4) 제례(祭禮)

제례(祭禮)를 길례(吉禮)라고도 하는데, 제사(祭祀)는 신귀(神鬼)에게 길상(吉祥)을 구하는 예의(禮儀)이기 때문이다. 『주례(周禮)』에 '길례(吉禮)는 나라의 귀(鬼)·신(神)·시(示)에게 제사를 지내는 것이다'라고, 인귀(人鬼)·천신(天神)·지시(地示)에게 제사 지냄을 말하고 있다.

천신(天神)은 하늘의 신(神)을 말하며, 그 종류도 많을 뿐만 아니라 등급도 여러 층으로 구분하고 있다. 첫째는 호천상제(昊天上帝)로서 천황대제(天皇大帝)라고도 불렸으며, 천신은 물론 모든 신(神)의 군왕이었다. 호천상제에게는 천자(天子)만이 제사를 드릴 수 있었으며, 제후(諸侯)의 나라에서는 거행할 수 없는 가장 중요한 제사였다. 매년 동지(冬至)에 천자는 수도(首都)의 남쪽에 마련된 환구단(圜丘壇)에 나가서 '인사(禋祀)'로 호천상제에게 제사를 지냈다. 환구단은 태양(太陽)이 양(陽)이므로 양위(陽位)인 남쪽에 설치한 것이며, 천원지방(天圓地方)하다는 우주관에 의해 제천단(祭天壇)인 천단(天壇)은 원형으로 되었다. 또 동지(冬至)에 제사를 지내는 것은 음(陰)이 다되고, 양(陽)이 살아나는 날로 보았기 때문이다.

둘째는 일월성신(日月星辰)으로, 일월(日月)은 태양과 달을 가리키며, 성신(星辰)은 오위(五緯)라고 부르는 금(金)·목(木)·수(水)·화(火)·토(土)의 다섯 별과 십이진(十二辰)과 이십팔숙(二十八宿)을 말한다. 일월성신(日月星辰)에 드리는 제사는 '실시(實柴)'로 한다. 셋째는 사중(司中)·사명(司命)·풍백(風伯)·우사(雨師) 등이 해당되며, 사중(司中)은 종실(宗室)을 관장하는 별이고, 사명은 수명(壽命)을 관장하는 별이다. 이 제사는 '유료(槱燎)'로 지냈다.

천제(天祭)의 방법은 인사(禋祀)·실시(實柴)·유료(槱燎)에서 보듯이 모두 땔감을 태워 연기로 천신(天神)에 뜻을 전달하고자 했으면서도 대상에 따라 모두 다른 방법을 취하고 있음을 볼 수 있다. 인사(禋祀)는 옥(玉)·백(帛)·전생(全牲)을 사용하였고, 실시(實柴)는 백(帛)·분해된 희생(犧牲)을 썼으며, 유료(槱燎)는 분해된 희생(犧牲)만을 사용하였다.

이 외의 천제로 우(雩)가 있다. 우제(雩祭)는 일종의 기우제이며, 정기적으로 거행하는 우제(雩祭)와 가뭄이 깊을 때만 거행하는 우제(雩祭)로 구분된다. 정기적인 우제(雩祭)는 하력(夏曆) 4월 저녁나절 창룡칠숙(蒼龍七宿)이라는 별이 나타나면 동방(東方)을 향하여 거행한다. 이때는 만물이 소생하므로 적절한 강우(降雨)가 기다려지는 계절이다. 우제(雩祭)는 천자·제후, 모두 거행할 수 있는 제례이며, 천제가 거행하는 우제는 하늘에 제사하므로 대우(大雩)라 하고, 제후는 경내(境內)의 산천(山川)에 제사하므로 우(雩)라 한다. 대우(大雩)는 남교(南郊)에 단(壇)을 쌓고, 성악(盛樂)·가무(歌舞)로 거행하므로 무우(舞雩)라고도 한다. 우제의 대상은 상천(上天)과 모든 수원

(水源)인 산천백원(山川百源)이 된다.

지시(地示)는 첫째는 사직(社稷)·오사(五祀)·오악(五岳)에 혈제(血祭)를 거행한다. 혈제(血祭)란 희생의 피를 땅에 흘러가게 함으로써 지신(地神)에게 그 뜻을 전하는 것이다. 사직(社稷)은 토지(土地)와 곡식(穀食)의 신(神)이고, 오사(五祀)란 오행(五行)의 신이고, 오악(五岳)은 동악(東岳)인 대종(岱宗, 泰山)·남악(南岳)인 형산(衡山)·서악(西岳)인 화산(華山)·북악(北岳)인 항산(恒山)·중악(中岳)인 숭산(嵩山)을 말한다.

둘째는 산림(山林)·천택(川澤)에 이심(貍沈)을 이용한 제사이다. 산림에 지내는 제사를 이제(貍祭)라 하고, 천택에 지내는 제사를 심제(沈祭)라 한다. 이제(貍祭)는 이(貍)를 '매'라고도 하기 때문에 매(埋)를 대신하여 사용한 것으로 희생·옥·비단 등을 땅에 묻어서 토지와 산천의 신에 대해 제전(祭奠)의 뜻을 나타낸 것이다. 또 심제(沈祭)는 심(沈)과 침(沉)이 같이 쓰이므로 희생·옥·비단을 깊은 천택(川澤)에 넣는 것으로 제전(祭奠)의 뜻을 전하고자 하였다. 『주례(周禮)』에 의하면 천자(天子)와 군왕(君王)은 교제(郊祭)를 거행한 뒤에 다시 오악(五岳)·사독(四瀆)·사진(四鎭)에 망제를 지냈다. 사독(四瀆)이란 장강(長江)·황하(黃河)·회수(淮水)·제수(濟水)의 4대강을 말하며, 사진(四鎭)은 양주(揚州)의 회계산(會稽山)·청주(青州)의 기산(沂山)·유주(幽州)의 의무려(醫無閭)·기주(冀州)의 곽산(霍山)을 말한다. 이와 같이 오악·사독·사진은 모두 서로 멀리 떨어져 있기 때문에 모두 순회하면서 제사를 거행할 수가 없었다. 그러므로 궁성의 사교(四郊)에 단(壇)을 설치하고는, 그 단에 올라 멀리

바라보는 것으로 제사를 대신하는 것을 망제(望祭)라 하였다.

셋째는 사방백물(四方百物)에 벽고(疈辜)를 사용하는 제사이다. 사방백물이란 사방의 모든 사물을 관장하는 작은 신(神)으로서, 창문인 호(戶)·부뚜막인 조(竈)·처마인 류(霤)·대문인 문(門)·출입의 행(行) 등 오사(五祀)를 말한다. 또한 벽(疈)이란 희생의 가슴을 가르는 것을 말하고, 고(辜)란 벽(疈)을 더욱 분해한 것을 말한다. 『예기(禮記)』에 의하면 봄에는 호(戶)·여름에는 조(竈)·중앙에는 류(霤)·가을엔 문(門)·겨울엔 행(行)에 제사를 지냈다고 한다.

인귀(人鬼)의 제사(祭祀)로 중요 대상은 조상이다. 제사는 반드시 사당(祠堂)에서 지냈으며, 주제(周制)에 의하면 천자(天子)는 칠묘(七廟)·제후(諸侯)는 오묘(五廟)·대부(大夫)는 삼묘(三廟)·사(士)는 일묘(一廟)가 있으며, 춘하추동(春夏秋冬)의 제사로 약(禴)·사(祠)·상(嘗)·증(烝)을 거행하였다. 이 제사의 명칭은 문헌에 따라 조금씩 달라서, 봄 제사인 약(禴)은 약(礿)이라고도 표기 하였으며, 여름제사인 사(祠)는 체(禘)라고도 하였다. 뿐만 아니라 약(禴)을 봄 제사와 여름 제사의 이름으로 혼용하기도 하였으며, 사(祠)를 봄 제사로도 사용하였고, 체(禘)를 정월제사 등의 명칭으로 사용하기도 하였다.

이러한 사시제(四時祭)는 절기가 시작되는 달에 채소와 과일을 사용하여 조상께 제사를 한다. 천자의 경우 사당의 수가 너무 많아 하루에 다 거행하기가 어려워서 특(犆)과 협(祫)을 구분하였다. 특(犆)은 홀로라는 말로 특(特)과 같은 의미로 쓰였으며, 춘사(春祀)로서 각 사당마다 일일이 단독으로 거행하는 제사를 말하고, 협(祫)은 하(夏)·추(秋)·동(冬)의 삼사(三祀)로서 각 사당의 신주(神主)를 태조(太祖)의 사당으로 모시어 합사(合祀)하는 것을 말한다.

2. 민 속

1) 복식(服飾)

중국 고대복식(服飾)의 기본은 상의하상(上衣下裳)이었으며, 의(衣)는 추위와 더위를 가리기 위한 것이었고, 상(裳)은 가리어 보호하기 위한 것이었으므로, 의상의 기원은 신체보호에 있다. 이러한 복장은 크게 몸을 보호하는 옷과 머리를 보호하는 모자와 발을 보호하는 신발로 이루어졌다.

옷은 최초 나뭇잎이나 짐승의 껍질을 몸에 두르는 것으로부터 시작하였을 것이다. 이러한 긴 옷을 허리에 끈을 둘러 묶으면서 상의하상의 형식과 긴 통옷의 형식으로 발전하게 되었다. 이와 같이 긴 통옷을 심의(深衣)라 하였으며, 각종 포(袍)·장삼(長衫)으로 발전하게 되었다. 모자는 관(冠)·면(冕)·변(弁)·책(幘) 등으로 발전하였으며, 신발은 풀을 꼬아서 만든 짚신을 구(屨)라 하였으며, 마(麻) 종류를 꼬아서 만든 미투리를 이(履)라 하였고, 가죽으로 만든 가죽신을 비(扉)라 하였으며, 신바닥에 나무를 대거나 하여 높게 만든 신을 석(舄)이라 하였고, 훗날 신발에 대한 통칭(統稱)으로 혜(鞋)라 하게 되었다.

이러한 복식은 시대의 변천에 따라 추위를 막고, 더위를 가려 주며, 신체를 보호하는 목적을 넘어서 신분의 귀천과 소속 집단을 나타내기에 이르렀다. 하은주(夏殷周) 삼대(三代)는 머리는 묶어서 오른쪽으로 붙인 뒤에 모자를 쓰고, 구(屨)라는 짚신을 신었으며, 상의하상(上衣下裳)과 도포형식의 심의(深衣)에 입는 것이 기본적인 모습이다. 하남안양(河南安陽)에서 출토된 석상(石像)은 머리에 넓고 납작한 모자를 썼으며, 옷깃을 오른쪽으로 여미는 웃옷과 부리를 묶은 바지에 큰 띠를 둘렀고, 앞부리가 뾰족하게 들린 신을 신고 있다. 그러나 일반 서민의 복식은 관리의 복식과는 달리 단(短)·간(簡)·조(粗)·소(素)의 특징을 갖고 있다.

은주대(殷周代)에 이르면 사회계층이 분화되면서 계급 간 복식의 양식·색상·무늬·재질에 있어서 매우 엄격한 차등을 두었다. 주대(周代)의 천자의 예복 중 가장 대표적인 것은 곤복(袞服)과 면류관인 곤면(袞冕)이다. 곤복은 상의는 현색(玄色)인 청색으로 하늘을 나타내고, 하의는 종색(纁色)인 엷은 붉은색으로 땅을 나타내었다. 면류관은 앞부분은 둥글고, 뒷부분은 네모나며, 전저후고(前低後高)하여 '연(延)'이라 하였다. 연(延)의 윗면은 현색(玄色)·아랫면은 종색(纁色)을 하였고, 전후 양면에 12가닥의 유(旒)라 불리는 구슬의 술이 늘어져 있으며, 매 유에는 12개의 오색 옥구슬이 꿰어져 있다. 매 유의 길이는 12촌(寸)으로 어깨에 닿을 정도이다. 연(延)의 앞쪽이 둥근 것은 하늘을 뜻하며, 뒤의 네모진 것은 땅을 나타내고, 12

줄로 드리운 유(旒)는 1년 12개월을 뜻한다.

천자의 곤복(袞服)에는 일(日)·월(月)·성(星)·산(山)·용(龍)·화충(華蟲)·종이(宗彝)·조(藻)·화(火)·분미(粉米)·불(火)·보(黼) 등 12가지의 문장(紋章)을 수놓았으며, 공(公)은 9가지·후(侯)는 7가지·백(伯)은 5가지·사(士)는 2가지의 수를 놓을 수 있었다. 천자의 곤복(袞服)에는 승용(升龍)·강용(降龍)을 모두 수놓을 수 있으나, 공(公)의 곤복(袞服)에는 강용(降龍)만 수놓을 수 있었다. 천자(天子)와 제후(諸侯)의 석(鳥)은 붉은색을 사용하여 '적석(赤鳥)'이라 하였으나, 경(卿)·대부(大夫)·사(士)의 석(鳥)에는 붉은색을 사용할 수 없었다.

뿐만 아니라 각종 예의(禮儀)에 따라 그 입는 복식도 달리 하였다. 즉 천자가 천제(天祭)를 할 때에는 대구(大裘)와 면(冕)을·선왕(先王)께 제사할 때는 곤면(袞冕)을·사직(社稷)에 제사할 때는 희면(希冕)을 착용하는 등과 같이 9종이나 되었다. 그러나 평민들은 비단에 수를 놓고 띠를 두른 심의(深衣)를 입지 못하고, 거친 삼베로 만든 짧은 옷만을 입을 수 있었다.

주대(周代)의 심의(深衣)는 한·진대(漢·晉代)로 오면서 더욱 넓어지는 특색을 나타낸다. 특히 동진(東晉)으로 접어들면 현학풍(玄學風)의 영향으로 평민에 이르기까지 옷은 넉넉해지고, 옷소매가 넓어질 뿐만 아니라 관은 높아지고, 허리띠는 넓어지는 것이 유행이었다. 남북조(南北朝)에 이르면 복식의 유행이 바뀌어 옷은 몸에 맞게 되면서 소매가 좁아지고, 옷섶을 옆으로 트게 하여 활동적으로 변하였다. 한 대(漢代)는 이러한 활동적인 호복풍(胡服風)이 유행을 하게 되었다. 이러한 호풍(胡風)은 민가(民家)뿐만 아니라 궁중에까지 전파되어, 기마궁인(騎馬宮人)들은 모두 호모(胡帽)를 착용하게 되었다. 은주(殷周)의 전통적 복식을 근간으로 하고, 한대(漢代) 복식과 호복(胡服)을 겸비한 당대(唐代)의 이러한 복식은 송(宋)·요(遼)·금(金)·원(元)·명(明)에 이르기까지 지속되었다.

청조(淸朝)는 만주족의 특색을 유지하기 위하여 만풍(滿風)의 복식을 고집하여 역대 조대(朝代)와 많은 차이를 보인다. 가장 대표적인 것으로, 기포(旗袍)·마괘(馬褂)·원형의 테가 있는 가죽 방한모·추형식으로 장식한 양모(凉帽)와 올랍(靰鞡)이라는 가죽신이 있다. 또한 청조(淸朝) 말년에는 서양의 문물이 들어오면서 서양식 복장을 하게 되었다. 청황제(淸皇帝)의 황관(皇冠)은 조관(朝冠)·길복관(吉服冠)·행관(行冠)·상복관(常服冠)·우관(雨冠) 등이 있으며, 이것들은 모두 여름용과 겨울용으로 구분되었다.

주대(周代) 관리의 복식은 모두 면복(冕服)이었고, 색상은 상현하종(上玄下縜)이었으며, 작위(爵位) 등에 따라 차등을 두었다. 작위의 구분은 공(公)·후(侯)·백(伯)·자(子)·남(男)의 5등급이었다. 공(公)의 면류관은 곤면(袞冕)으로 전후로 9줄의 유(旒)가 있으며, 각 유(旒)에는 9개의 옥구슬이 꿰어져 있고, 곤복(袞服)에는 산(山)·용(龍)·화충(華蟲)·종이(宗彝)·조(藻)·화(火)·분미(粉米)·보(黼)·불(黻)의 9문장(紋章)이 수놓아져 있다. 후(侯)·백(伯)의 면류관은 별곤(鷩袞)으로 전후로 7줄의 유(旒)가 있으며, 각 유(旒)에는 7개의 옥구슬이 꿰어져 있고, 곤복(袞服)에는 화충(華蟲)·종이(宗彝)·조(藻)·화(火)·분미(粉米)·보(黼)·불(黻)의 7문장(紋章)이 수놓아져 있다. 자(子)·남(男)의 면류관은 취곤(毳袞)으로 전후로 5줄의 유(旒)가 있으며, 각 유(旒)에는 5개의 옥구슬이 꿰어져 있고, 곤복(袞服)에는 조(藻)·화(火)·분미(粉米)·보(黼)·불(黻)의 5문장(紋章)이 수놓아져 있다.

조조(曹操)의 위조(魏朝) 이후로 청대(淸代)에 이르기까지 관리의 등급을 구품(九品)으로 구분하였다. 당대(唐代)의 관직 또한 구품(九品)으로 나뉘었으며, 21종의 관복이 있었다. 당대(唐代)의 관복은 제사(祭祀)·대혼(大婚) 등의 국가 행사에 입는 예복과 평소 근무복으로 구분되었다. 예복은 면복(冕服)을 하며, 청의종상(靑衣纁裳)이었고, 그 종류는 5종류가 있었다. 즉 1품관(品官)은 곤면(袞冕)으로 9유(旒)·9문장(紋章)을 하였고, 2품관(品官)은 별면(鷩冕)으로 8유(旒)·7문장(紋章)을 하였고, 3품관은 취면(毳冕)으로 7유(旒)·5문장(紋章)을 하였고, 4품관은 치면(絺冕)으로 6유(旒)·3문장(紋章)을 하였고, 5품관은 현면(玄冕)으로 5유(旒)·무문장(無紋章)을 하였으며, 6품관 이하 9품관은 작변(爵弁)으로 무유(無旒)·무문장(無紋章)에 검은 갓끈을 하였다. 평소 근무복은 상복(常服) 또는 연복(讌服)·연복(宴服)이라 하였으며, 품계에 따라 색상과 문양을 달리하였다.

명대(明代)에 오면 호복(胡服)을 금지하였으며, 천지(天地)와 종묘(宗廟)에 제사를 드릴 때를 제외하고는 면복(冕服)의 착용을 금지하였고, 황제(皇帝)·황태자(皇太子)·군왕(群王)을 제외한 관리들의 면복(冕服)은 폐지하였다. 명대(明代) 관복(官服)의 특징 중 가장 두드러진 것은 보복(補服)의 출현이다. 이 보복(補服)은 당대(唐代)의 사복(賜服)에서 유래하였으나, 당대의 사복은 관복으로 정착되지는 못하였다. 보복(補服)은 문무관원(文武官員)을 나타내는 징표로써, 원형 또는 사각형의 천에 수를 놓아 관복의 앞뒤에 붙이며, 문·무(文·武)및 품계(品階)를 나타낸다. 공(公)·후(侯)·백(伯)과 부마(駙馬)와 같은 고위직은 기린(麒麟)과 같은 전설상의 신수(神獸)를 수놓았으며, 문관(文官)은 학·공작 등과 같은 나는 조류를 수놓았고, 무관은 사자·표범 등의 맹수를 수놓았다. 또한 명대(明代)의 황제들은 특별히 공이 많은 대신에게는 가장 융숭한 대우로서 의복을 하사하였으며, 이 하사품을 사복(賜服)이라 하였다. 사복(賜服)의 문양에는 이무기인 망(蟒)과 비어(飛魚)와 북두성·견우성의 두우(斗牛) 등 3가지가 사용되었다.

청대(淸代)의 관복은 관직의 품계에 따라 관모(官帽) 위의 장식과 화령(花翎)이라 불린 공작 깃털장식과 보복(補服)의 문양 등으로 구분하였다. 관모(官帽)의 종류는 조관(朝冠)·길복관(吉服冠)·상복관(常服冠)·행관(行冠)·우관(雨冠) 등이 있다. 청대에서는 망포(蟒袍) 또한 매우 중요한 관복이었다. 망포는 이무기를 그린 포(袍)로써 황제로부터 9품 관리에 이르기까지 그 종류가 다양하다.

2) 음식(飮食)

음식에 대한 습속은 지리와 환경과 종교에 따라 민족마다 다르게 정착되었다. 중국고대음식의 습속(習俗)은, 첫째 식물성 위주로 되어 있다. 중국은 고대로 농업을 위주로 한 국가였기 때문에 식자재 또한 농산물 위주였으나, 가축을 사육하여 동물성 식품도 있었다. 7천여 년 전의 것으로 보이는 장강유역의 하모도(河姆渡) 유적지에서는 이미 논농사의 흔적을 볼 수 있으며, 황하유역에서는 5천여 년 전의 것으로 보이는 탄화된 곡식이 발견되고 있다. 또한 신석기시대의 유적에서는 모두 돼지·소·양 등의 가축 뼈가 출토되고 있는 것으로 보아, 이때 이미 가축을 길렀던 것으로 보인다. 하·은·주 삼대(三代)가 되면, 식물성 음식이 위주이고, 동물성 음식이 보조재로로 정착되었음을 볼 수 있다. 둘째는 익혀먹거나 삭혀먹는 음식이 위주였다. 50여만 년 전의 원시인류인 북경 주구점(周口店)의 유적지의 불탄 자리에서 동물의 뼈와 돌덩이 및 돌조각 등이 다량으로 출토되는 것으로 보아, 당시 원시인류도 익혀먹었을 것으로 추정된다. 또한 원시시대의 도기나 삼대의 동기(銅器) 중에는 음식을 익혀먹는 기구가 많다. 셋째는 젓가락의 사용이다. 넷째는 음식의 맛과 멋과 의미까지 추구하여 예술성을 부여하였다. 그러므로 중국음식은 색(色)·향(香)·미(味)·형(形)·의(意)의 조화를 추구하고 있다. 중국요리는 칼질이 정교하고, 모양이 다양하여 새·짐승·화초 등 아름다운 조각과 같은 형상을 만들어 멋을 낸다. 특히 불의 강약과 시간조절에 따라 그 요리의 色·香·味가 크게 좌우된다.

예로부터 중국인의 음식섭취 목적은 단순히 맛있는 음식을 탐하는 것이 아니라 건강과 장수에 초점을 두고 있다. 이러한 특성은 의식동원(醫食同源)이라는 용어로 설명할 수 있다. 즉 의약과 음식은 본래 그 뿌리가 하나라는 의미로 중국에서는 음식으로 몸을 보신하고 병을 예방하여 치료하고 장수한다는 인식이 보편화되었다. 곰·자라·고양이·쥐·벌레에 이르기까지 독특한 재료를 사용하는 중국요리는 불로장생의 사상과 밀접한 관계를 맺고 발전해 왔다. 또한 동북아시아에서 중앙아시아에 이르는 광대한 영토, 다양한 민족구성은 중국요리가 다채로운 형태와 독특한 맛을 갖게 한 중요한 배경이 되나, 일반적으로 '동쪽은 시고, 서쪽은 맵고, 남쪽은 달고, 북쪽은 짜다'라는 말이 있다. 또 중국인들은 절강요리는 수려한 강남의 미녀와 같고, 산동요리는 소박하고 건강한 북방의 남자와 같으며, 광동요리는 풍류스럽고 우아한 도련님 같고, 사천요리는 내실이 풍부하고 재주가 많은 명인과도 같다고 평하기도 한다.

중국의 주식(主食)으로 쌀과 밀이 있으며, 쌀을 이용한 대표적인 음식으로는 밥·죽·종자(粽子)·볶음밥 등이 있고, 밀을 이용한 대표적인 음식으로는 병(餠)·만두(饅頭)·포자(包子)·교자(餃子)·탕원(湯圓)·국수 등이 있다. 쌀로 만든 음식은 조리방법이나 맛이 우리의 것과 거의 같으며, 주로 장강을 중심으로 한 남부지방에서 주식으로 하였다. 밥은 우리와 같은 방법으로 조리하며, 각종 곡식·야채·열매·어패류 등을 섞어 조리하기도 한다. 죽은 우리의 죽보다 묽게 조리하며, 우리와 같이 다양한 음식물을 첨가하기도 한다. 종자(粽子)는 굴원(屈元)을 기념하기 위해 만들어졌다는 전설이 있는 식품으로, 초기에는 찹쌀과 대추 등을 대나무 통에 넣어서 쪘으나, 근래에는 고엽(菰葉)·동엽(棟葉)으로 싸서 찌며, 주로 단오절에 먹는다. 볶음밥은 우리와 조리 방법이 같으나, 좀 더 기름기가 많다.

밀로 만든 음식은 주로 황하를 중심으로 한 북방지역에서 주식으로 하였다. 병(餅)은 밀가루 음식에 대한 총칭(總稱)이었으나, 소금·기름·향료 등을 넣어 둥글 넙적하게 굽거나 찐 떡을 말하며, 대병(大餅)·소병(燒餅)·증병(蒸餅) 등이 있다. 만두(饅頭)는 만수(饅首) 또는 증병(蒸餅)라고도 하였다. 만두(饅頭)는 소가 없는 것을 말하며, 포자(包子)는 소가 있는 것으로 우리가 말하는 만두이다. 교자(餃子)는 원래의 명칭이 각자(角子)였으며, 쌍각(雙角)의 형태를 띠었으므로 붙여진 명칭이다. 탕원(湯圓)은 탕단(湯團) 또는 원소(元宵)라고도 한다. 국수는 우리의 국수·칼국수와 비슷한 형태를 띠며, 조리법은 다양하다.

중국은 은·주(殷·周)시대에 이미 오미(五味) 조합의 이론이 성립되었으며, 주대에 이르면 팽조(烹調)라고 하여 삶는 요리는 물론이고, 선재(選材)·가공(加工)·조미(調味)·화후(花候)라 해서 불의 세기와 시간에 이르기까지 고정적인 격식이 형성되었다. 주천자(周天子)의 미식(美食)은 120여 종에 달하며, 그중 8가지를 특히 '팔보(八寶)'라 하였다. 송대(宋代)에 이르면 남식(南食)·북식(北食)으로 구분되었으며, 명·청대(明·淸代)에 이르면 이미 요리의 계보가 완성되었다. 지역별로는 사대채계(四大菜系)를 이루고 있으며, 노채(魯菜)·천채(川菜)·월채(粤菜)·회양채(淮揚菜)가 있다.

노채(魯菜)는 산동채(山東菜)라고도 하며, 제남(濟南)·제영(濟寧)·교동(膠東)의 황하유역을 중심으로 발달한 요리이고, 중국 북부지역에 유행하는 북방 요리의 대표격이다. 북경요리도 이 산둥요리를 기본으로 하여 발달했으며, 열효율을 최대한 살려서 하는 조리법이 특징이고, 고온에서 짧은 시간에 익혀야 하기 때문에 볶음요리가 많다. 황하유역은 고대 문명의 발상지로 공자나 맹자 등의 성인을 배출하여 그들의 영향을 많이 받은 요리로, 공부채(孔府菜)라는 요리도 있다.

요리 방법과 재료의 모양

1) 요리 방법을 나타내는 말

　① 炒(chǎo): 제일 광범위하게 사용하는 요리 방법으로 과(鍋guō, 손잡이가 짧은 반구형의 후라이팬)을 뜨겁게 달군 후 식용 유를 넣고 재료를 저어 주면서 볶는 것.

　　* 淸炒蝦仁(qīng chǎo xiā rén, 껍질 깐 작은 새우를 볶은 것)

　② 燒(shāo): 鍋에 식용유를 넣고 끓인 후 재료를 넣어 일차 익히고 다시 별도 준비한 양념류와 국물(또는 물)을 넣어 재료에 침투가 되도록 졸인 것. 붉은 색깔이 난다 하여 紅燒라고도 함.

　　* 紅燒黃魚(hóng shāo huáng yú, 조기 조림)

　③ 烤(kǎo): 반가공된 재료를 爐에서 구워내는 것.

　　* 北京烤鴨(běi jīng kǎo yā, 북경오리구이)

　④ 炸(zhà): 다량의 끓는 기름에서 튀기는 것.

　　* 焦炸鷄腿(jiāo zhà jī tuǐ, 닭다리 튀김.)

⑤ 爆(bào): 鍋에 기름을 넣고 뜨거운 불에 달군 후 일차 가공된 재료를 넣고 빠른 시간 내에 급히 볶는 것.
  * 醬爆鷄丁(jiàng bào jī dīng, 작게 조각낸 닭고기를 일차 가공한 후 양념류와 함께 볶은 것)
⑥ 燉(dùn): 중탕을 하는 것.
  * 人蔘燉鷄湯(rén sēn dùn jī tāng, 인삼과 닭을 중탕하여 끓인 탕)
⑦ 煎(jiān): 전을 붙이는 것(양면). 한 면만 전을 붙이는 것은 貼(tiē)라 하여 구분.
  * 煎鷄蛋(jiān jī dàn, 계란 부침)
⑧ 蒸(zhēng): 찜.
  * 淸蒸紅斑(qīng zhēng hóng bān, 가루파라는 생선 찜)

2) 재료의 모양을 나타내는 말

① 片(piàn): 얇고 넙적한 모양.
  * 洋蔥牛肉片(yáng cōng níu ròu piàn, 소고기편을 양파와 볶은 요리)
② 條(tiáo): 片을 굵고 길게 자른 것.
  * 炸薯條zhà shǔ tiáo(French fry)
③ 絲(sī): 채를 썬 것.(條 보다 가늘게 썬 것)
  * 靑椒肉絲(qīng jiāo ròu sī, 돼지고기 고추 잡채)
④ 丁(dīng): 條를 세로로 짧게 자른 모양
  * 宮保鷄丁(gōng bǎo jī dīng, 닭고기를 마른 붉은 고추, 땅콩 등과 함께 볶은 요리)
⑤ 塊(kuài): 특별한 정형이 없는 비교적 큰 덩어리
⑥ 球(qiú): 구형에 가까운 모양

산동요리의 시발점은 춘추전국(春秋戰國)시대이며, 남북조(南北朝) 이후로 크게 발전하였고, 송대(宋代) 이후부터는 중국 북부지역의 대표적인 요리로, 원(元)·명(明)·청(淸) 삼대 왕조를 거치면서 유파를 이

루었다. 명·청대에 이르러서는 황궁식탁의 주요 요리로 자리잡았다.

산동요리는 크게 나누어 해산물을 재료로 하는 연해안 지역의 교동(膠東)요리와 탕을 주로 하는 제남(濟南)요리 등 2가지가 있다. 특징은 맛깔이 선명 화려하며, 담백하고, 부드러운 색으로 중국인의 구미에 맞다. 제남(濟南)의 요리는 특히 끓는 물에 살짝 데치는 폭(爆)·기름으로 튀기거나 볶은 다음에 다시 국물을 붓고 볶는 소(燒)·튀기는 작(炸)·기름에 볶는 초(炒)가 뛰어나며, 제남(濟南)의 파자대육(把子大肉)·신선압자(神仙鴨子) 등과 교동의 청증가급어(清蒸加級魚)가 유명하다.

북경요리는 산동요리가 발전한 것으로 경채(京菜)라고도 하며, 수도인 북경을 중심으로 남쪽으로는 산동성, 서쪽으로 태원(太原)까지의 요리를 포괄한다. 이곳은 지리적으로 문화의 중심지이기 때문에 궁중요리 등의 고급요리가 발달한 지역이다. 한랭한 기후로 인해 추위에 견디기 위한 고칼로리의 음식이 발달되었으며, 강한 화력을 이용한 튀김과 볶음요리가 일품이다. 요리는 대부분 기름기가 많고 맵고 짠 요리가 많으며, 간장을 별로 사용하지 않으므로 색은 연한 편이다. 대표적인 요리로는 북경 오리통구이와 양고기를 사용하여 만든 칭기즈칸구이 들 수 있다.

천채(川菜)는 성도(成都)의 상하방(上河幇)·중경(重慶)의 하하방(下河幇)·자공(自貢)의 소하방(小河幇)이 유명하며, 산지 요리로서 기름지지 않고, 매운 것이 특징이다. 이 지역은 바다가 멀고, 더위와 추위가 심한 곳이므로, 예로부터 이러한 악천후를 이겨내기 위하여 마늘·파·고추 등 향신료를 많이 쓰는 매운 요리가 발달하였다. 또한 내륙 깊은 곳에 있으므로 저장법이 발달되어 소금절임·건물(乾物) 등이 발달하였고, 채소요리가 뛰어나서 개채(芥菜)의 뿌리에 고춧가루를 버무려 담근 김치의 일종인 착채(搾菜) 같은 특산물을 낳게 했다. 그 밖에 두부와 다진 고기로 만든 마파두부(麻婆豆腐)·양고기 요리인 양육과자(羊肉鍋子)·새우고추장볶음인 간소명하(干燒明蝦) 등이 유명하다.

월채(粤菜)는 광동채(廣東菜)라고도 하며, 광동성(廣東省)·복건성(福建省)·광서성(廣西省) 등의 요리를 통칭하고, 광주(廣州)·조주(潮州)·강동(江東)이 유명하다. 이곳은 특히 아열대에 위치하며, 외국과 교류가 많은 지역이라 쇠고기·서양요리의 재료·조미료를 받아들여 이국적인 요리로 발달했다. 해산물이 풍부한 이 요리는 섬세함과 부드러움, 신선함과 매끄러움을 강조한다. 동강지역의 요리는 영양분이 풍부하고 다소 짜다. 대표적인 요리는 구운 돼지고기인 고육저(烤肉猪)·어향육사(魚香肉絲) 등이며, 뱀·개구리·살쾡이·물방개 등도 먹는다.

회양채(淮揚菜)는 양주(揚州)·회안(淮安)·남경(南京)·상해(上海)·소주(蘇州) 등의 요리를 총칭하는 것으로 강절채(江浙菜)라고도 하며, 중부지방의 대표적인 요리이다. 양자강 유역에서 나오는 풍부한 어류와 미곡(米穀), 따뜻한 기후를 바탕으로 이 지방의 특산물인 장유(醬油)를 사용하여 만드는 것이 특징이다. 맛이 비교적 달콤하고, 기름기가 많으며, 진하다. 대표적인 요리로는 동파육(東坡肉)·서호초어(西湖醋魚)·해과자(海瓜子)·용정하인모력갱(龍井蝦仁牡歷羹) 등이 있다.

명절 고유음식은 설에 먹는 교자(餃子)·춘권(春捲)가 있고, 정월 대보름에는 원소병(元宵餠)이 있으며, 단오에는 종자(粽子)가 있다. 추석에는 월병(月餠)이 있으며, 음력 12월 8일에는 납팔죽(臘八粥)을 먹는다. 그 외에도 입춘(立春)에는 봄 떡·입하(立夏)에는 국수·입동(立冬)에는 혼돈(餛飩)을 먹는다.

중국인들은 풍성한 요리와 술상을 차리는 것을 손님에 대한 성의로 보며, 풍성할수록 주객(主客)의 사이가 보통이 아니라는 것을 의미한다. 일반적으로 식사 전에 요리와 함께 술을 마시며, 가득 찬 상태를 좋아하기 때문에 첨작(添酌)을 한다.

주인은 친절과 우의의 표시로 음식을 손수 집어 놔주기도 하며, 손님의 접시에 음식이 비면 더 먹도록 권한다. 또한 담배를 서로 권하는 것도 친밀함의 표시이므로 피우지 못하더라도 권하는 사람의 성의를 최대한 존중하려는 태도를 취하는 것이 좋다. 식사의 순서는 대부분 냉채·야채 볶음요리·고기 볶음요리 순서가 일반적이며, 맛도 뒤로 갈수록 맛깔스럽고, 고급인 경우가 많다. 물고기 요리의 머리는 항상 손님 쪽으로 향하게 하며, 생선을 뒤집어 먹지 않는다.

술의 어원에 대해 육당 최남선 선생은 범어의 수라(Sura: 쌀로 빚은 술)·웅가르 어의 세르(Ser)·달단 어(타타르어)의 스라(Sra)에서 유래되었으며, 조선 말기로 오면서 '술'로 정착되었으며, 일본어의 '사케(酒)'보다는 '시루(汁: 국물)'와 통하는 것 같다고 했다. 옛날 일본말에서 '시루'는 술의 모체인 누룩과 비슷하다. 한편, 술을 마시는 모양이 술술 잘 넘어간다고 할 때의 의성어인 '술술'이 술의 어원이라는 통속어원 학설도 있다. 한말(韓末)의 통속어원 학자 정교는 『동언공략(東言攻略)』에서 순박하고 좋은 술맛 순(醇)에서 비롯되었거나, 손님을 대접하는 수(酬)에서 '술'로 되었던 것으로 보고 있다.

술을 인류가 최초로 만든 것은 과실주(果實酒)였을 것이며, 그중에서도 포도주일 가능성이 매우 높다. 원시인도 처음에는 다른 동물들과 마찬가지로 잡식을 하는 수준이었으나 점차 지혜가 발달하면서 수렵과 채취 생활을 하게 되었고, 수렵이나 채취한 식물이 많을 경우 저장하게 되었으며, 저장해 둔 과일 중에서 발효한 과일을 먹으면 취하게 되었다. 발효된 과일을 먹으면 취해서 보통 때와 다름을 알게 되면서 인위적으로 과일을 발효시켰을 것이고, 그 과일은 바로 탄수화물이 많이 들어 있는 포도였을 것이며, 또한 과일 중에서 포도의 발효 속도가 가장 빨랐기 때문이다.

중국인들은 최초로 곡식으로 술을 빚기 시작한 사람을 하우(夏禹)의 신하 의적(儀狄)과 하우(夏禹)의 6세손 소강(小康)으로 보고 있으며, 소강(小康)을 두강(杜康)이라고도 부르기 때문에 의적(儀狄)과 두강(杜康)을 조주(造酒)의 시조(始祖)라 부른다. 그러나 실제로 5,000여 년 전의 용산문화(龍山文化) 유적지에서 주기(酒器)로 보이는 도기(陶器)가 출토되었으므로 조주(造酒)의 역사는 더욱 오래되었을 것으로 보고 있으며, 하은주(夏殷周) 삼대에는 이미 음주문화(飮酒文化)가 크게 발전하였고, 은(殷)의 주왕(紂王) 때에 주지육림(酒池肉林)이라는 말이 나왔다. 뿐만 아니라 주공(周公)은 은조(殷朝)가 과도한 음주문화로 붕괴되는 것을 보고, 음주를 절제하도록 하기도 하였다. 그러므로 주기(酒器)는 하은주(夏殷周) 삼대의 유물 중에서 주대(周代)의 것이 가장 적다.

한자(漢字)에서 술을 나타내는 주(酒)의 옛글자는 유(酉)인데, 유(酉)는 닭·별·서쪽·익는다는 의미를 가지고 있다. 유(酉)자는 본래 밑이 뾰족한 항아리에서 나온 글자이고, 곡식을 이 항아리 속에서 발효시켰을 것이다. 밑이 뾰족한 것은 침전물을 모으기가 편리하기 때문이다. 유(酉)자를 가진 글자는 대개 주(酒), 또는 발효물과 관계가 있는 취(醉)·초(酢)·순(醇)·초(醋)·장(醬) 등의 글자들이다.

음주문화는 나라와 인종과 종교에 따라 많은 차이가 있다. 중국인의 음주문화는 첫째 술잔을 바꾸어 마시지 않는다. 둘째 상대방의 술잔에 술이 가득한 상태로 있게 하기 위해서 계속 부어주는 것이 예의다. 셋째 술 마실 때는 부지런히 상대방에게 권하며, 자기 혼자 잔을 들어 마시는 경우는 없고, 본인이 마시고 싶은 경우에도 상대방에게 먼저 마실 것을 권한다. 넷째 건배(乾杯)와 수의(隨意)를 적절히 활용하며, 술을 즐긴다. 또한 술을 마시지 못하는 경우 자신의 음료수 잔을 들어 상대방에게 술을 권해도 실례가 아니며, 상대방이 술잔을 들어 권할 경우에도 음료수를 마셔도 된다. 다섯째 어두주(魚頭酒)의 관습이 있다. 생선요리가 나오면 생선의 머리를 손님 중

지위가 가장 높은 사람 쪽으로 향하게 한다. 그러면 그 손님은 '어두주(魚頭酒)'라 하여 먼저 한 잔을 비워야 한다.

　중국의 남부에서는 소흥주(紹興酒)와 같은 곡식 발효주(醱酵酒)를 많이 먹어 왔고, 북부지방에서는 발효주를 증류한 고량주(高粱酒)를 마셔 왔다. 흔히 우리나라에서 배갈이라고 부르는 중국술은 백건아(白乾兒)의 중국식 발음이고, 고량주의 한 가지이다. 고량주를 만주 지방에서는 무색투명하므로 백주(白酒)라고 불러 왔으며, 조·수수 등이 원료가 되고, 누룩으로 발효시킨 것을 증류한 것이다. 산서(山西)의 분주(汾酒)·귀주(貴州)의 모태주(茅台酒)·죽엽청주(竹葉淸酒)·사천(四川)의 오량액(五粮液) 등을 가리켜 5대 명주라고 하며, 이들의 알코올농도는 대개 50%～60%나 된다.

　중국의 백주는 세계적으로 유명한 6대 증류주 중의 하나이며, 원료가 다양하고, 술 이름도 노주(露酒)·화주(火酒)·한주(汗酒)·백주(白酒)·기주(氣酒) 등 다양하다. 고량주(高粱酒)·대곡주(大曲酒)·과간주(瓜干酒) 등과 같은 경우에는 원료에 따른 이름이고, 모태(茅台)·분주(汾酒)·경지백주(景芝白酒)·곡부주(曲埠酒)·난릉대곡(蘭陵大曲) 등은 지명에 따른 이름이며, 특곡(特曲)·진곡(陳曲)·두곡(頭曲)·이곡(二曲) 등은 발효기간과 저장시간에 따른 이름이다. 그리고 이과두(二鍋頭)·사룡주(四龍酒) 등은 생산 공정의 특징에 따라 붙여진 이름이다.

　모태주(茅台酒)는 백주(白酒)계열의 장향형주(醬香型酒)에 속하고, 국주(國酒)로 사랑받고 있으며, 270여 년의 역사를 자랑한다. 귀주성(貴州省) 인회현(仁懷顯) 모태진(茅台鎭)이 주산지로 유명하다. 오량

액(五粮液)도 백주계열의 농향형주(濃香型酒)에 속하고, 수수·찹쌀·
쌀·옥수수·밀 등 5종의 곡식과 밀·완두콩을 이용한 누룩으로 발
효시킨다고 해서 오량액(五粮液)이라 하며, 사천(四川) 의빈(宜賓)이
주산지로 유명하다. 맑고 투명한 색·오래 지속되는 향기·부드러운
맛을 자랑하며, 알코올 농도는 60% 정도이고, 처음에는 여러 가지
곡식을 섞어서 만든다 하여 잡량주(雜粮酒)라고도 불렀다. 분주(汾
酒)는 백주계열의 청향형주(淸香型酒)에 속하고, 1,500년의 역사로
인해 중국 명주(名酒)의 비조(鼻祖)로 인정받고 있으며, 산서성(山西
省) 분양현(汾陽顯) 행화촌(杏花村)이 주산지로 유명하다. 술의 맑고
투명한 색·좋고 오래가는 향·뛰어난 술맛으로 색·향·맛의 삼절
(三絶)로 불리며, 알코올 도수는 61~65% 정도이다. 고정공(古井貢)
은 농향형주(濃香型酒)에 속하고, 안휘성(安徽省) 호현(亳顯)이 주산
지로 유명하며, 이 술은 황제에게 바쳐진 술이라 고정공이라 불리게
되었을 뿐만 아니라, 호현이 조조(曹操)의 고향으로도 유명하다. 서
봉주(西鳳酒)는 섬서성(陝西省) 봉상현(鳳翔顯) 유림진(柳林鎭)이 주
산지로 유명하다. 서주(西周) 초기, 기산(岐山)에 봉황새가 날아와서
울었다 하여 봉상군(鳳翔郡)으로 이름지었고, 당대(唐代)에는 봉상부
(鳳翔府)로 바꾸었으며, 세칭 서부봉상(西部鳳翔)이라 불리면서 서봉
주(西鳳酒)라 이름지어졌다.

백주(白酒)의 향기 유형은 크게 5가지가 있으며, 향기유형은 주로
생산 공정·발효·설비 등 조건에 의해 결정된다. 첫째 장향형(醬香
型)은 모향형(茅香型)이라고도 하며, 모태주(茅台酒)를 대표로 하는
대곡주(大曲酒)의 유형이다. 둘째 농향형(濃香型)은 노향형(瀘香型)·오

량액향형(五糧液香型)이라고도 하며, 노주특곡(瀘州特曲)·오량액주(五糧液酒)를 대표로 하는 대곡주(大曲酒)의 유형이다. 셋째 미향형(米香型)은 밀향형(蜜香型)이라고도 하며, 계림산패삼화주(桂林山牌三花酒)를 대표로 하는 소곡주(小曲酒)의 유형이다. 넷째 청향형(清香型)은 분향형(汾香型)이라고도 하며, 분주(汾酒)를 대표로 하는 대곡주(大曲酒)의 유형이다. 다섯째 기타 향형(香型)은 혼합향형(混合香型)이라고도 하며, 대곡주(大曲酒)의 유형이고, 대표적인 술로는 동주(董酒)·서봉주(西鳳酒)가 있다.

황주(黃酒)는 가장 오랜 역사를 갖고 있는 술이며, 맛이 좋고, 영양이 풍부하여 중국인들이 즐기는 술 중의 하나이다. 황주는 하은주(夏殷周) 삼대에 이미 대량 생산되었으며, 1988년에는 소흥주(紹興酒)가 국가 연회용 술로 지정되었을 정도로 인정받고 있다. 황주의 종류는 원료·양조방법 등에 따라 소흥황주(紹興黃酒)·속미황주(粟美黃酒)·홍곡황주(紅曲黃酒) 등 3종류로 나눈다. 소흥주황(紹興黃酒)는 달지 않은 간황주(干黃酒)에 속하고, 주산지는 절강성(浙江省)의 소흥시(紹興市)이다. 소흥주(紹興酒)의 생산은 연간 16만 톤에 달하며, 가반주(加飯酒)는 품질이 좋고, 오래 저장할수록 그 맛이 독특하기에 소흥주 중에서 제일 유명하다. 산동황주(山東黃酒)는 북방황주의 대표적인 술이며, 묵노주(墨老酒)는 산동성의 전통적인 명주 중의 하나이다. 복건황주(福建黃酒) 중에서 유명한 술로 노주(老酒)·회반주(回半酒)·오월홍(五月紅)·경장주(璟醬酒)·옥액주(玉液酒) 등이 있으며, 그중 복건 노주(老酒)는 240여 년의 역사를 갖고 있다. 난능미주(蘭陵美酒)는 1915년 파나마 국제박람회에서 금상을 수여받았으

며, 1987년 상해에서 거행된 '중국 제1차 황주절(黃酒節)'에서 일등
상을 받았다. 홍주(紅酒)는 황주 종류에 속하며, 중국남방 복건·태
만·절강 등의 지방에서 많이 생산되고 있다. 수주(水酒)는 알코올함
량이 1~2%이며, 색이 연하고, 맛이 담백하여 처음 마실 때는 맛을
느낄 수 없어 익숙하지 않지만 자주 마시면 그 독특한 맛을 느낄
수 있다.

약술은 보건주(保健酒)라고도 하며, 여러 가지 약재를 넣어 양조
하였으므로, 향과 맛이 특별하다. 죽엽청주(竹葉淸酒)는 역사가 길
고, 독특한 맛으로 유명하다. 산서성 행화촌 분주(汾酒) 공장에서 생
산하는 죽엽청주가 가장 유명하다 금파주(金波酒)는 14가지 중국 약
재를 넣어서 제작하며, 알코올 농도는 40%이고, 당도가 10%이다.
오가피주(五加皮酒)는 절강(浙江)의 유명한 술이다. 오가피주는 약재
를 가공하여 제작한 술이며, 적색과 백색 두 가지로 나뉘고, 20여
종의 약재를 배합하여 제조한다.

차(茶)는 식사 후나 여가 때에 즐겨 마시는 기호음료를 말하나, 엄밀
하게 말하면 산다화과(山茶花科)에 속하는 상록관엽수인 차나무의 어
린잎을 따서 가공하여 만든 것을 말한다. 전통적인 차는 차나무의 순
(筍)이나 어린잎을 4월 20일 곡우(穀雨)부터 5월 6일 입하(立夏)까지
봄철에 채취하여 발효를 방지시킨 녹차가 있으며, 완전히 발효시킨
홍차(紅茶)가 있고, 반쯤 발효시킨 반발효차(半醱酵茶)도 있다. 차나
무는 목본식물로써 야생교목형이며, 높이가 15~30m·뿌리 윗부분의
둘레는 1.5m 이상이고, 수명은 수백 년 혹은 천 년 이상이 된다.

```
차선십덕(茶扇十德)
唐 劉貞一

① 우울한 기분을 가시게 한다.
② 졸음을 없앤다.
③ 기력을 솟게 한다.
④ 병을 제거한다.
⑤ 예절을 지키게 한다.
⑥ 경의를 표하게 한다.
⑦ 맛을 즐긴다.
⑧ 몸을 다스리게 한다.
⑨ 마음을 아름답게 한다.
⑩ 도리를 생활에 옮긴다.
```

중국의 다신(茶神)이라 불리는 당대(唐代)의 육우(陸羽)는 『다경(茶經)』에서 차(茶)는 남방의 가목(嘉木)이며, 차를 마시기 시작한 것은 신농씨(神農氏) 때부터라고 말하였다. 또한 『화양국지(華陽國志)』라는 책에서는 주무왕(周武王)이 주왕(紂王)을 정벌하니 남방의 작은 나라 파촉(巴蜀)에서 차를 공품(貢品)으로 보내왔다고 하였다. 이 둘의 내용을 살펴보면, 차의 원산지는 파촉 일대의 남방이며, 주초(周初)에 중원으로 들어와 마시기 시작하였음을 알 수 있다. 차를 『이아(爾雅)』에서는 가(檟)로 표기하고 있으며, '고다(苦荼)'라고 설명하고 있다. 본래 가(檟)와 차(茶)는 동음(同音)에서 분리된 것이며, 육우가 『다경(茶經)』에서 가(檟)를 버리고, 차(茶)라 기록하기 시작하였다.

진·한(秦·漢)에 이르면 이미 차를 음료로 사용하게 되었으며, 당대(唐代)에 들어서게 되면 지방의 작은 소도시까지 차관(茶館)이 들어섰다. 명·청(明·淸)대에 이르면 차를 재배하는 기술이나 차를 제조하는 기술이 발달하여, 용단차(龍團茶)·용봉차(龍鳳茶)·석유(石乳)·백유(白乳)·왕액장춘(王液長春)·만춘은엽(萬春銀葉)과 같은 명차(名茶)가 나타나기 시작하고, 허차서(許次緖)의 『다소(茶疏)』·고원경(顧元慶)의 『다보(茶譜)』 등의 전문서적이 나오기 시작하였다.

차를 구분하는 방법은 여러 가지가 있다. 모양을 통해 전차(磚茶)·병차(餠茶)와 같은 덩어리 차가 있고, 잘게 썬 싸락차·가루로 만든 말차(抹茶)가 있으며, 현미차나 화차(花茶)와 같은 섞은 차 및 날 잎차가 있다. 채다(採茶) 시기에 따라 사전차는 경칩 전에, 우전차는 곡우 전에, 명전차는 청명 전에 채취하는 차를 말하며, 홍차, 녹차, 백차는 색깔로 구분한 이름이다. 조다법(造茶法)에 따른 분류로, 작설차(雀舌茶)나 설록차(雪綠茶)와 같이 덖음 차와 볶음차로 구분하는 부초차(釜炒茶)·중국의 일건차(日乾茶)와 같이 햇볕에 말려서 만든 일쇄차(日灑茶)·말차(沫茶)나 전차(煎茶)와 같이 찻잎을 수증기로 쪄서 만드는 증제차(蒸製茶)·오룡차(烏龍茶)나 홍차와 같이 산화효소를 파괴하여 발효시킨 발효차(醱酵茶)가 있다. 이 외에 차의 맛은 토질과 기후의 영향을 받기 때문에 차의 이름에 지명을 딴 것이 많다.

중국인들은 흔히 녹차(綠茶)·홍차(紅茶)·오룡차(烏龍茶)·화차(花茶)·백차(白茶)·긴압차(緊壓茶) 등으로 나눈다. 녹차는 가장 오래된 차 종류이고, 발효차가 아니며, 고온에서 말린 것이기 때문에 원래의 녹색을 유지할 뿐만 아니라 찻물도 녹색으로 우러난다. 명품으로 항주(杭州)의 용정(龍井)·태호(太湖)의 벽라춘(碧螺春)·황산(黃

山)의 모첨(毛尖)·동정호(洞庭湖) 중의 작은 섬인 군산(君山)의 은침(銀針)·사천(四川)의 몽정(蒙頂)·안휘(安徽) 육안(六安)의 과편(瓜片)·하남(河南) 신양(信陽)의 모첨(毛尖)·안휘(安徽) 태평(太平)의 후괴(猴魁)·노산(廬山)의 운무(雲霧)·절강(浙江) 이저(頤渚)의 자죽(紫竹)을 중국 10대 녹차라 한다.

홍차(紅茶)는 청대(淸代)에 출현하였으며, 발효차이고, 붉은색을 띠므로 홍차라 하였다. 명품으로 안휘의 기홍(祈紅)·운남의 전홍(滇紅)·호북의 의홍(宜紅)·사천의 천홍(川紅)이 있다. 그중에 기홍(祈紅)·인도의 다지링차·스리랑카의 오스차는 세계 3대 홍차로 꼽힌다.

오룡차(烏龍茶)도 청대에 출현하였으며, 청차(靑茶)라고도 하고, 반발효차이다. 찻잎의 중간은 녹색이나 주변은 홍색으로 변하며, 홍차의 맛과 녹차의 산뜻한 맛이 오래 남는다. 주요 산지로는 복건(福建)·광동(廣東)·대만(臺灣) 등이 있고, 철관음(鐵觀音)·대홍포(大紅袍)가 유명하다.

화차(花茶)는 녹차(綠茶)의 일종이며, 향이 있는 꽃을 함께 찻잔에 띄우면 향과 멋이 어우러지고, 강소(江蘇)·복건(福建)·대만(臺灣) 등의 말리화차(茉莉花茶)가 유명하다. 백차(白茶)는 발효차도 아니고, 덕은차도 아니며, 백색의 융모가 많아 마치 은백색을 띤 듯하여 백차라 한다. 주요 산지로는 복건의 정화(政和)·복정(福鼎)이 유명하며, 백호은침(白毫銀針)·백모란(白牡丹) 등이 유명하다. 긴압차(緊壓茶)는 증기로 찐 뒤에 틀에 넣고 눌러 만들므로 전차(磚茶)라고도 하며, 청전(靑磚)·복전(茯磚)·화전(花磚)·흑전(黑磚)이 있고, 주요 산지로는 운남·사천·호남·호북 등이 유명하다.

중국의 명차는 매우 많으나 그중에서 용정차(龍井茶)는 중국차 중에서도 가장 으뜸으로 치는 차로 청나라 건륭제 때에는 황실에서만 먹을 수 있었던 고급품이며, 항주(杭州)에 있는 용정(龍井)이라는 차밭이 그 특산지이고, 당대(唐代)에 이미 유명하였다. 특히 색취(色翠)·향욱(香郁)·미순(味醇)·형미(形美)하다고 사절(四絶)로 꼽았다.

오룡차(烏龍茶)는 복건성의 무이산(武夷山)에서 나는 것이 가장 고급품이며, 무이산수(武夷山水)라는 상표가 붙어 있는 것이 가장 고급품이다. 은침백호(銀針白毫)는 고원이나 고산지대에서만 자라는 진귀한 차로 옛날부터 황제만 마실 수 있었던 것이다 불로장생의 약초로도 유명하다.

이저자순(顧渚紫筍)은 주로 절강성 장흥현 이저촌에서 생산되며, 그 잎의 색이 자색(紫色)을 띠고, 모양이 죽순 같으므로 붙여진 명칭이다. 이차는 다신(茶神) 육우(陸羽)가 찾아낸 것으로도 유명하고 자순차(紫筍茶)라고도 불리었다. 보이차(普耳茶)는 운남의 특산차로 발효시킨 것이 특징이다. 차의 입을 그대로 말려 파는 것과 차입을 쪄서 벽돌모양의 압축시켜 만든 전차(塼茶) 형태의 두 가지가 있다.

육안과편(六安瓜片)은 편차(片茶), 즉 온 잎을 그대로 만든다. 주산지는 안휘 대별산(大別山)의 육안(六安)·곽산(霍山)·금채(金寨)의 삼개 현이며, 당대(唐代)부터 유명하였다. 대홍포(大紅袍)는 복건 무이산(武夷山)이 주산지이다. 대홍포라는 이름을 얻게 된 유래가 있다. 어느 왕조의 황후가 백약이 무효하게 되었을 때, 황태자가 민간의 비방(秘方)을 얻어 무이산을 찾았다. 무이산에 이르러 어떤 노인에게 길을 물으니, 손가락으로 가리키는 곳은 절벽이었고, 그 절벽

에 차나무가 있었다. 태자는 찻잎을 따서 홍포에 소중히 싸서 돌아
왔으며, 그 찻잎을 다려 마신 황후는 병이 쾌차하게 되었고, 황제는
그 지방에서 나는 차에 대홍포라는 이름을 부여했다는 전설이 있다.

　군산은침(君山銀針)은 호남 동정호의 군산도(君山島)가 산지이며,
희귀종으로 유명하고, 경장옥액(瓊漿玉液)이라는 이름도 있다. 찻잎
이 내부는 황금색을 띠며, 외부는 흰털이 있고, 바늘과 같은 형태를
하고 있다. 찻물은 은행과 같은 노란색을 띠며, 맑고, 투명하다.

　3) 길상(吉祥)

　사람들에게는 누구에게나 길(吉)한 것은 추구하며, 흉(凶)한 것은
피하고자 하는 심리가 있다. 중국인 역시 이와 같은 심리가 형성되
었으며, 특정 사물에 대해 길(吉)한 의미를 부여하게 되었고, 또 추
구하는 마음으로 길상(吉祥)의 물건을 만들게까지 되었다. 당인(唐人)
성현영(成玄英)은 길상(吉祥)에 대해서 '길(吉)은 행복한 일이며, 상
(祥)은 가경(嘉慶)의 증거'라고 설명하고 있으므로, 길상이란 '행복ㆍ유
익ㆍ좋음에 대한 일종의 예시(豫示)ㆍ조짐'이라고 말할 수 있겠다.

　그러면 중국인은 무엇을 행복한 것으로 생각했으며, 어떤 행복을
가장 중요하게 여겼을까라는 질문에, 『상서ㆍ홍범(尙書ㆍ洪範)』은 '오
복(五福)은 첫째 수(壽), 둘째 부(富), 셋째 강녕(康寧), 넷째 유호덕
(攸好德), 다섯째 고종명(考終命)'이라고 밝히고 있다. 물론 이 오복

이외에도 부부상애(夫婦相愛)·가정화목(家庭和睦)·자손번다(子孫繁多)·국태민안(國泰民安) 등을 모두 큰 복으로 여겼다.

수(壽)란 장수(長壽), 즉 오래 사는 것을 말한다. 이것은 황제로부터 평민에 이르기까지 누구나 바라는 것이므로, 진시황은 불로장생의 선약(仙藥)을 구하고자 했으며, 한무제(漢武帝)는 도교를 통하여 성취하고자 하였다. 또한 자생적 종교는 불로장생의 신선(神仙)을 추구하는 도교가 유일하다. 그러므로 수원(壽元)·수안(壽安)·수고(壽考)·수강(壽康)·수락(壽樂)과 같이 수(壽)자가 들어가는 말은 모두 좋은 의미를 갖고 있다. 또한 수연(壽宴)·수주(壽酒)·수도(壽桃)·수국(壽菊)·수송(壽松)·수백(壽栢)과 같이 많은 사물의 명칭에 수(壽)자를 쓰기를 좋아하였고, 수광(壽光)·수주(壽州)·수양(壽陽)·수창(壽昌)·수춘(壽春)·수남(壽南)과 같이 많은 지명에도 사용하였다. 가정에서도 방·가구·의복 등 많은 곳에 도안(圖案)으로 장식하고 있음을 볼 수 있다.

부(富)란 부귀(富貴), 즉 재물이 많고, 관작(官爵)이 높이 됨을 말한다. 사람이 살아가는데 가장 기본적으로 필요한 것이 의식주(衣食住)라면, 의식주가 풍족하여 걱정하지 않아도 될 정도면 복(福)을 받았다 할 수 있을 것이다. 나아가 재물이 풍족하여 남을 도울 수 있으며, 관작이 높아 남의 존경을 받는 것은 누구나 바라는 홍복(洪福)일 것이다. 그러므로 재신(財神)은 중국인이 가장 존중하는 신(神)으로 집집마다 받들고 있으며, 연화(年畵) 중에서 '오자등과도(五子登科圖)'를 가장 좋아하게 되었다. 또한 새해 인사로 오곡풍등(五穀豊登)·금옥만당(金玉滿堂)·초재치보(招財致寶)·공희발재(恭喜發財)·폭죽성성구나송궁(爆竹聲聲驅儺送窮)·대문일개재수진래(大門一開財水進來)와 같은 말과 글을 주고받았다. 출사(出仕)를 하게 되면 봉록(俸祿)을 받았으며, 녹(祿)과 녹(鹿)의 음이 같으므로 사슴은 부귀를 의미하는 길상으로 사랑받았다.

강녕(康寧)이란 건강하고 평안한 것을 의미하며, 수·부(壽·富)를 보완하는 복으로 알았다. 결혼(結婚)·상례(喪禮)는 물론 원행(遠行)·개업(開業)을 할 경우에도 택일을 하여 평안하고, 건강하길 기원하였으며, '불구대부대귀, 지구평평안안(不求大富大貴, 只求平平安安)'이란 말이 있을 정도이다.

유호덕(攸好德)이란 개인의 도덕적 수양을 말한다. 주대(周代) 이후로 천명(天命)사상이 평민에게까지 전파되면서 도덕을 갖춘 사람이야말로 장수(長壽)할 수 있고, 부귀(富貴)할 수 있으며, 강녕(康寧)할 수 있다고 여겼다. 도덕을 갖춘 사람은 천하를 널리 사랑할 수 있으며, 천하의 큰일을 할 수 있다고 여겼으므로, 도덕을 강조한 교훈이 많고, 공자는 '不仁而富且貴, 於我如浮雲'이라고 가르치고 있다. 그러므로 도덕적 수양을 복(福)으로 보게 된 것이다.

고종명(考終命)이란 훌륭히 생을 잘 마쳤다는 의미이다. 생을 마감하는 방식을 매우 중요하게 여겼으므로 장수하면서도 훌륭히 삶을 마칠 수 있는 것을 큰 복으로 여겼고, 비명횡사(非命橫死)하는 것을 큰 불행으로 여겼으며, 지금도 많은 민족의 풍속 중에는 죽음의 형태에 따라 장례를 다르게 지내는 것을 볼 수 있다. 그러므로 자손들이 임종(臨終)하에 고종명할 수 있는 것은 적선(積善)·적덕(積德)의 결과로 보았으며, 인생의 마지막 큰 복으로 여겼다.

사람들은 길상·선복(吉祥·善福)을 추구하는 마음을 각종 사물, 즉 길상물(吉祥物)에 의탁하여 성취하고자 하였다. 길상물의 선택은 첫째 각종 사물의 형태·속성에 따라 길상의 의미를 부여한다. 소나무는 늘 푸르고, 오래 살므로 장수(長壽)·정절(貞節)을 상징하는 길상물이 되었다. 둘째는 음이 같거나 비슷한 경우이다. 어(魚)와 부여(富餘)의 여(餘)는 음이 같으므로, 물고기를 부(富)의 길상물로 인식하였으며, 물고기 중에서도 잉어를 선호하는 이유는 잉어, 즉 이어(鯉魚)의 이(鯉)와 이익(利益)의 이(利)가 서로 발음이 비슷하여 특별히 사랑을 받게 되었다. 셋째는 종교·신화·전설로부터 유래된 것으로, 용(龍)·봉(鳳) 등이 있다. 넷째는 실제 동식물을 추상화 또는 상징화하는 경우로 옥(玉)으로 만든 호랑이·맹호도(猛虎圖) 등이 있다.

용(龍)은 원시씨족사회의 토템에서 발전된 상상의 짐승이며, 용의 원형은 뱀이고, 다양한 짐승의 토템이 결합되어 형성되었다. 중국의 용을 토템으로 지켰던 민족의 복희씨(伏羲氏)와 여왜(女媧)는 인간의 상체와 뱀의 하체로 표현되었으며, 용을 타고 하늘로 오르는 황제(皇帝) 헌원씨(軒轅氏)와 하후씨(夏候氏)도 마찬가지로 사람의 얼굴에 뱀의 몸을 하고 있다. 이것은 뱀을 토템으로 한 화하족(華夏族)이 인접한 타민족을 복속하는 과정에서 뱀은 점점 다른 토템의 성분과 결합되어 용으로 발전하게 된 것이다. 그러므로 용은 머리와 몸체는 뱀이나 사슴의 뿔·낙타의 머리·귀신의 눈·뱀의 등·이무기의 배·물고기의 비늘·매의 발톱·호랑이의 발바닥·소의 귀를 닮게 그리고 있다. 용은 여러 짐승을 합친 모습을 하였을 뿐만 아니라 물속에서도 살고, 하늘로 올라가기도 하며, 변화를 자유자재로 하는 능력을 가진 초자연의 상징이 되었다. 그러므로 권위와 존귀를 한 몸에 지닌 황제를 상징하게 되었고, 용안(龍顔)·용포(龍袍)·용체(龍體)·용필(龍筆)·용거(龍車)·용상(龍床) 등으로 쓰였다. 용을 부귀의 상징으로 보았으며, 비룡(飛龍)·황룡(黃龍)을 최고의 길상(吉祥)으로 여기게 되었다.

봉황(鳳凰)은 신화 속의 신조(神鳥)이며, 모든 새들의 왕으로 인정받고 있다. 수컷을 봉(鳳)이라 하고, 암컷을 황(凰)이라 하며, 암수 구분 없이 봉(鳳) 또는 봉황(鳳凰)이라 부르기도 한다. 봉황 또한 용과 같은 발전과정을 통해 학의 머리·뱀의 목·제비의 턱·거북의 등·물고기의 꼬리를 하게 되었다. 동이족(東夷族)은 대부분 조류(鳥類)를 토템으로 하고 있었으며, 소호씨(少暤氏)와 후대의 순(舜)과 설(契)의 통치를 거치면서 강성해진 동이족이 주변의 뱀·용·호랑이·물고기를 토템으로 하는 민족을 복속하게 되었고, 각 부족의 토템과 결합하면서 봉황으로 발전하게 되었다. 봉황은 덕조(德鳥)로 인식되면서 『산해경(山海經)』에서는 '머리에는 덕(德)·날개에는 의(義)·등에는 예(禮)·어깨에는 인(仁)·배에는 신(信)' 자의 문양이 있고, '자연(自然)을 먹고, 스스로 노래하고, 스스로 춤을 춘다'며, '이 봉황을 보면 천하가 평안해진다'고 하였다. 또한 봉황은 천의(天意)에 통하고, 부귀·고아(高雅)를 상징하는 신조(神鳥)로 숭앙을 받아 왔다. 그러므로 봉황은 황후(皇后)의 상징이 되면서 황후 의복의 문양으로 쓰였으며, 봉연(鳳輦)·봉관(鳳冠)·봉기(鳳旗) 등의 장식이 되었고, 봉자(鳳姿)·봉의(鳳儀) 등의 말이 생겨났다.

기린(麒麟)은 신화 속의 신수(神獸)로서, 수컷을 기(麒)라 하고, 암컷을 린(鱗)이라 하며, 합쳐서 기린(麒麟)이라 한다. 그 모습은 사슴의 몸·소의 꼬리·이리의 꼬리·외뿔·말의 발을 하고 있으며 몸 전체가 황금색의 비늘로 되어 있다고 한다. 기린은 인수(仁獸)로써 그 품성은 살아 있는 벌레도 밟지 않으며, 산 풀은 먹지 않고, 뿔이 있으되 부드러워 다치지 않을 뿐만 아니라 그 울음소리는 매우 조화롭다고 하여 도덕군자(道德君子)의 상징이 되었다. 기린이 인덕(仁德)의 상징이 되면서 기린의 명칭·모습이 즐겨 쓰였다. 황실(皇室)의 족보를 인첩(麟牒)이라 하였으며, 황실의 자손을 인자(麟子) 또는 봉추(鳳雛)라 하였다. 한말(漢末)에는 기린각(麒麟閣)을 두어 비밀문서 보관처로 활용하였고, 황금으로 기린 발을 본떠서 만든 인지(麟趾)를 문무백관에게 선물하기도 하였으며, 청대(淸代)에는 최고무관의 조복(朝服)에 기린을 수놓기도 하였다. 또한 기린은 자손을 주는 신수(神獸)로 추앙받았는데, 이는 공자의 부모가 자손을 얻기 위해 기도할 때 기린이 나타났다는 전설에서 비롯된 것이며, 기린이 점지하여 출생한 공자는 왕이 되었어야 하나 때를 잘못 타고 나는 바람에 소왕(素王)이 되었다고 한다.

거북은 기린(麒麟)·봉황(鳳凰)·용(龍)과 함께 '사령(四靈)' 중의 하나였다. 거북의 모습은 그다지 신령스러워 보이지 않으나, 오히려 추(醜)하게 생겼으며, 생명력이 강하기 때문에 신성시(神聖視)하였고, 길상(吉祥)의 상징이 되었다. 『술이기(述異記)』에서는 '거북이 1천 세가 되면 털이 나고, 5천 세가 되면 신귀(神龜)라고 하며, 1만 세가 되면 영귀(靈龜)가 된다'고 하였다. 『사기(史記)』에서는 '고대에 남방에 한 노인이 살았었는데, 땅이 습기 때문에 네 마리의 거북을 잡아다 침상을 괴었다. 20여 년이 지나자, 노인은 죽었는데, 거북이 네 마리는 여전히 살아 있었다'라고 하였다. 또 『현중기(玄中記)』에서는 '동남쪽에 큰 자라 한 마리가 봉래산(蓬萊山)을 등에 지고 있는데, 그 둘레가 1천 리나 되었다'라고 기록하고 있다. 이와 같이 강인한 힘과 생명력 때문에 그 공적이 천년만년 변함없이 이어가길 바라는 마음에서 비석 받침을 거북이 형상으로 하고, 귀부(龜趺)라 하였다. 또한 한대(漢代)에는 황태자(皇太子)·열후(列侯)·승상(丞相)·대장 군(大將軍) 인(印)의 인뉴(印鈕)를 거북형상으로 조각하게 되었고, 이것을 귀뉴(龜紐)라 하였으며, 금인(金印)의 경우에는 금뉴(金鈕)라 하였다. 당대(唐代) 측천무후(則天武后) 때에는 삼품(三品) 이상의 관원에게는 금귀(金龜)를, 사품(四品)에게는 은귀(銀龜)를, 오품(五品) 이하에게는 동귀(銅龜)를 차고 다니게 하였다. 한무제(漢武帝)는 용 문폐(龍紋幣)·마문폐(馬紋幣)·귀문폐(龜紋幣)를 사용하였다.

　물고기는 부유(富裕)·진급(進級)·희경(喜慶)·행운(幸運)을 상징 하는 길상물(吉祥物)이다. 고대 원시인이 사용하던 도기에서도 이미 물고기의 문양을 볼 수 있으며, 옥어(玉魚)·골어(骨魚)를 볼 수도 있고, 나아가 물고기를 토템으로 숭배하였던 민족도 있다. 물고기를 부유(富裕)·부여(富餘)의 상징으로 여기게 된 데에는 유(裕) 자와 여(餘) 자의 음과 어(魚) 자의 음이 서로 비슷한데서 유래하고 있고, 그중에서도 잉어를 이어(鯉魚)라고 하는데서 이(利)·여(餘)와 음이 비슷하기 때문에 잉어를 가장 귀하게 여긴다. 또한 물고기 중에서는 잉어가 으뜸이며, 오래 묵은 잉어가 용문(龍門)을 뛰어 오르면 용이 된다고 하여 등용문(登龍門)이라는 말도 생겼다. 그러므로 과거시험

장의 정문을 용문(龍門)이라 하였고, 과거에 급제한 사람을 '이어약
용문(鯉魚躍龍門)'이라고 칭송하는 말이 생기게 되었다. 또한 물고기
와 다른 길상물(吉祥物)을 함께 배치시킴으로써 길상의 의미를 나타
내기도 하였다. 즉 연꽃과 물고기를 함께 그리어 '연년유여(連年有
餘)'를 나타내기도 하고, 경(磬)이라는 악기(樂器)에 길(吉)자와 물고
기 두 마리를 그려 넣어서 '길경유여(吉慶有餘)'를 나태내기도 하였
으며, 唐代에는 물고기를 조각한 어부(魚符)라는 신표(信標)를 차고
다녔다.

학(鶴)은 그 자태가 고아(高雅)할 뿐만 아니라 장수하며, 한 번 날
기 시작하면 천여 리를 날 수 있고, 그 소리가 홍량(洪亮)하다. 또한
선학(仙鶴)이라고도 하고, 조류 중의 우두머리로 보았다. 그러므로
역대 문인들은 '학수(鶴壽)·학령(鶴齡)·학산(鶴算)' 등의 말로 장수
(長壽)를 축원(祝願)하는 말로 사용하였다. 그리고 학과 다른 길상물
을 합쳐 축원의 뜻을 나타내기도 하였다. 즉 학과 소나무를 함께 그
리어 '송학장춘(松鶴長春)·학수송령(鶴壽松齡)'을 나타냈으며, 학과
거북을 함께 그리어 '송귀제년(松龜齊年)'을 말하였고, 학과 복숭아
를 함께 그리어 '선학헌수(仙鶴獻壽)'를 의미하기도 하였다. 학은 선
풍도골(仙風道骨)을 하고 있으며, 천년장수(千年長壽)하기 때문에 관
복에 수를 놓기도 하였다.

까치는 좋은 소식을 전해주는 길조(吉鳥)로 유명하다. 아침에 와서
울면 반가운 손님이 온다고 하였으며, 7월 7일에는 견우직녀(牽牛織
女)를 만나게 다리역할을 해주기도 한다고 믿었다. 그러므로 문 앞
에 두 마리의 까치가 춤을 추는 모습을 그려놓고, '희사임문(喜事臨

門)'의 뜻으로 이해하였다.

박쥐는 편복(蝙蝠)이라 하며, 편복(蝙蝠)의 복(蝠) 자와 복(福) 자의 음이 비슷한데서 길상물로 상징되었다. 그러므로 옥으로 박쥐를 만들어 몸에 차고 다니면 '대복수신(大福隨身)'의 의미가 되며, 상점의 문미(門楣)에 박쥐 두 마리가 금전(金錢)을 끌어안은 모습을 조각하여 '쌍복임문·재원곤곤(雙福臨門·財源滾滾)'을 나타내기도 하였고, 민가에서는 박쥐 다섯 마리 중간에 '수(壽)' 자를 써넣어 '오복봉수(五福捧壽)'를 나타내기도 하였다.

소나무는 추운 겨울에도 시들지 않고, 오래 살며, 해안절벽에서도 사는 강한 생명력을 가지고 있다. 뿐만 아니라 진시황(秦始皇)에 의해 나무로서는 유일하게 20급(級) 중 제9등급인 오대부(五大夫)에 봉해지기도 하였고, 송(松) 자는 글자 자체에 이미 작위(爵位) 중의 으뜸이며, 존귀의 의미인 '공(公)' 자를 '十八公'·'木公'와 같이 나타내고 있으므로 더욱 사람들의 사랑을 받게 되었다.

대나무는 고상(高尙)한 품격을 지닌 식물로 보아 군자(君子)로 인식되었으며, 죽(竹)·송(松)·매(梅)를 '세한삼우(歲寒三友)'라 부르고 있다. 『유학고사경림(幼學故事琼林)』에서는 '대나무는 군자라 불리며, 소나무는 대부(大夫)라 불린다'고 하였다. 대나무는 산야의 버려진 땅에서 자라지만 늘 푸르고, 곧으며, 마디가 있을 뿐만 아니라 속이 비어 있는 특성을 가지고 있는데, 늘 푸르고, 마디가 있으며, 견고한 것은 정절을 나타낸다고 보았다. 또한 속이 빈 것은 욕심이 없으며, 겸허한 마음을 나타내는 대도(大道)를 실천하는 것으로 보았다. 그러므로 죽(竹)·송(松)·매(梅)의 세한삼우도(歲寒三友圖)를 즐겨 그리고, 월(月)·수(水)를 추가하여 '오청도(五淸圖)'를 사랑하고, 죽(竹)·송(松)·난(蘭)·훤(萱)·수석(壽石)을 함께 그려 오서도(五瑞圖)라 하기도 하였다. 훤(萱)은 원추리라고도 하며, 망우초(忘憂草)라고도 하고, 남의 어머니를 나타내어 훤당(萱堂)이라고도 하는 식물이다.

매화는 봄의 전령이며, 아직 추운 날씨임에도 향을 풍기어 사람들의 사랑을 받았다. 매화는 가지가 많지도 않고, 말랐으며, 추위에 강할 뿐만 아니라 생기가 발랄하다. 특히 눈이 내리는 때에도 꽃을 피운 설중매(雪中梅)는 더욱 사랑을 받았다. 그러므로 매화는 길상의 꽃으로 인정받았으며, 군자의 기개를 상징하였고, 굳은 정절을 나타내기도 하였다.

복숭아는 나무·꽃·가지·열매가 모두 벽사(辟邪)·피사(避邪)·구귀(驅鬼)·태평길상(太平吉祥)·축복경수(祝福慶壽) 등의 의미를 내포하고 있다. 고대에는 복숭아나무를 불노장생(不老長生)의 선수(仙樹)로 보았다. 신화에는 구층(九層) 하늘인 구소(九霄) 위에 있는 천궁(天宮)의 요지(瑤池)에는 서왕모(西王母)의 반도원(蟠桃園)라는 복숭아밭이 있으며, 그곳에는 3천 년마다 익는 복숭아를 먹으면 신선의 도를 깨닫고, 6천 년마다 익는 복숭아를 먹으면 신선이 되어 구름을 타고 하늘을 날 수 있으며, 9천 년마다 익는 복숭아를 먹으면 천지와 같이 장수하게 된다고 하였다. 또한 황제(皇帝)는 해마다 복숭아나무로 인형을 만들어 문 위에 걸어 둠으로 사악한 기운을 몰아내었으며, 전국시대 이후로는 도부(桃符)로 벽사(辟邪)의 풍속이 있었고, 도장을 만든 도인(桃印)으로 선물을 하기도 하였다. 법사(法師)·도사(道士)는 도목궁(桃木弓)·도목검(桃木劍)을 만들어 법기(法器)로 사용하였으며, 요귀(妖鬼)를 제어하기도 하였다. 복숭아꽃은 벽사(辟邪)·시복(示福)의 길상의 꽃으로 인식되었으며, 복숭아는 선도(仙桃)·수도(壽桃)라 하여 장수(長壽)의 과일로 인식하였다.

모란(牡丹)은 색(色)·향(香)·운(韻)이 뛰어나서 중국인이 가장 사랑하는 꽃이며, 당대(唐代) 이후로 존귀(尊貴)·영화(榮華)·행복(幸福)·번영(繁榮)·창성(昌盛)의 상징으로 인식되었고, '꽃 중의 꽃'·'천하제일의 향(香)'이라 칭송하여 왔다. 당현종(唐玄宗)이 특별히 모란을 좋아하면서 장안에는 모란이 크게 유행하였으며, 당풍(唐風)을 계승한 송대(宋代)에서도 모란을 좋아했으므로 낙양은 모란의 고장이 되었다.

정(鼎)은 청동기(靑銅器)이고, 가장 중요한 제기(祭器)였으며, 삼족양이(三足兩耳)의 원통형이다. 많지는 않으나 사족양이(四足兩耳)의 방형(方形)인 경우도 있다. 크기는 일정히 않아 손바닥에 올려놓을 수 있는 것으로부터 길이 110㎝·폭 78㎝·높이 130㎝ 크기의 것도 있고, '함우정(函牛鼎)'과 같이 소 한 마리가 들어갈 수 있을 정도의 크기인 것도 있다. 이러한 정(鼎)은 국가의 길상(吉祥)을 상징하며, 국가의 중신(重臣)을 정신(鼎臣)·삼정승(三政丞)을 정좌(鼎坐)·명문거족(名門巨族)을 정족(鼎族)·뛰어난 재주를 가진 사람을 정능(鼎能)이라 부르기도 하였다.

검(劍)은 고대 신앙에 있어서 요귀를 치고, 악귀를 물리치며, 평안을 보호하는 영기(靈器)로 인식하여 보검(寶劍)이라고도 하였다. 검(劍)은 도(刀)와 달리 실제적인 병기(兵器)라기보다는 지휘(指揮)를 하고, 군령(軍令)을 내리는 권위의 상징이었다. 그러므로 민가에서는 복숭아나무나 창포나무로 검의 형태를 만들어 집안에 걸어 벽사(辟邪)를 기도하였다.

옥(玉)은 현진(玄眞)이라고도 하였으며, 차갑고, 광택이 있는 미석(美石)이다. 옥으로 만든 각종 물건을 옥기(玉器)라고 하며, 귀한 길상물(吉祥物)이었고, 남녀노소 누구나 패용하여 구사(驅邪)·구복(求福)·시례(示禮)를 한다. 또한 옥은 천자·제후·경대부의 모자나 의복을 장식하는 데 사용하였으며, 조정에서 조회 때 신물(信物)로 신하가 잡고 있기도 하였고, 신물로는 규(圭)·장(璋)·벽(璧)·종(琮)·호(琥)·황(璜) 등의 육서(六瑞)가 있다. 규(圭)는 신분에 따라 왕은 진규(鎭圭)·공(公)은 환규(桓圭)·후(侯)는 신규(信圭)·백(伯)은 궁규(躬圭)·자(子)는 곡벽(谷璧)·남(男)은 포벽(蒲璧)을 잡았다. 옥은 신분·지위·권력의 표식이었으며, 불로장생의 길상물(吉祥物)로 쓰였고, 제물(祭物)·부장품(副葬品)·진공품(進貢品) 등으로 사용되었다.

폭죽(爆竹)은 포장(炮仗)·폭장(爆仗)·폭간(爆竿)으로도 불리었으며, 거사경희(祛邪慶喜)의 길상물이다. 폭죽은 선진(先秦) 때부터 이미 천지(天地)·귀신(鬼神)에 제사할 때나 뜰에서 화톳불을 놓을 때 사용하였다. 송대(宋代)에 이르러 화약이 발명되면서 포장(炮仗)·폭죽(爆竹)이라 불리었으며, 민가에까지 보급되었다. 폭죽은 설날에 터뜨려 벽사(辟邪)·피사(避邪)·경희(慶喜)를 나타내었으며, 청대(淸代) 이후로는 연방(連放)하게 되면서 편폭(鞭爆)이라고도 하였고, 모든 경축에 사용하게 되어 흥왕편(興旺鞭)이라고도 하였다. 폭죽은 붉은 종이로 포장하였으므로, 연방(連放)하게 되면 온 뜰이 붉게 되며, 이를 '만당홍(滿堂紅)'으로 표현하게 되었고, 이것은 '길하고 상서로운 기운이 집안 가득하고, 재물이 강물 흐르듯 콸콸 들어오며, 나날이 불꽃같이 일어나라(兆示吉祥滿堂, 財源滾滾, 日子火紅)'는 의미를 갖게 되었다.

4) 절기(節氣)

옛 기록에 의하면 요·순(堯·舜)시대에 이미 일(日)·월(月)·성(星)·신(辰)의 변화를 관찰하여 사시(四時)를 정하였다. 이와 같이 절기(節氣)는 일월성신(日月星辰)의 변화인 천상(天象)과 춥고·덥고·따뜻하고·시원한 날씨의 변화인 기상(氣象)과 동·식물이 기상의 변화에 따라 적응해 가는 물상(物象)의 법칙을 찾아 연·월·일의 역법(曆法)을 찾아내게 되었다. 하대(夏代)에는 이미 하력(夏曆)이라 불리는 역법(曆法)을 만들었으며, 진·한대(秦·漢代)에는 24절기(節氣)를 만들었다. 추위와 더위의 주기를 찾아 연(年)을 정했으며, 날씨의 변화를 따라 춘하추동(春夏秋冬)을 정하고, 그에 따른 입춘(立春)·춘분(春分)·입하(立夏)·하지(夏至)·입추(立秋)·추분(秋分)·입동(立冬)·동지(冬至)의 8개 절일(節日)을 찾아내게 되었다. 달의 변화에 따라 월(月)을 구분하였으며, 그 변화의 주기를 계산하여 일(日)을 정하였다.

매월(每月)의 삭일(朔日)을 초하루로 하여 상일(上日) 또는 원일(元日)로 하였고, 정월의 삭일을 원단(元旦)이라 하여 일 년(一年)을 시작하는 첫날로 정하였다. 그리고 달이 가장 둥글게 되는 매월의

15번째 날을 망일(望日)이라 하였으며, 정월 15일의 상원(上元)·7월 15일의 중원(中元)·10월 15일의 하원(下元)을 삼원(三元)이라 하였고, 정월 15일이 첫 번째 망일(望日)이므로 특별히 원소절(元宵節)이라 하였으며, 8월 15일을 중추절(中秋節)이라 하였다.

원단(元旦)은 음력(陰曆) 정월 초하루를 말하며, 춘절(春節)·과년(過年)이라고도 한다. 원단(元旦)은 원래 사(蜡)라는 제사였으며, 농사를 마친 뒤에 풍성한 추수를 할 수 있게 도와준 모든 신(神)에게 감사함을 표시하고, 새해에도 풍년이 들 수 있도록 도와달라고 기원하는 제사였다.

원(元)은 일(一)을 말하고, 단(旦)은 아침을 말하며, 1월을 원월(元月) 또는 정월(正月)이라 하였으므로 원단(元旦)은 정월 초하루를 말하며, 일 년의 첫 날을 말하는 것이다. 1911년 이전까지는 음력 12월을 납월(臘月)·음력 정월 초하루를 원단(元旦)이라 하였으며, 납월(臘月) 마지막 날을 제석(除夕)이라 했고, 과년(過年)은 제석(除夕)으로부터 원단(元旦)까지를 말하였으나, 현재는 양력 정월 초하루를 원단이라 하고, 음력 정월 초하루는 춘절(春節)이라 한다.

원단(元旦)의 주요 행사로는 조상에 대한 제사가 있으며, 춘련(春聯)·연화(年畵)·복(福) 자를 준비하고, 폭죽 터뜨리기·섣달 그믐날 밤새기·세배하기가 있다. 설 준비를 위해서 섣달 초팔일이 지나면서 집집마다 제수용품(祭需用品)으로 돼지를 잡는데, 이를 '살년저(殺年猪)'라 한다. 그러므로 '아가야, 아가야, 울지 마라, 납팔(臘八)이 지나면 바로 돼지를 잡을거다'라는 속요가 있을 정도이다. 그 외에도 증연고(蒸年糕)라는 설 떡 찌기·물만두 빚기 등이 있다.

새해를 맞아 축복하기 위하여, 집집마다 춘련(春聯)과 복(福) 자를 붙인다. 복(福) 자는 거꾸로 붙이고, 춘련은 글자 수와는 관계없이 대우(對偶)·평측(平仄)·길상(吉祥)에 맞추어 우측이 상련(上聯)·좌측이 하련(下聯)으로 하여 대문에 붙인다. 춘련(春聯)은 도부(桃符)를 문 위에 걸던 풍속이 발전한 것이고, 동한(東漢)에 이르면 귀신을 쫓아낸다는 신다(神茶)와 욱루(郁壘)의 형상을 복숭아나무에 새겨서 대문의 양쪽에 걸었으며, 오대(五代)의 후촉(後蜀)에 이르면 그림 대신 두 신의 이름 또는 축복의 내용을 복숭아나무에 적어 대문 양쪽에 건 것으로부터 유래하였다. 일설에는 5대(五代)의 후촉(後蜀)의 궁궐 문에 '원·형·리·정(元·亨·利·貞)'이라는 네 글자가 새겨져 있으며, 태자가 궁문(宮門)에 '천추여경, 지접장춘(天錐餘慶, 地接長春)'이라는 여덟 글자를 썼던 것으로부터 유래되었다고도 한다.

섣달 그믐날 밤에는 전 가족이 다 모여서 조상께 제사를 드림으로써 조상의 은혜를 기린다. 제사가 끝나면 웃어른에게 고두(叩頭)로 배년(拜年)이라는 세배를 하며, 어른은 붉은 실로 엮은 엽전(葉錢)을 압세전(壓歲錢)으로 준다. 이 압세전(壓歲錢)은 벽사(辟邪)의 의미로 주던 것이나 후일 홍포(紅布)로 변하였다.

자정이 되면 신구(新舊) 이 년(二年)이 교차되는 시각이므로, 뜰에 재물을 뿌려 놓고, 편포(鞭炮)를 터트리며 재신(財神)을 맞는다. 이 폭죽을 터트리는 데에는 다음과 같은 전설이 있다.

고대에 '년(年)'이라는 괴물이 있었는데, 머리에는 뿔이 났으며, 매우 흉악하였고, 깊은 바다에 살았다. 그 괴물은 해마다 섣달 그믐날이 되면 물속에서 나와 가축을 잡아먹고, 사람을 해치곤 하였다. 그러므로 해마다 섣달 그믐날이면 사람들은 모두 그 괴물을 피해 깊은 산속으로 도망치곤 하였다. 그러던 어느 해, 한 노인의 지시로 문에는 붉은 종이를 붙이고, 집안을 온통 밝게 불을 켜놓았으며, 뜰에서는 대나무를 태워 '탁탁'하는 소리를 냈다. 예년과 같이 섣달 그믐날 밤이 되자 그 괴물이 마을에 나타났으나 당황하여 멈칫멈칫하고 있었다. 이때 뜰에서 붉은 두루마기를 입은 노인이 큰 소리로 웃고 있는 모습을 본 그 괴물은 크게 놀라 허겁지겁 도망가고 말았다. 원래 그 괴물은 붉은색과 밝은 불빛, 그리고 튀는 소리를 가장 두려워하였다. 마을 사람들은 크게 기뻐서 새 옷으로 갈아입고, 서로 찾아다니며, 알리고, 인사를 했다. 이때로부터 해마다 섣달 그믐날이면 집집마다 붉은 글씨로 대련을 붙이고, 폭죽을 터뜨리며, 밤새도록 불을 밝히게 되었다.

폭죽을 터트린 뒤에 둘러 앉아 벽사(辟邪)의 의미가 있는 도소주(屠蘇酒)를 마시고, 교자(餃子)를 먹으며, 수세(守歲)의 의미로 밤을 지새운다. 제석(除夕)의 밤이 지나고, 원단(元旦)의 여명(黎明)이 되면, 대문 밖으로 나와 폭죽을 터트려, 소위(所謂) '개문홍(開門紅), 만당홍(滿堂紅)'하게 한다. 그리고 이웃과 배년(拜年)한다. 이 외에도 주민들은 원숭이 재주와 인형극, 피영극(皮影劇)이라 하는 그림자극을 관람하고, 집단으로 하는 명절놀이로는 사자춤·용춤·앙가아(秧歌兒) 등이 있다.

설맞이를 위한 대청소를 특별히 '소년(掃年)'이라고 하며, '섣달 스무 이렛날 온갖 고질병 다 씻어내고, 스물 여드렛날 온갖 불결한 것 다 씻어낸다'는 중국 속담에서도 볼 수 있듯이, 이는 전염병을 막고, 불길한 징조를 몰아내기 위한 종교의식에서 비롯되었다. 이날 사람들은 벽에 걸려있던 묵은 세화(歲畵) · 창문에 붙어있던 낡은 전지(剪紙) · 대문에 붙어 있던 묵은 대련 등을 떼어 태우고, 제석(除夕) 전에 새것으로 단장해놓는다. 집안을 청소한 뒤에, 사람들은 목욕재계하고 이발을 한다. 이는 오래된 것은 버리고, 새 것을 맞이하는 마음과 일 년 동안의 불운을 제거한다는 의미를 갖는다.

제석(除夕)은 섣달 그믐날을 말하며, 이른 아침부터 집집마다 문신(門神) · 춘련(春聯) · 연화(年畵)를 붙이고, 조상께 제사를 지낸다. 섣달 그믐날 저녁부터 정월 초하룻날 새벽까지 천상계의 모든 신들이 속세로 내려와 인간들의 선과 악을 살피는 시간이라 하여, 집집마다 신들을 위해 제물 바치기에 분주하다. 오후에는 집집마다 삼대종친의 위패를 모셔놓고, 붉은 초를 태우며, 조상께 제사를 지낸다.

날이 어두워지기 시작하면, 아이들이 집집마다 돌아다니며 복신(福神)이 그려진 종이를 판다. 설령 신의 인쇄상태가 좋지 않더라도 이날만큼은 반드시 사는데, 이는 새해에도 남에게 베풀 수 있는 경제적 여유가 있기를 기도하는 마음에서 생긴 것이다.

섣달 그믐날 밤, 사람들은 밤새 잠을 자지 않고 교자(餃子)를 먹는 풍습이 있는데, 밤을 새우는 것을 수세(守歲)라 하고, 신구년(新舊年)이 교차하는 시간을 교자(交子)라 했기 때문에 나이가 바뀌는 시간에 먹는 만두라는 의미로 '갱세교자(更歲餃子)'를 먹었다. 어떤 만두 속에는 동전을 넣고는, 그 만두를 먹는 사람은 일 년간 운수가 좋다고 여겼다.

자정이 되면 웃어른의 지시에 따라 신들을 맞을 준비를 한다. 신상(神像)과 마분지로 만든 지전(黃紙錢), 그리고 섣달 23일 조왕신(竈王神)이 승천할 때 타고가라는 의미로 30㎝ 정도의 종이로 수레나 말을 만든 종이수레와 신(神)에게 기도할 때 바치기 위해 은박지를 엽전 모양으로 오려 만든 종이 엽전인 지원보(紙元寶)를 뜰에서 소나무가지나 참깨 대와 함께 태우며, 폭죽을 터뜨린다.

　원소절(元宵節)은 등절(燈節)·등석(燈夕)이라고도 하며, 새해 첫달의 첫 보름달이 뜨는 밤을 원소(元宵)라 하는데 바로 정월 대보름을 말한다. 원소절은 한대(漢代)부터 유래되었다. 한고조(漢高祖) 유방(劉邦)이 죽자 여태후(呂太后)와 여씨문중(呂氏門中)이 정권을 장악하게 되었으며, 여태후가 죽자 문제(文帝)가 여씨세력(呂氏勢力)을 평정하고, 황제로 즉위한 날이 바로 정월 15일이었다. 해마다 정월 15일 저녁이면 궁을 나와 거닐면서 서민들과 함께 즐겼고, 이날을 원소절로 정했다고 한다.

　수대(隋代)에는 장안을 비롯한 각지에서 해마다 원소절이 되면 거리마다와 횃불을 든 사람·북을 치는 사람·동물 가면을 쓴 사람·여자 옷을 입은 남자 등으로 붐볐다. 당대(唐代)에는 야간통행금지가 엄격했지만 원소절은 예외로 하여 수많은 백성들이 야간에 등불놀이를 하도록 허용했다. 송대(宋代)의 원소절은 성대한 명절이여서 경축행사는 정월 14일부터 18일까지 계속되었다. 수도인 개봉(開封)은 원소절 밤이 되면 등불이 일제히 밝았고, 가장 장관인 것은 무수한 얼음 등불로 산림모양을 만든 '등산(燈山)'이었으며, 등산에는 각종 전설을 그려 넣었다. 정월 대보름날 먹는 음식으로는 '탕원(湯圓)'이 있다. 남방과 북방의 '탕원' 만드는 법과 그 맛은 다르지만 찹쌀가루로 빚어 안에 소를 넣는 것은 어느 지방이나 같다.

용대두절(龍擡頭節)·청용절(靑龍節)은 음력으로 2월 초 이튿날을 말하며, 인전용(引錢龍)이라는 풍습이 있다. 인전용(引錢龍)은 치수(治水)하는 용(龍)의 수에 따라 차 주전자에 돈을 던져 넣고는, 그 차주전자의 물이 우물에 도달할 때까지 흐르도록 한쪽으로 기울이면서 걸었고, 다시 차주전자에 우물물을 담아 집에 이르러서는 나머지 물과 돈을 함께 물독에 뿌리는 것을 말하며, 길상(吉祥)인 용을 집안으로 안내하여 복(福)을 구하고자 하였던 것이다. 이 청용절의 풍속으로 식품의 이름에 모두 '용'자를 붙이게 되었다. 예를 들면 돼지머리 고기를 먹는 것을 '식용두(食龍頭)'라 하고, 국수를 먹는 것을 용의 수염처럼 가는 면을 먹는다는 의미로 '흘용수면(吃龍須麵)'이라 하고, 물만두를 먹는 것을 용의 귀를 먹는다는 의미로 '흘용이(吃龍耳)'라 하고, 국수나 탕을 먹을 때는 '도용미(挑龍尾)' 또는 '도중두(挑衆頭)'라고 하며, 국수와 훈둔(混頓)을 함께 넣어 삶은 것은 '용나주(龍拏珠)'라고 한다.

청명절(淸明節)은 성묘하고, 조상께 제사를 드리는 날이다. 원래 청명은 24절기 중의 하나로 4월 5일 혹은 4일이 되고, 날씨가 따뜻해지며, 만물이 소생하기 시작하여 청명(淸明)이라 하였다. 본래 청명은 명절이 아니었으며, 하루 이틀 전인 한식(寒食)을 명절로 쇠었다. 한식(寒食) 날 불을 금하고, 찬밥을 먹는 습속은 춘추시대(春秋時代) 진(晉)의 개자추(介子推)를 기리기 위한 것으로 전해지고 있으나, 주대(周代)에 이미 존재하고 있었다. 청명절과 한식일은 아주 가까이 붙어 있기 때문에 당대(唐代)부터는 청명절로 합하게 되었다.

청명은 날씨가 따뜻하며, 꽃이 피는 봄이므로 조상에게 제사를 지내고, 성묘하는 외에도 봄놀이하기 좋은 때이다. 비록 현대에는 화장(火葬)이 성행하고 있지만, 고향에 돌아가 성묘하고, 조상께 제사를 지내는 습속은 지금도 계속되고 있다.

단오절(端午節)은 단절(端節)·포절(蒲節)·중오절(重五節)·단양절(端陽節)·천중절(天中節)·천장절(天長節)·오월절(五月節)·여와절(女媧節)·용자절(龍子節)·시인절(詩人節)·여아절(女兒節)·와와절(娃娃節)·용선절(龍船節)·향포절(香包節)·목난절(沐蘭節)·백상절(白賞節)·해종절(解粽節)·종포절(粽包節)이라고도 하며, 단오(端午)라는 말은 당대(唐代)에 비로소 나타났고, 음력으로 5월 5일이다.

진한(秦漢) 이전에는 5월 5일을 상서롭지 못한 악월(惡月) 악일(惡日)로 여겼으며, 벽사(辟邪)의 일환으로 장명루(長命縷)라는 청·적·황·백·흑 등의 5가지 실로 만든 가는 줄을 팔에 걸고 다녔다. 또한 봄이 가고 여름이 오는 것을 상징하는 식품인 각서(角黍)를 먹었는데, 이것이 종자(粽子)로 발전하였다. 또한 약초를 채집하고, 창포(菖蒲)·쑥·석류화(石榴花)·마늘·용선화(龍船花) 등을 매다는 습속이 있었으며, 전갈·독사·도마뱀·거미·지네 등 5독을 없애고, 웅황주(雄黃酒), 주사주(朱砂酒)와 창포주(菖蒲酒)를 마신다. 또한 어린애들에게는 향주머니를 채워주고, 부채를 주어 더위를 극복시키려 하였다.

단오절의 용선경기(龍船競技)는 선진(先秦)의 오월족(吳越族)이 용의 승천을 형상화한 것이며, 효녀 조아(曹娥)와 굴원(屈原)과 연계되어 오늘날까지 이어지고 있다.

전국시대 초나라 대부 굴원이 모함당하여 추방되자, 5월 초닷새
날 그가 멱라강(汨羅江)에 몸을 던져 자살하였다. 그를 기리기 위하
여 대나무 통에 쌀을 넣고, 강물에 던져 제사를 지냈으며, 강에서
배를 타는 것으로 당시 그를 구하려던 모습을 재연하고자 했다. 또
용선(龍船) 경기는 멱라강에 몸을 던진 굴원을 구하기 위해서이고,
오늘날 종자(粽子)를 먹는 것은 물고기들이 굴원의 시신을 다치지
않게 하려고 종자(粽子)를 만들어 강에 뿌린데서 유래했다고도 한다.

음력 7월은 귀신들이 인간 세상을 판치고 다닌다고 보아 귀월(鬼
月)이라 하였다. 그러므로 장사하는 사람들은 장사가 특별히 안 되
는 달이라 생각하였으며, 상점을 이전함에도 귀월은 피해서 하였다.
밤이 되면 빨래가 덜 말랐더라도 꼭 거두는데, 빨래를 계속해서 밖
에 널어두면 귀신들이 입고 다닌다고 보았기 때문이다. 대만(臺灣) 사
람들은 보통 음력 초하루와 보름에 배배(拜拜)를 지내는데, 특히 귀
월(鬼月)의 보름에는 어느 때보다 제상(祭床)을 풍성하게 차려 제사
를 지낸다. 이들의 제상(祭床)을 보면 음식을 직접 만들어 올리는 집
도 있으나 극히 드물고, 거의가 상점에서 사온 과일·과자·라면·음
료수 등을 올리며, 지전(紙錢)을 몇 꾸러미나 태운다. 올린 음식들이
과자 한 상자·음료수 한 짝 등 수량은 많은 편이나, 종류는 다양하
여 식용유와 간장을 올려놓는 집도 있다.

음력 7월 7일은 중국인의 전통적인 '연인절(戀人節)'로서 어떤 사
람은 이날을 걸교절(乞巧節)·칠석(七夕)·여아절(女兒節)이라고도 하
며, 여인들이 가장 중시하는 날이다. 걸교(乞巧)라는 명칭은, 과년한
처녀가 있는 집에서는 저녁에 과일을 놓고, 견우직녀가 은하수에서

만나듯 혼인이 원만히 되기를 기원한 데서 유래하고 있다.

명절날 저녁 사람들은 견우와 직녀가 은하에서 만나는 장면을 보거나, 과수나무 밑에서 몰래 하늘에서 만나 하는 이야기를 들으려 했다. 또한 과일을 정원에 놓고 두 별에 제사 지내는 습속은 옛 사람들이 기념하는 직녀가 여성으로 천 짜는 것을 관리할 뿐만 아니라 과일 생장을 주재하는 여신으로 보았기 때문이다. 또한 여성들은 차·술·신선한 과일·오자(五子, 계원·대추·개암·땅콩·해바라기)·생화·여성의 화장용 화분·향로 등을 준비하고, 고기를 먹지 않은 목욕한 여성들이 차례로 돌아가면서 제사상 앞에서 제사지낸다. 제사를 지내며 기원하는 소망은 손재주·득남(得男)장수(長壽)·미모(美貌) 외에도 사랑을 빈다.

중추절(中秋節)은 음력 8월 15일이다. 음력 7·8·9월을 가을로 보았으며, 8월은 중추(中秋)가 되므로 중추절(中秋節·仲秋節)이라 하게 되었고, 달을 숭배하던 습속에서 발전하여 정착하게 된 것이다. 『주례(周禮)』에 의하면 주대(周代)에 이미 매년 중추(仲秋)의 밤이 되면 격고부시(擊鼓賦詩)하는 '영한(迎寒)'이 있었으며, 『예기(禮記)』에 의하면 주대의 천자는 매년 가을이 되면 '석월(夕月)'이라 하는 월례(月禮)가 있었다고 하고, 당대(唐代)가 되면 중추상월(中秋賞月)이 사회 전반에 풍속으로 정착하게 된다. 송태종(宋太宗)은 정식으로 음력 8월 15일을 중추절(中秋節)로 공포하였으며, 이 이후로 원단(元旦)·단오절(端午節)과 함께 중국 삼대명절(三大名節)로 정착되었다.

월신(月神)에게 제사를 지내는 풍속은 매우 오래된 민속신앙에서 출발하고 있다. 중추절(中秋節) 밤 정원에 원탁(圓卓)의 제사상에 월병(月餠) 등 각종 원형의 음식과 새로 추수한 과일을 차려놓고, 여주인 주제로 배월례(拜月禮)를 지낸다. 이는 '남불배월(男不拜月)'이라는 속어(俗語)에서 유래된 풍속이나 실제로는 남자도 참여하며, 다만 여성이 먼저 배월(拜月)하고, 남자는 뒤에 배월(拜月)할 뿐이다. 중추절(中秋節)의 음식으로는 월병(月餠)이 대표적이다.

납월(臘月)은 음력 12월을 말하며, 12월 8일에는 납팔죽(臘八粥)을 먹는다. 납(臘)은 본래 납제(臘祭)라는 제사를 말하고, 납제(臘祭)는 동지(冬至)가 지나서 모든 신에게 바치는 제사를 말한다. 납팔죽(臘八粥)을 먹는 유래는 불교로부터 시작되었다. 음력 12월 초팔일이 석가모니가 성불(成佛)한 날이고, 성불하기 직전에 양치기 소녀가 끓여준 죽을 먹었다는 데서 유래하고 있으며, 재료로는 찹쌀·수수·조·녹두·콩·대추·밤·잣·계피·흑설탕 등이 있다. 납팔죽(臘八粥)은 불죽(佛粥)·칠보죽(七寶粥)이라고도 한다.

납팔죽(臘八粥)의 유래

석가모니가 해탈을 하기 위해 왕위를 버리고, 명산대천을 돌아다니며, 고행을 하던 중, 배고픔에 지쳐 강변에서 혼절하고 말았다. 이때 양치는 소녀가 쓰러진 석가모니를 발견하고, 한 사발의 정체 모를 무언가를 마시게 하였다. 이에 정신을 차린 석가모니는 돌연 깨달음을 얻게 되었으나, 결국 보리수 아래서 성불하였다.
양치기 소녀가 사발에 담아 마시게 한 정체 모를 것이 바로 납팔죽(臘八粥)이었다. 소녀는 지니고 있던 잡곡과 야생과일을 끓여 죽을 만들어 혼절한 석가모니에게 먹였던 것이다.

소년(小年)이라 불리는 음력 12월 23일은 조왕신(竈王神)께 제사를 지내며, 이날부터 정식 과년(過年)이 시작된다. 조왕신(竈王神)은 일 년간 그 집안의 선행(善行)과 악행(惡行)을 음력 12월 23일 하늘로 올라가 옥황상제께 보고하는 임무를 지니고 있었다. 그 보고에 따라 옥황상제는 벌을 내리기도 상을 내리기도 하므로 조왕신이 승천하는 날 제사를 지내기 시작하였으며, 승천할 때 타고 가는 말을 위해 풀·사료용 콩·한 사발의 물을 별도로 차려놓고, 참외 모양으로 만든 교아당이라는 엿을 먹는다. 이는 달고 끈적끈적한 엿을 조왕신의 입에 붙여놓으면, 엿을 먹은 조완신이 옥황상제께 달콤한 말만 하기를 바라는 기원에서 생긴 풍습이다.

5) 신(神)

반고(盤古)는 이 세상을 창조한 조물주이며, 창조설화에는 두 가지가 있다. 하나는 천지분리형(天地分離型)으로, 태초의 세계는 혼돈의 상태였으나, 반고가 커다란 알에서 태어나면서 천지가 열리게 되었다. 우주 공간을 가득 메웠던 음양(陰陽)이 갈리면서, 양은 하늘이 되었으며, 음은 땅이 되었다. 반고가 그 하늘과 땅 사이를 받치고 있었고, 반고의 키가 하루에 1장(丈)씩 자라나므로 하늘과 땅은 나날이 멀어지게 되었을 뿐만 아니라 음양의 기운이 쌓이면서 하늘은 더 높아지고, 땅은 더 두꺼워지게 되었다. 반고가 하늘을 받치고 있다가 지루한 나머지 깜박 잠이 들어 1만 8천 년을 자고 깨어나서 보니, 키가 9만 리나 자라서 하늘과 땅 사이도 9만 리가 되었으므로 구만리창천(九萬里蒼天)이라 하게 되었다고 한다.

또 다른 이야기는 사체화생형(死體化生型)으로, 최초의 세상에 반고가 있었는데 그가 천지개벽(天地開闢)을 하면서 너무 지쳐 곧 죽게 되었다. 반고가 죽자 그의 몸이 변해서 두 눈은 해와 달로, 몸은 땅으로, 피는 강으로, 피부는 논밭으로, 머리카락과 수염은 별로, 체모는 식물로, 이와 뼈는 암석으로, 사지는 고산준령으로 변하였다. 또한 숨결은 봄바람과 운무(雲霧)로 변하여 만물을 소생시키게 되었으며, 목소리는 우레와 번개로 변하였고, 땀은 우로(雨露)로, 솜털은 화초나 수목으로 변하였으며, 정령(精靈)은 사람·가축·새·짐승·물고기·벌레로 변하였다고 한다.

여왜(女媧)는 천지를 보수하고, 인류를 창조한 조물주이다. 여왜와 복희(伏羲)의 관계에 대해 두 가지 설이 있다. 하나는 여왜와 복희는 남매간이라는 설이 있으며, 다른 하나는 부부라는 설이 그것이다. 이와 같이 친남매가 부부로 되는 것은 인류발달과정에 있어서 혈족혼(血族婚)의 흔적이라 하겠다. 혈족혼은 동배혼(同輩婚)이라고도 하며, 부족 내에서 배우자를 선택할 때 서로 비슷한 연령대를 선호하게 된 인류 최초의 결혼형태를 말한다. 여왜는 인수사신(人首蛇身)을 하고 있으며, 오색석(五色石)으로 구멍 난 하늘을 보수하였고, 흙으로 사람을 만든 뒤에 가취지례(嫁娶之禮)를 제정하였다. 그러므로 중국인들은 여왜를 창세신(創世神)이며, 시조신(始祖神)으로 숭배하고 있다.

『태평어람(太平御覽)』에 여왜가 사람을 만들기 전에 정월(正月) 초 하룻날 닭을·이튿날에는 개를·셋째 날에는 양을·넷째 날에는 돼지를·엿새 날에는 말을·이레 날에는 황토와 물을 이용하여 자기를 닮은 인간을 창조하였다. 인간을 만드는 속도가 너무 느리다고 여긴 여왜는 등나무줄기에 진흙을 묻혀 휘둘러 뿌려대니 방울져 땅에 흩어진 것들이 모두 인간으로 되었다. 또한 인간들이 영원히 존재하기를 바라 가취지례(嫁娶之禮)를 만들었고, 스스로 중매장이가 되기도 하였으며, 사람 만드는 방법을 일러 주어 인간들 스스로가 여왜를 대신하게 하였다.

『독이지(獨異誌)』에서는 여왜와 복희는 남매였으며, 천지가 처음으로 열릴 때에는 오직 이들 남매만 있었다. 이들이 서로 부부가 되고자 하였으나 부끄러워, 곤륜산(崑崙山)에 같이 가서 울면서 '하늘이 우리 남매를 부부가 되도록 허락한다면 하늘의 구름을 모두 한 덩어리로 뭉쳐 보여주기 바랍니다'라고 하니, 하늘의 구름이 즉시 한 덩어리로 뭉치었으므로 부부가 되어 중화족(中華族)의 시조가 되었다.

『회남자(淮南子)』에서는 여왜가 보천(女媧補天)한 기록하고 있다. 홍황시대(洪荒時代)에 수신(水神)인 공공(共工)과 화신(火神)인 축융

(祝融)이 크게 다투었으나, 물의 신인 공공(共工)이 불의 신인 축융
(祝融)에게 패하게 되었다. 이에 부끄럽고도 화가 난 물의 신인 공
공(共工)이 서쪽하늘을 떠받치고 있던 부주산(不周山)을 무너뜨리자,
하늘이 기울어지고, 큰 구멍이 났을 뿐만 아니라 땅도 크게 균열이
생기고, 산림에 불이 나게 되었다. 홍수(洪水)가 땅 속에서 솟구쳐
나오게 되면서, 용·뱀·맹수도 함께 나와서 사람을 잡아먹기 시작
하였다. 이를 본 여왜는 인간이 모두 죽게 됨을 매우 안타깝게 여기
고, 보천(補天)할 것을 결심하였다. 그리고는 각종 오색의 돌을 모아
불에 녹여 하늘을 보수하였으며, 큰 거북의 다리를 잘라 하늘과 땅
사이를 괴자, 세상은 다시 평안해지게 되었다. 그러나 이미 나온 흑
룡이 사람들을 잡아먹고, 홍수가 사람을 괴롭히자, 여왜가 흑룡을 죽
였으며, 갈대를 태워 그 재로 사방의 물길을 잡았다. 여왜가 하늘을
메우고, 땅을 평평하게 메웠으며, 물을 그치게 하자, 겨우 평온해진
인간들은 비로소 다시 안락한 삶을 누리게 되었다. 그러나 하늘이
서북쪽으로 기울어졌으므로 태양은 물론 달과 별들까지 모두 서쪽으
로 지게 되었으며, 땅은 동남쪽으로 기울어지게 되어 모든 강물은
동남쪽으로 흘러가게 되었고, 여러 가지 색의 돌을 녹여 하늘을 보
수했으므로 하늘의 색이 다양하게 되었다.

복희(伏羲)는 제왕(帝王)인 화서씨(華胥氏)의 딸이 산동성(山東省)
에 있는 연못인 뇌택(雷澤) 속에 남아 있는 거인의 발자국을 밟자
회임(懷妊)하여 출생하게 되었다. 복희는 포희(庖羲)라고도 하며, 태
호(太皞)라고, 삼황오제(三皇五帝)의 한 사람이다. 『열자(列子)』에는
복희가 인두사신(人頭蛇身)이라고 쓰여 있으며, 한대(漢代)의 화상석

(畵像石)에는 사신(蛇身)인 복희와 여왜가 교접하고 있는 모습이 나타나 있다. 역(易)의 팔괘(八卦)를 고안하였고, 그물을 발명해서 백성들에게 수렵과 어로(漁撈)의 방법을 가르쳤으며, 잡은 짐승이나 물고기를 불로 요리하는 방법도 가르쳤다고 하여 포희라 부르기도 한다. 그 밖에 여러 가지 물건의 발명과 여러 제도를 창설하였다고 한다. 복희는 인류에게 농업·목축·어업의 생산방법을 가르쳐 주었으며, 여왜는 인간에게 혼인 등의 인륜(人倫)·예법(禮法)을 가르쳐 주었다. 이들의 손에는 규(規)와 구(矩)를 쥐고 있는데, 이는 바로 생산의 도구일 뿐만 아니라 사회질서를 상징하고 있는 것이다.

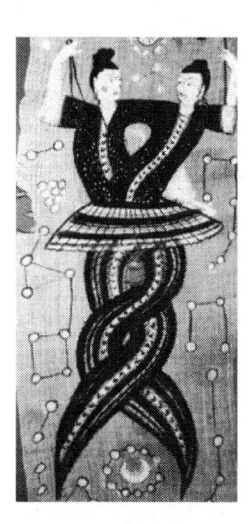

복희여왜도(伏羲女媧圖)는 주로 부부합장 묘에서 출토된다. 고대 중국에서는 남좌여우(男左女右)의 礼俗이 있었으므로 복희는 왼쪽에 있으며, 왼손에 곡척(曲尺)·방형(方形)을 그리는 데 사용하는 구(矩)를 들고 있다. 여왜(女媧)는 오른쪽에 있으며, 오른손에 원을 그리는 도구 규(規)를 가지고 있다. 이들은 인수사신(人首蛇身)을 하고 있으며, 사미(蛇尾)는 서로 꼬여 있고, 머리 위쪽에는 해를·꼬리 사이에는 달을·주위에는 별들로 가득 채워 그려져 있다.

후예(后羿)는 고대전설에 나오는 궁술의 명인이며, 크게 3종류의 설화가 있다. 『좌전(左傳)』에 의하면 하왕(夏王)으로부터 빼앗은 지금의 산동성(山東省)에 있는 유궁국(有窮國)에 군림한 예는 사냥에 빠

져서 악정을 폈기 때문에 신하에게 살해당했다고 기록되어 있다. 그러나 『회남자(淮南子)』에 의하면 요(堯)임금 때 10개의 태양이 동시에 떠서 땅이 불같이 뜨거워졌기 때문에 요임금의 명령으로 예가 10개의 태양 가운데 9개를 활로 쏘아 떨어뜨렸으므로 지금과 같이 태양이 하나만 남게 되었다고 한다. 또 『산해경(山海經)』에 따르면 예가 천제(天帝)의 명령에 따라 괴물을 퇴치하는 등 백성의 고통을 구했다고도 한다. 이 외에도 서왕모(西王母)로부터 받은 불사약을 아내인 항아(恒娥)가 훔쳐 달로 날아갔다는 전설도 있다. 이러한 것은 본래 동이족(東夷族)의 영웅 신화가 중화족(中華族)의 신화에 흡수되면서 궁술을 뽐내며, 사냥에 빠진 악덕군주의 모습으로 왜곡된 것으로 보인다.

공공(共工)은 강계(江界)의 홍수신이며, 하계(河界)의 우(禹)와 대립하는 신이었다. 하계의 축융(祝融)과 제위(帝位)를 놓고 다투다가 패했는데, 부주산(不周山)에 머리가 닿아 하늘이 북서로 기울어졌다고 한다. 그 아들 후토(后土)는 치수신(治水

神)이며, 토지의 조성자로서 우(禹)에 필적하는 신이다. 공공(共工)의 신하인 상류(相柳)는 머리가 아홉인 용인데, 그가 가는 곳마다 계곡이 생기고, 피가 흘러서 오곡이 자라지 못하여 우가 살해하였다고 한다.

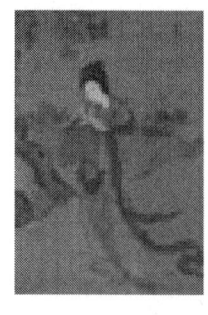

　　항아(姮娥) 또는 항아(嫦娥)는 제곡(帝嚳)의 딸이다. 미모가 비범하였으며, 활을 잘 쏘기로 유명한 요제(堯帝)의 신하인 후예(后羿)의 부인이다. 『회남자(淮南子)』에 의하면 후예가 서왕모(西王母)로부터 불사약을 얻었는데, 항아가 훔쳐 먹고, 신선이 된 뒤에 월궁(月宮)으로 훌훌 날아 도망갔다. 그러나 그녀의 삶은 적막하고, 처량하기 그지없었으며, 늘 후예를 그리워하였다.

　이 밖에도 많은 설화가 전하여 초사(楚辭)의 「천문(天問)」에는 토끼가 되었다 하고, 「의천문(擬天問)」에는 토끼가 약을 찧는 이야기로 되어 있다. 이들 설화는 달 속에 계수나무가 있고, 신선이 산다는 이야기로 변하였다.

　용(龍)은 중국인이 가장 존중하는 신(神)이며, 길상(吉祥)이고, 상상의 동물이다. 뱀의 몸·사슴의 뿔·긴 수염·4개의 다리·4개 또는 5개의 발가락을 가진 거대한 파충류로 그려진다. 이 용은 물속에 살면서 때로는 하늘에 오르는가 하면, 바람·구름·번개를 일으키고, 비를 내리게 하는 신령한 조화의 힘을 가진 것으로 믿어져 왔다. 그러므로 용의 영성(靈性)은 지상과 초월적인 세계를 연결시켜 준다는 점에 있다고 할 수 있다. 이와 같은 초월성에 의거하여 용은 왕자

(王者)나 훌륭한 존재에 비유되었다. '용의 승천'이라는 말은 성인(聖人) 또는 천자의 탄생이나 영웅의 화려한 활약을 비유하는 데 인용되었다.

일신(日神)과 월신(月神)에 관한 설화는 크게 2가지가 있다. 하나는 『오운역년기(五運歷年記)』에 의한 것으로, 반고(盤古)가 세상을 열고, 죽은 뒤에 두 눈 중 왼쪽 눈은 일신(日神)이 되었으며, 오른쪽 눈은 월신(月神)이 되었다는 설화이다. 다른 하나는 「桃花女與周公鬪法」에 의한 것으로, 주공(周公)과 도화녀(桃花女)는 본래 옥황상제(玉皇上帝)를 모시던 금동옥녀(金童玉女)였었는데, 만나기만 하면 다투므로 인간세상으로 쫓겨나게 되었다. 인간세상으로 온 주공은 계교를 써서 도화녀와 결혼을 성사시켰으며, 잔칫날 가마에 오르는 도화녀를 오요계(五么鷄)라는 닭이 해치게 하려 하였다. 눈치를 챈 도화녀가 급히 화를 피해 달아나서 월신(月神)이 되었으며, 주공은 일신(日神)이 되었으므로 월신(月神)은 신부복 차림으로 그리고 있다. 이로부터 옛 혼례에서 신부는 땅을 밟지 않았으며, 온갖 귀신의 해코지를 막기 위하여 우산으로 얼굴을 가렸고, 닭의 신(神)이 해하지 못하게 땅에 쌀을 뿌리기도 하는 풍습이 있었다.

옥황대제(玉皇大帝)는 옥황상제(玉皇上帝)라고도 하고, 원시천왕(元始天王)이라고도 하는 도교(道敎)의 천계(天界) 최고의 신이다. 옥황대제(玉皇大帝)는 태초(太初)에 자연의 기(氣)를 받고 태어났으며, 천지만물을 창조하는 조물주로서, 초인과(超因果)·초시공(超時空)의 상주불멸(常住不滅)하는 존재이다. 도교에서 말하는 36천(天) 중 가장 높은 대라천(大羅天)의 옥경산(玉京山) 위의 현도(玄都)에 살면서 여러 신들을 거느리며, 무수히 많은 겁(劫)에 걸쳐 천지가 붕괴하고, 재생할 때마다 지상의 가르침인 도교를 가르쳐 인간을 구제했으므로 개겁도인(開劫度人)이라고도 한다.

도교 최고의 신(神)은, 한대(漢代)에는 도가(道家)의 시조인 노자(老子)를 신격화한 태상노군(太上老君)을 가장 높이 받들었으나, 위진(魏晉)시대에는 노자가 말하는 '도(道)' 그 자체를 신격화한 태상도군(太上道君)을 받들었고, 수(隋)나라 때에는 그 위에 원시천존이 더해졌다. 당대(唐代) 초기에는 위의 3신(神)과 함께 삼동(三洞)·삼청경(三淸境)·삼승(三乘)이라는 원시천존을 중심으로 하는 도교 교리의 체계가 완성되었다. 교리상 천존(天尊)은 무형무상(無形無象)이나, 실제로는 일찍부터 불상모양의 상을 만들어 안치하였다. 송(宋) 이후에는 옥황(玉皇)·옥황대제(玉皇大帝) 등으로 불렸다.

문창제군(文昌帝君)은 문장(文章)을 주관하는 신으로 북두칠성 가운데에서 첫 번째 별을 말하며, 속칭으로 규성(奎星)이라고도 한다. 학문의 신(神)인 문창제군(文昌帝君)은 과거(科擧)를 보는 사람들이 신봉하였다. 신상(神像)은 괴(魁) 자가 귀(鬼) 자와 두(斗) 자로 되어 있으므로, 도깨비가 왼발로 북두성을 뒤로 차올리는 모습을 취하였으며, 치켜든 오른손에 붓을 쥔 모양은 과거에 급제한 사람의 이름을 쓰기 위해서이다. 문창제군(文昌帝君)의 문창(文昌)은 본래 북두칠성의 6개의 별 모두를 이르는 문창궁(文昌宮)에서 유래되었다.

진무대제(眞武大帝)는 일명 현무신(玄武神)·현천상제(玄天上帝)라고도 한다. 『태상설현천대성진무본전신주묘경(太上說玄天大聖眞武本傳神咒妙經)』에 의하면 진무대제는 태상노군(太上老君)의 82번째 화신(化身)이며, 대라경상무욕천궁(大羅境上無欲天宮) 정락국(淨樂國) 왕 선승(王善勝) 황후의 아들로 태어났다. 황후가 해를 삼키는 태몽을 꾼 후 14개월 만에 태어났으며, 성장하여 부모와 작별하고, 무당산(武當山)에서 도를 닦은 지 42년 만에 성공하여 백일승천(白日昇天)하였다. 옥황(玉皇)이 그를 태현(太玄)으로 봉하고, 북방을 지키도록 하였다. 현무(玄武)란 원래 28수(宿) 중 북방 7수(宿)의 총칭이다. 사람의 수명(壽命)은 모두 북두(北斗)의 관할이기 때문에 사람들은 장수를 기원할 때면 모두 진무대제에게 제를 지낸다. 또한 진무대제는 물에 속하며, 물과 불을 다스리므로 물과 불의 재난을 막을 수 있다고 믿어, 명조(明朝)는 궁내에 많은 진무묘를 세워 물과 불의 재난을 막고자 하였다.

벽하원군(碧霞元君)은 태산(泰山)의 여신(女神)이며, 옥녀지(玉女池)는 태평정(太平頂)에 있고, 옥녀지 옆에는 송진종(宋眞宗) 때에 만든 옥녀상이 있다. 벽하원군을 출산을 돕는 신으로 여겼으므로 옥녀상은 태산양양(泰山孃孃), 또는 송자양양(送子孃孃)이라도 불린다. 벽하원군은 원래 상계(上界)의 신선으로서 이미 태일청현(太一靑玄)이었는데 인간이 어려움을 겪는 것을 보고, 태산에 내려와 옥녀로 변신하였다.그 후 벽하원군이 되어 태산의 신병(神兵)을 통솔하여 인간세상의 선악을 관리하고, 호국안민(護國安民)하며, 중생을 구제하게 되었다.

마고(麻姑)는 북조(北趙)의 장령 마추(麻秋)의 딸이다. 마추는 성격이 포악하여 노역에 끌려온 백성들을 새벽닭이 홰를 칠 때까지 일을 시켰다. 마고는 백성들을 불쌍히 여겨 닭 우는 소리를 내어 다른 닭들이 따라 울게 하여 인부들이 일찍 들어가 쉴 수 있게 하였다.

이 일을 발견한 아버지가 마고를 때리려 하자 마고는 선고동(仙姑洞)으로 도망가 도를 닦은 뒤, 하늘에 올라가 신선이 되었다. 신선이 된 마고는 늘 동안(童顔)이었으며, 장수(長壽)하였으므로, 여자의 생일을 축하할 때는 대부분 마고의 초상화를 그려 축하하였다.

서왕모(西王母)는 금모(金母)·요지금모(瑤池金母)·왕모낭낭(王母娘娘)·서노(西姥)·왕모(王母)·백옥구태구령태진금모원군(白玉龜台九靈太眞金母元君)·백옥구태구봉태진서왕모(白玉龜台九鳳太眞西王母)·태령구광구태금모원군(太靈九光龜台金母元君)이라고도 한다. 『산해경(山海經)』에 의하면 서쪽 땅에 있는 동굴에 살며, 사람의 모습에 표범의 꼬리와 호랑이의 이를 가지고 있고, 산발한 머리에 비녀를 꽂고, 으르렁거리는 괴이한 모습으로 재해와 전염병과 형벌을 관장하던 괴신(怪神)이었다. 그러나 신선사상(神仙思想)의 영향을 받아 점차로 여성화하면서 이목(耳目)이 수려한 미인으로 변신하였고, 거처도 서쪽의 신산(神山)인 곤륜산(崑崙山)의 요지(瑤池)로 정해졌으며, 요지(瑤池)

에는 반도수(蟠桃樹)라는 먹으면 불로장생하는 복숭아나무가 있다.

사복천궁(賜福天宮)은 천궁(天宮)에서 복(福)을 준다는 의미로, 복신(福神)이라고도 한다. 사복천궁(賜福天宮)은 복성(福星)에서 발전한 것이며, 복성(福星)은 목성(木星)을 가리켰고, 복성의 성신(星神)이 인격신(人格神)으로 발전하였다.

재신(財神)의 유래에 대해서는 잘 알려져 있지 않으나, 송대(宋代) 때 시장과 상업이 발전하면서 재리(財利)를 관장하는 신인 이시선관(利市仙官)이 있었으며, 원대(元代) 때에는 이시파관(利市婆官)이라는 노파재신이 있었고, 명대(明代) 때에는 재보(財寶)를 불러들이는 이시(利市)의 신(神)인 조공원수(趙公元帥)가 있었다. 재신의 이름은 '금룡여의정일용호현단진군(金龍如意正一龍虎玄壇眞君)'이며, '조현단(趙玄壇)'이라고도 하였다. 이 재신은 조승(曹升)·조보(曹宝)·진구공(陳九公)·요소사(姚少司) 등 4신을 거느리고 있었으며, 이들은 모두 금전·재산·보물 등을 관장하는 신이었고, 조공명(趙公明)을 주재대신(主財大神)으로 하고 있었다. 이 財神의 모습은 검은 얼굴에 수염이 많으며, 손에는 쇠줄채찍을 들고 있고, 검은 범을 탄 무장(武將)의 차림이므로, '무재신(武財神)'이라고도 한다. 조공명(趙公明)을 진대(晋代)에서는 명계(冥界)에서 귀리(鬼吏)를 관장하는 명신장군(冥神將軍)으로 믿었으며, 수(隋)·당(唐)·송(宋)·원대(元代)에서는 전염병을 관할하는 다섯 온역신(瘟疫

神) 중의 하나로 믿었다. 명대(明代) 이후로 조공명(趙公明)을 재리(財利)를 관장하는 재신(財神)으로 믿게 되었다.

재신이 아내를 쫓아버린 사연

흔히 재신(財神)은 돈이 있는 사람이 모시는 것이지, 없는 사람은 모셔야 효험이 없다는 말이 있는데, 그 사연은 다음과 같다.

옛날에 한 거지가 낡은 사당 앞을 지나가게 되었다. 사당에 들어선 거지는 다른 신에게는 절도 하지 않고, 재신상 앞에 절을 하며, 재산을 달라고 빌었다. 재신인 조공원수(趙公元帥)는 거지를 보자 마음속으로 "향불도 아까워하는 놈이 재산을 달라고 빌어? 천하에 허구 많은 거지들을 내 어찌 다 먹여 살린단 말인가?"라고 생각하였다. 허지만 거지의 생각은 달랐다. 그는 "재신은 언제나 가난한 사람들을 구제해 주지 않는가? 잘 사는 사람들이야 먹을 걱정, 입을 걱정이 없으니, 재물은 구해 무엇에 쓸까?"라고 생각하고는 쉴 새 없이 절을 하였다. 여재신(女財神)은 측은한 마음이 들어 졸고 있는 재신을 깨워 이 거지에게 은혜를 베풀어주라 권고하려 하였다. 그러나 재신은 두어 번 하품을 하더니 다시 눈을 감아 버렸다. 여재신은 재산권이 재신에게 있으므로 재신의 동의가 없으면 재물을 거지에게 줄 수 없으므로 할 수 없이 자신의 귀걸이를 거지에게 던져 주었다. 거지는 갑자기 재신이 물건을 던져주는 것을 느끼고, 주변을 살펴보니 금귀고리가 있었다. 거지는 재신의 은혜에 크게 고마워하고, 연신 절을 하며 "재신님 감사하옵니다!"라고 말하였다. 재신이 눈을 떠 보니 여재신이 자신의 결혼선물을 거지에게 준 것을 보고서 노발대발하여 여재신을 사당에서 쫓아버렸다. 그 후부터 가난한 사람이 재신에게 빌어 부자가 되었다는 사람이 하나도 없었으며, 재신 사당에 여재신도 볼 수 없게 되었다.

마조(媽祖)는 동남 연해지역의 주민들과 해외 화교들이 신봉하는 해양보호신이며, 천비(天妃)·천후(天后)·천비낭낭(天妃娘娘)·천상성모(天上聖母) 등으로 불린다. 마조(媽祖)는 원래 도순검림원(都巡檢林愿)의 여식이며, 이름은 묵랑(默娘)이었고, 송대(宋代)에 태어나서 28

세에 죽었다고 한다. 임묵랑(林默娘)이 처음 태어날 때에 방안 가득 붉은 기운이 찼으며, 태어난 지 몇 달이 지나도록 울지를 않아 묵랑(默娘)이라고 이름을 지었다. 임묵랑(林默娘)이 8세가 되니 방에서 글만 읽고, 향을 사르며, 예불하기를 좋아하였다. 13세가 되면서 도교의 비법을 터득하게 되었으며, 16세에는 우물에서 부적(符籍)을 얻었고, 앉아서 바다건너의 사람을 구할 수도 있게 되었을 뿐만 아니라 죽은 뒤에는 사람들의 기도를 들어 주기도 하였다. 그러므로 남송(南宋) 때에는 '부인(夫人)'에서 '비(妃)'로 작위(爵位)가 올랐으며, 원대(元代)에는 '천비(天妃)'가 되었고, 청강희(淸康熙) 때에는 '천후(天后)'가 되었을 뿐만 아니라 청말(淸末)에 이르러서는 마조(媽祖)의 봉호(封号)가 28개 자(字)에 이르게 되었다.

숫자의 의미

一: 숫자 1은 중국인들이 예로부터 숭상해 온 숫자로서 모든 수의 시작이고, 만물의 기조이며, 만사의 근원이라고 여긴다.
二: 짝수의 시작으로 숫자 '2'를 중국의 원시종교와 도교에서는 짝수가 吉한 숫자로 여겨 줄곧 숭배해 왔다.
三: 신비한 색채를 가진 숫자로 吉祥을 표시하는 숫자로 여긴다.
四: 숫자 4는 死와 같은 발음으로 중국인들은 아주 기피한다.
五: 숫자 5는 중국인들이 가장 신비로운 숫자로 여기는 숫자로서 五行, 五言絶句, 五方 등 5에 관련된 말이 굉장히 많다.
六: 6은 吉祥을 상징하는 숫자로서, 66은 특히 모든 일이 순조롭게 풀려간다는 의미를 갖고 있다.
七: 신비로운 숫자 중의 하나다. 多數의 의미로 많이 쓰이고 있다.
八: 8은은 중국인이 가장 선호하는 숫자다.
九: 9는 완벽함을 상징하면서 다수를 나타낸다.
十: 10은 '완전하다', '절정에 달하다'는 의미를 갖고 있다.

3. 문화의 계승

1) 문자(文字)

『순자 · 해폐(荀子 · 解蔽)』 · 『한비자 · 오두(韓非子 · 五蠹)』 · 『여씨춘추 · 춘수(呂氏春秋 · 春守)』 등의 전적에서는 모두 중국의 문자는 황제(黃帝) 때의 사관(史官)인 창힐(倉頡)이 발명한 것이라고 말하고 있으며, 한대(漢代)의 허신(許愼)은 『설문해자 · 서(說文解字 · 序)』에서 '신농씨(神農氏)는 줄로 매듭을 지어 통치를 하였으며, ……황제의 사관 창힐(倉頡)이 새와 짐승의 발자국을 보고……처음에 서계(書契)를 만들고, ……'라고, 창힐이 문자를 만들었다고 구체적으로 설명하고 있다. 그러나 서안 반파(西安 半坡) 유적지에서 발굴된 6,000여 년 전의 앙소문화(仰韶文化)의 도기에는 이미 100여 개의 문양이 있으며, 그중 30여 개의 문양은 정리가 되었다. 5,000여 년 전의 유물인 용산문화(龍山文化)의 도기에서도 문자모양의 문양이 발견되어 정리되어 가고 있다. 4,000여 년 전의 대문구문화(大汶口文化)의 도기에서도 10여 종이 넘는 문자모양의 무늬가 정리되고 있다. 그러므로 창힐을 고대 원시문자를 정리한 사람으로 볼 수도 있다.

중국 문자는 전국 이전의 갑골문(甲骨文) · 금문(金文) · 주문(籒文)과 전국시대에 통행되었던 육국(六國)의 문자 및 진(秦)의 소전(小篆)을 고문(古文)이라 하고, 한대의 예서(隷書) 및 해서(楷書) · 초서

(草書) 등을 금문(今文)이라 한다.

　　갑골문(甲骨文)은 은대(殷代)에 점을 치기 위하여 거북이 복갑(腹甲)과 소와 같은 큰 짐승의 대퇴골(大腿骨)에 새긴 문자이고, 1899년 하남성 안양현 소둔촌(河南省 安陽縣 小屯村)에서 발견되었으며, 주로 3,300년 전부터 3,200년 전의 은왕(殷王) 무정(武丁) 이후의 기록임을 밝힐 수 있었다. 현재까지 발굴된 갑골은 대략 10만 여 편에 이르고, 5,000여 자가 확인되었으며, 1,000여 자가 해독되었다. 갑골문에 기록된 내용은 천문(天文)·지리(地理)·제사(祭祀)·전쟁(戰爭)·생산(生産) 등 비교적 광범위하다. 은대의 문자는 갑골에만 기록하였던 것이 아니고, 분량이 많을 수밖에 없는 일상적인 내용에 관한 기록은 주로 목간(木簡)·죽간(竹簡)에 기록하였다. 『상서·다사(尙書·多士)』에 '은의 선인들에게는 책(冊)과 전(典)이 있었다'고 한 것을 보면, 은대에는 별도의 전적(典籍)·역사문헌(歷史文獻)이 있었을 수 있다.

　　금문(金文)은 청동기(靑銅器)에 기록한 문자를 말하며, 종정문(鐘鼎文)·명문(銘文)이라고도 한다. 금문은 은대 유물부터 출토되고 있으나, 주로 서주부터 춘추전국시대의 유물이 대량으로 발굴되고 있다. 동기(銅器)에 기록된 문자는 凹·凸의 형태를 하고 있으며, 대개가 돌출된 凸의 형태를 이루고 있기 때문에 양문(陽文)·식(識)이라고도 하나, 직접 각인(刻印)을 하여 凹의 형태를 한 경우에는 음문(陰文)·관(款)이라고 하고, 이 음양문(陰陽文)을 합쳐 관식(款識)이라고도 한다. 은·주시대의 청동기 종류는 대단히 많으며, 현재까지 발굴된 청동기는 6,000여 점에 달하고, 3,000여 자 중에서 2,000여 자가 해독되었다. 은대의 갑골문과 주대의 명문을 비교하면, 첫째 은

대의 문자는 회화성(繪畵性)이 강하고, 주대의 문자는 점차로 부호화(符號化)하고 있음을 볼 수 있다. 둘째 자형(字型)이 갑골문에서는 부정형이었으나 명문에서는 점차 정형화하면서 통일성을 갖추어 가고 있다. 셋째 새로운 표음자(表音字)가 대량으로 나타나기 시작하였다. 넷째 『모공정(毛公鼎)』의 경우 497자가 쓰인 것을 보아서도 알 수 있듯이, 표현기술과 내용이 매우 풍부해졌다. 다섯째는 글자의 예술성이 보이기 시작한다.

주문(籀文)은 대전(大篆)이라고도 하며, 전(篆) 자에서도 알 수 있듯이 필획(筆劃)을 길게 늘여 쓰는 자체(字體)이다. 『설문해자』에 225자가 수록되어 있는 이 대전은 서주(西周) 말기 선왕(宣王) 때의 태사주(太史籀)가 만들었다고 하며, 주문(籀文)의 자형이 정리되면서 주대의 문자를 한층 간결하게 하였다.

석고문(石鼓文)은 중국에 현존하는 가장 초기의 석각문자(石刻文字)이며, 북 모양의 10개 받침돌에 주문(籀文)으로 새겨졌기 때문에 석고문이라 한다. 10개의 석고(石鼓)는 높이가 3척(尺) · 직경이 1척(尺)인 북 모양으로 생겼으며, 각 석고(石鼓)에는 사언시(四言詩)가 각인되어 있고, 시의 내용은 전렵(田獵)이나 궁중의 목장인 궁유(宮囿)를 노래하고 있기 때문에 엽갈(獵碣)이라고도 한다. 석고문은 주문으로 각인되어 있기 때문에 진시황이 문자를 통일한 이전의 작품으로 보인다.

소전(小篆)은 진시황이 육국(六國)을 통일한 이후, 육국에서 각기 사용하였던 문자를 폐지하고, 표준문자로 제정하여 사용하였던 문자이며, 태사주(太史籀)의 주문(籀文)을 기초로 하여 만들었다고 하여 소전(小篆)이라 한다. 대전과 소전은, 첫째 자형이 모두 직사각형이다. 둘째 모두 도화(圖畵)적 의미가 대폭 감소하고, 부호화하였다. 셋째 대전에 비해 획이 간소화·정형화되었다. 넷째 대전에 비해 자체가 미적으로 많이 다듬어졌다.

예서(隸書)는 진대(秦代)에 소전(小篆)을 발전시키어 만든 자체(字體)이다. 진대(秦代)에는 예졸(隸卒)을 많이 뽑아 요역(徭役)·병역(兵役)·옥리(獄吏) 등 분망한 일을 시키었으며, 이들이 문서를 편리하게 기록하기 위하여 자형을 간편하게 변형시키게 되었고, 예졸들이 주로 사용한 문자이기 때문에 예서(隸書)라 하게 되었다. 이 서체는 관방(官方)에서 주로 사용되어 널리 유행하게 되었으며, 이 예서가 고문(古文)·금문(今文)을 가르는 분수령이 되었다. 예서의 변화를 '예변(隸變)'이라 하며, 그 특징은 첫째 동그스름한 사각형을 이루고 있고, 둘째는 곡선의 획이 직선으로 변하면서, 셋째는 번잡한 획을 간결하게 하였다.

해서(楷書)는 진서(眞書)·정서(正書)라고도 하고, 예서가 발전한 것이며, 한말(漢末)에 나타나기 시작하여 남북조에서 크게 유행하였다. 그 특징은 정사각형을 띠고 있으며, 필획이 청초(淸楚)하고, 이전의 어떤 자형보다도 확연히 구분된다.

초서(草書)는 예서(隸書)와 함께 유행하던 서체이고, 한예(漢隸)가 급하게 쓴 글자체이다. 초서의 특징은 속기(速記)에 있으며, 글자가 연이어져 나타나고, 때로는 윤곽만 나타나기도 한다.

행서(行書)는 해서(楷書)와 초서(草書) 사이에서 생겨난 글자체이며, 초기에는 서명에 많이 사용하여 '행압서(行押書)'라고도 하였으나, 점차 한 서체를 형성하였다.

2) 성(姓)·씨(氏)·명(名)·호(號)

성(姓)은 인류 무리에 대한 가장 초기적인 이름이며, 원시모계사회의 토템이다. 15만 년 전부터 1만 년 전까지 살았던 유강인(柳江人)·하투인(河套人)·산정동인(山頂洞人) 등 원시모계사회의 혼인형태는 서로 다른 씨족집단 간에 이루어졌던 족외혼이다. 족외혼으로 출생한 자녀는 '知其母, 不知其父'한 상태로 모계의 씨족집단에서 생활하였으므로 모든 씨족의 구성원은 한 시조모(始祖母)의 후예들이다. 이들 씨족집단은 생산력이 제고되면서 안정된 정착생활을 하게 되었으며, 생산과 생활을 위해서 이웃의 다른 씨족집단과 잦은 왕래를 하게 되었고, 서로 다른 씨족집단간의 남녀가 배우자를 찾기 위해 빈번한 접촉을 하였다. 각 씨족집단은 잦은 접촉을 통해 자신들을 나타내는 호칭이 필요하게 되었으며, 이때 사용된 호칭이 바로 성(姓)이다.

『설문해자(說文解字)』에서는 '성(姓)' 자(字)를 '사람이 태어난 것을 이른 것'이라고 하면서, '옛날의 신성한 어머니가 하늘에 감응하여 아들을 낳았으므로 하늘의 아들, 즉 천자(天子)라 불렸으며, 여(女) 자(字)와 생(生)자(字)가 합쳐진 글자'라고 보았다. 이는 바로 동일 모계씨족집단, 즉 동성(同姓)의 구성원은 모두 한 시조(始祖) 할머니의 후손이 되며, 한 여성이 아이를 출산하게 되면 동일한 성(姓)

을 얻게 되는 것이라고 보았다. 또한 천자란 신성한 물질, 즉 천물(天物)과 감응(感應)하여 출생한 아들이라는 뜻이 된다. 그러므로 중국의 시조설화(始祖說話)는 모두 천물(天物)과 감응(感應)하여 출생한 아들의 이야기이며, 그 감응한 생물・무생물 등 천물(天物)을 신성시하여 자신들의 씨족의 이름으로 하였고, 토템으로 발전하였기 때문에, 사(姒)・희(姬)・강(姜)・요(姚)・규(嬀)・운(妘)・길(姞) 등 많은 경우 여(女) 자가 함께 쓰였다.

　왕충(王充)은 『논형(論衡)』에서 하족(夏族)의 시조인 우(禹)는 '어머니가 율무인 의이(薏苡) 삼키고, 임신하여 낳은 아이가 우'였기 때문에 성을 '사(姒)'로 하였다. 한편 『사기・은본기(史記・殷本紀)』에서 은족(殷族)의 시조인 설(契)은 '모친인 간적(簡狄)이 2명과 함께 목욕을 하던 중 제비가 알을 떨어뜨리는 것을 보고는 그 알을 삼키고 잉태하여 출산한 아이가 설(契)이였다'며, 그로 인하여 은인(殷人)의 성이 '자(子)'가 되었다고 기록하였고, 그들의 토템은 제비인 현조(玄鳥)였다. 오늘날까지 자(子)와 란(卵)을 같은 의미로 사용하여 계란을 계단(鷄蛋)・계자(鷄子)・계란(鷄卵)이라고 한다. 또 『사기・주본기(史記・周本紀)』에서 주족(周族)의 시조인 후직(后稷)은 '모친인 강원(姜嫄)이 들판에서 거인의 발자국을 보자 마음이 기뻐서 그것을 밟으니 임신이 되었고, 아이를 낳으니 기(棄), 즉 강원이었다'며, 그로 인하여 주인(周人)의 성이 '희(姬)'가 되었다고 기록하였고, 그들의 토템은 곰이었다. 이것은 희(姬) 자(字)와 적(迹) 자(字)가 같은 발음에서 분류되었을 뿐만 아니라, 모두 '흔적'이라는 의미를 가지고 있기 때문에 '희(姬)' 자를 성으로 하였고, '거인의 발자국'을 곰

발자국으로 보았기 때문에 곰을 토템으로 하게 되었던 것이다.

씨(氏)는 성(姓)에서 갈려 나간 혈연집단이다. 사회가 발달하고, 인구가 증가하면서 거주지가 협소하게 되자 일부 집단이 분가하게 되었으며, 이렇게 새로 형성된 공동체의 호칭이 씨(氏)인 것이다. 단옥재(段玉裁)는 『설문해자주(說文解字注)』에서 '씨(氏)' 자는 '시(是)' 자의 가차자(假借字)이며, 시(是)의 최초 함의(含意)에는 '사람의 발가락'을 나타내는 의미가 있다고 보았고, 임의광(林義光)은 『문원(文源)』에서 '씨(氏)'의 본래의 의미는 '뿌리·근원'이었다고 보았다. 이들의 설명을 통해 씨(氏)가 성(姓)에서 분류되어 온 과정을 이해할 수 있다.

商鞅의 이름

상앙(商鞅)의 시조는 강숙(康叔)이며, 주문왕(周文王)의 아홉 번째 아들이고, 성은 희(姬)였다. 강숙(康叔)은 위국(衛國)을 분봉받자 위(衛)를 씨로 하였으므로, 위앙(衛鞅)이 되었다. 또한 위앙(衛鞅)은 제후의 자손이고, 제후의 작위는 공(公)이기 때문에, 공의 자손은 공자(公子)라 하며, 공자의 자손은 공손(公孫)이 된다. 그러므로 위앙은 작위로 씨를 하여 다시 공손앙(公孫鞅)이 되었다. 그러나 진목공(秦穆公)이 그에게 상(商)을 채읍(采邑)으로 주었으므로 채읍을 씨를 하여 상앙(商鞅)이 된 것이다.

씨(氏) 또한 독립된 혈연집단에서 필요했던 자신들의 명칭이었으나, 성(姓)과는 달리 발전해 온 과정은 비교적 복잡하며, 상앙(商鞅)과 같은 경우와 같이 바꿀 수도 있다. 그 방법을 보면, 첫째 거주지 이름을 사용한다. 즉 거주지가 규수(嬀水)가에 있었으므로 규(嬀)로 하였으며, 성(城)의 동쪽 문 부근에 살았기 때문에 동문(東門)으로

하였고, 성곽(城郭)의 북쪽에 살았기 때문에 북곽(北郭)으로 한 경우가 그것이다.

둘째 나라 이름을 사용한다. 즉 제후로 봉(封)해지면서 봉토(封土)로 받은 국가의 국명을 사용하는 경우로, 하(夏)·상(商)·주(周)·위(衛)·연(燕)·제(齊)·노(魯)·송(宋) 등이 있다.

셋째 채읍(采邑) 이름을 사용한다. 즉 경·대부(卿·大夫)가 채읍(采邑)으로 받은 읍지의 이름을 사용하는 것으로, 주목왕(周穆王) 때 조부(造父)라는 사람은 수레와 말을 잘 관리하는 공을 인정받아 조읍(趙邑)을 분봉(分封)하여 주자 조(趙)를 씨로 하였고, 공손앙(公孫鞅)은 변법(變法)을 만들어 바친 공이 인정되어 상읍(商邑)을 분봉하여 주자 상을 씨로 삼아 상앙(商鞅)이라 하였다.

넷째 관직 이름을 사용한다. 즉 주선왕(周宣王)은 서방(徐方)을 평정한 공으로 병마(兵馬)를 관장하는 사마(司馬)직의 백휴부(伯休父)에게 사마(司馬)라는 씨(氏)를 하사하였고, 자손대대로 사마를 씨로 하였으며, 사도(司徒)·사(師)·사(史) 등이 모두 관직에서 유래된 것이다.

다섯째 직업 이름을 사용한다. 즉 도(屠)는 희생(犧牲)을 잡던 사람이고, 도(陶)는 도자기를 굽던 사람이며, 무(巫)는 무당이었다.

여섯째 조상의 자(字)를 사용한다. 즉 공자(공자)는 은(殷)의 후예이므로 성이 자(子)이나, 그의 조상인 송국(宋國)의 귀족 공손가(公孫嘉)가 자(字)를 공부(孔父)로 하였으므로 공(孔)을 씨로 하였다.

일곱째 조상의 시(諡)를 사용한다. 즉 주문왕(周文王)의 시호(諡號)가 문(文)이며, 이를 씨로 삼은 사람이 조국(趙國)의 대부 문종(文種)

이 있다. 무(武)·목(穆)·선(宣)·대(戴)·경(景) 등이 바로 이 경우이다.

하·은·주(夏·殷·周) 삼대에는 오직 귀족에게만 성·씨(姓·氏)가 있었으며, 평민이나 천민에게는 없었으므로, 백성(百姓)은 귀족을 이르는 말이었다. 그러나 춘추시대로 접어들면서 점차 종법제도가 붕괴되며, 예붕악괴(禮崩樂壞)의 현상이 나타나고, 사회적 계급관계 변화의 현상이 나타나기 시작하였다. 예전의 귀족이 몰락하여 평민이 되고, 심지어는 노예가 되기도 하였으며, 평민이 귀족으로 상승하기도 하였다. 이러한 현상은 전국시대로 접어들면서 더욱 심하게 되었으므로, 성씨(姓氏)가 없는 귀족이 나타나거나, 천민에게 성씨가 있기도 하였기 때문에 백성(백성)은 이미 천민을 이르는 말이 되었다.

한대(漢代)에 접어들면서 성과 씨가 합쳐져서 성(姓)이 되었으며, 위·진·남북조(魏·晉·南北朝) 이후 주변의 이민족과 합쳐지는 경우가 빈번해지면서 성(姓)에도 많은 변화가 발생하였다. 우문(宇文)·모용(慕容)은 본래 요서(遼西)의 선비족(鮮卑族)의 부락 명칭이었으나 음역(音譯)하여 성이 되었으며, 선비족의 보육고(步六孤)·구목능(丘穆陵)은 음역과 생략의 과정을 거쳐 육(陸)·(穆) 성으로 되었고, 선비족의 황족인 탁발(拓拔)은 원(元) 성(姓)으로 바꾸기도 하였다. 중국의 성씨는 북송(北宋) 때에 발행된 『백가성(百家姓)』에는 438개의 성씨 중 408개의 단성(單姓)과 30개의 복성(複姓)이 있었으며, 현재의 『백가성(百家姓)』에는 504개의 성씨 중 444개의 단성(單姓)과 60개의 복성(複姓)이 있고, 대만의 왕소존(王素存)이 펴낸 『중화성부(中華姓府)』에는 7,720개의 성씨가 수록되어 있다.

명(名)은 개인에 대한 이름이다. 원시사회에서도 여왜(女媧)·복희(伏羲)와 같이 개인의 이름은 있었다. 사회가 복잡하게 발달하면서 이름에는 복잡한 의미를 부여하기 시작하였다. 하대(夏代)부터 상대(商代)에 이르는 제왕들은 하늘과 인간을 연결해 주는 매개자라고 생각하였기 때문에 이름에 천간(天干)을 많이 사용하였다. 하대의 제12대 왕의 이름은 윤갑(胤甲)이고, 제13대 왕은 공갑(孔甲)이며, 마지막 왕인 걸왕(桀王)의 이름은 이계(履癸)였다. 상대의 왕은 개국왕인 탕왕(湯王)의 이름이 태을(大乙)이고, 외병(外丙)·중임(中壬)·태정(太丁)·제을(帝乙)·제신(帝辛) 등을 쓰고 있다. 주대(周代)로 오면서 더욱 완비된 작명(作名)의 제도가 나타나게 된다. 즉『예기』·『좌전』을 통해, 아이가 태어나서 3개월이 지나면 아버지가 아이의 오른손을 잡고 이름을 부여하고 있음을 볼 수 있다.

  이름을 짓는 방법에는, 첫째 출생 당시의 상황을 이름으로 한다. 즉 노공(魯公)의 아들 우(友)는 출생할 때의 손금이 마치 우(友) 자를 닮았다고 하여 이름으로 하였다. 둘째는 기대하는 덕성(德性)을 이름으로 한다. 즉 주문왕이 태어날 당시 그의 부친 태왕(太王)은 국가를 크게 일으키라는 의미로 창(昌)을 이름으로 하였다. 셋째는 신체의 특징을 이름으로 한다. 공자가 출생하였을 때 정수리가 언덕같이 생겼다고 하여 구(丘)를 이름으로 하였다. 넷째는 특정 물질을 이름으로 한다. 공자의 아들은 태어날 때 어떤 사람이 잉어를 보내왔다고 하여 이(鯉)라고 이름을 지었다. 다섯째는 아버지의 이름을 그대로 사용하는 것이다. 노장공(魯莊公)은 출생일이 아버지인 환공(桓公)과 같았으므로 아버지의 이름을 그대로 사용하였다. 작명법은 이외에도 해몽을 통한 작명·점을 통한 작명 등 그 방법은 많았다. 이 명(名)은 겸칭(謙稱)·비칭(卑稱)이었기 때문에, 자(字)가 없는 유소년(幼少年) 또는 아랫사람을 부르거나, 자신을 낮추어 부를 때만 사용하였고, 특별히 친한 경우에는 평배(平輩) 사이에서도 사용하였다.

작명(作名)에도 시대적 유행과 금기사항이 있었다. 주대 이후로 외자이름이 유행하였다. 서한의 12명의 황제 중에서 소제(昭帝) 1명만이 불능(弗陵)이라는 이름을 사용하였고, 『한서·열전(漢書·列傳)』의 목록에 나오는 300여 명 중에서 동중서(董仲舒)·사마상여(司馬相如) 등 60여 명을 제외하고는 모두 외자 이름을 사용하였다. 이러한 현상은 첫째 성현을 본받으려는 심리이다. 즉 요(堯)·순(舜)·우(禹)·탕(湯)·문왕 창(昌)·공자 구(丘) 등이 모두 외자를 사용하였기 때문에 본받고자 하였다. 둘째는 피휘(避諱)를 위해서이다. 즉 서주 이래로 군주(君主)·존장(尊長)은 물론 죽은 사람의 이름자를 사용할 수 없는 피휘제도(避諱制度)가 있었으므로 외자 이름을 선호하게 되었다. 셋째는 왕망(王莽)이 법으로 복자명(複字名)을 금하고 외자 이름만을 허용하는 법을 제정하여 시행하였다. 그러나 위진남북조 등 여러 시기에 이민족이 유입되면서 이러한 전통은 무너지게 되었으며, 당대 이후로는 복자명이 크게 유행하게 되었다.

당태종의 형제가 22명이었는데 그중 이세민(李世民) 등 6명은 돌림자를 사용하지 않았으나, 나머지 16명은 모두 '원(元)' 자를 돌림자로 하여 사용하고 있다. 이를 통해서 돌림자 또한 당대 이전에 이미 나타나기 시작하였음을 알 수 있다.

자(字) 또한 개인을 지칭하는 이름이다. 명(名)은 유년·소년기 때에 주로 불린 이름이며, 자(字)는 성년 이후에 주로 사용하는 이름이다. 『예기』에 보면 '남자는 20세가 되면 관례(冠禮)를 하고, 자(字)를 사용하며, 여자는 15세가 되면 결혼을 할 수 있으며, 계례(笄禮)를 하고, 자(字)를 사용한다'고 하였다. 주대의 귀족 남자들은 20세가 되면 상투를 틀고, 관을 쓰는 관례를 행하였으며, 이때에 참석한 내빈 중에서 가장 귀한 손님이 자(字)를 내려준다. 관을 쓰고, 자를 사용하게 되면 성인으로서 인정받게 됨으로 성인의 사회활동에 참여하게 되며, 모든 권리행사와 의무를 담당하게 된다. 그러므로 자(字)는 존칭(尊稱)에 가까우므로, 아랫사람이 윗사람을 부를 때와 평배(平輩)일 경우 사용하였다. 그러므로 부모나 선배 등 윗사람은 물론 선현(先賢)을 호칭할 때에도 명(名)을 사용하지 않았으며, 자(字)를 사용하여 호칭할 때에도 한 자씩 띄어서 사용하였고, 이를 어기면 '대불경죄(大不敬罪)'에 해당되어 벌을 받았다.

자(字)와 명(名)은 반드시 특별한 연관관계를 갖게 되는데, 첫째 명(名)·자(字)가 상보관계(相補關係)를 갖는 경우이다. 공자(孔子)의 경우, 명(名)이 구(丘)이고, 자(字)는 중니(仲尼)이다. 공자는 그의 부모가 니구산(尼丘山)에서 기도를 하고 출생하였으므로, 이름을 구(丘)로 하고, 자에 니(尼) 자를 사용하였으며, 공자가 형제 중에서 둘째였으므로 자(字)에 중(仲)을 추가하여 중니(仲尼)라는 자를 사용하게 된 것이다. 공자의 제자 중 사마경(司馬耕)은 자가 자우(子牛)이며, 염경(冉耕)은 자가 백우(伯牛)이다. 밭갈이는 소가 하는 것이므로 서로 합쳐 우경(牛耕)의 뜻을 완성시키고 있다. 제갈량(諸葛亮)의 자는 공명(孔明)인데, 량(亮)은 '가장 밝다'는 의미를 지녔고, 공(孔)

은 '최(最)와 같은 뜻'으로 사용되므로 자를 공명이라 한 것이다. 둘째는 명(名)·자(字)가 형제간의 서열을 가르치기도 한다. 그러므로 첫 글자에는 백(伯)·중(仲)·숙(叔)·계(季)와 같은 종류의 글자를 자주 보게 된다. 셋째는 두 번째 글자를 통해 남자를 나타내는 글자를 쓰기도 한다. 넷째로 명(名)을 쓴다. 진·한(秦·漢) 이전에는 명(名)·자(字)를 연속하여 부를 경우 선자후명(先字後名)의 순서로 하였으나 진·한(秦·漢) 이후로는 선명후자(先名後字)의 순서로 바뀌었다. 주대의 귀족 '혜백길부갑(兮伯吉父甲)'은 혜(兮)가 씨(氏)이고, 백(伯)은 형제 중에서 맏이를 나타내며, 길(吉)은 실제적인 자(字)이고, 부(父)는 남성을 나타내는 미칭(美稱)이므로 길부(吉父)가 자(字)이고, 갑(甲)이 명(名)이다. 공자의 아버지 공숙량흘(孔叔梁紇)은 씨(氏)가 공(孔)이고, 숙(叔)은 형제 중에서 셋째임을 나타내며, 량(梁)은 자(字)이고, 흘(紇)은 이름이 된다. 춘추시대로 접어들면서 자(字)에 남자 미칭으로 많이 사용하던 부(父)·보(甫)는 점차 줄어들고, 자산(子産)·자서(子胥)와 같이 자(子) 자를 많이 사용하게 된다.

주대의 남자는 씨(氏)를 사용한 데 반해서 여성은 성(姓)을 사용하였으며, 성(姓) 앞에는 형제간의 순서를 나타내고, 자(字)의 뒤에는 모(母)와 같은 여성의 미칭을 사용하였다. 즉 청동기 『주공궤(鑄公簋)』의 명문에 나타난 '맹임거모(孟姙車母)'는 맹(孟)이 맏이임을 말하고, 임(姙)은 성(姓)이며, 거(車)는 자(字)이고, 모(母)는 여성에 대한 미칭임을 알 수 있다.

호(號)는 별호(別號)라고도 하며, 명(名)과 자(字) 이외의 또 다른 이름이다. 명(名)은 태어나서 3개월이 되면 아버지가 지어준 이름이

고, 자(字)는 20세가 되었을 때 귀빈(貴賓)이 지어준 이름이나, 호
(號)는 특별한 규정이 없다. 일반적으로 호는 자기가 당시의 환경이
나 심리상태 등을 고려하여 만들어 사용하기도 하며, 타인이 지어주
기도 하고, 여러 개를 사용하기도 한다.

중국에서 호를 사용하기 시작한 것은 대략 전국시대의 양혜왕(梁
惠王) 때의 한천자(寒泉子)가 진지처사(秦之處士)라 한 것이 처음이
며, 진·한대에는 흔하지 않았고, 주로 처사(處士)·은사(隱士)를 많
이 사용하였다. 이러한 호를 짓는 데에는 주로 그 사람의 품덕(品德)·
재능(才能)·공적(功績) 등을 평가하여 다른 사람이 존경하게 하기
위하여 지어졌다. 후대로 오면서 문인·사대부·학자들이 스스로 호
를 지어 사용하게 되었다. 이백(李白)은 청련거사(靑蓮居士)라 하여
'오니(汚泥)에서 출생하였으나 오염되지 않고, 고상한 정조(情操)를
지키고 있다'는 것을 나타내기도 했으며, 구양수(歐陽修)는 육일거사
(六一居士)라 하여 '책 일만 권·고금석문(古金石文) 일천 권·거문
고 하나·바둑판 하나·술병 하나와 자기 자신을 합치면 6개의 1이
됨'을 나타내었다.

3) 종법제도(宗法制度)

종법제도(宗法制度)란 바로 종족을 보호하고 관리하는 제도로서, 혈
연집단 내에서의 존비(尊卑)·장유(長幼)를 구분하고, 계승질서 및 권
리와 의무를 규정하고 있다. 종법제도에서는 군주계통과 종법계통을

엄격하게 구분하고 있다. 천자(天子)·제후(諸侯)와 같은 군주계통은 독존(獨尊)의 지위를 확보하였으므로, 종법제도를 실시하지 않았으며, 경대부(卿大夫)·사(士)의 종족계통을 중심으로 실행하였다.

주대의 제도에 따르면, 천자·제후의 군위(君位)는 적장자(嫡長子)·적장손(嫡長孫)으로 세습되었으며, 군권(君權) 세습의 계통을 군통(君統)이라 하였다. 군위(君位)는 지존(至尊)하고, 군권(君權)은 지고(至高)하므로, 천자의 적장자 이외의 왕자와 제후의 적장자 이외의 공(公)들은 비록 친형제라 하여도 적장자에 대해서는 모두 군신(君臣)의 관계가 되는 것이다. 또한 이들 차자(次子)들을 별자(別子)라 하며, 종족집단의 시조(始祖)가 된다.

종법(宗法)은 종족내부의 존비(尊卑)와 등급(等級)을 정한 법이므로, 혈연(血緣)과 신분(身分)에 따라 대종(大宗)과 소종(小宗)으로 나뉜다. 별자(別子)의 적장자(嫡長子)는 별자의 명빈(名份)과 재산을 이어 받으며, 그 종족 집단의 족장으로서 형제와 일가로부터 존중받는 대종(大宗)이 되고, '대종자(大宗子)'로 불린다. 별자의 아들 중 적장자를 제외한 모든 아들들은 소종을 이루고, 스스로 소종자(小宗子)라 지칭한다. 대종자의 적장자는 다시 대종자의 자리를 이어가고, 소종자의 적장자는 조부(祖父)인 별자의 명빈과 재산을 이을 수는 없으나, 소종자의 명빈(名份)과 재산을 계승하며, 소종자가 된다. 이와 같이 대종자는 백대(百代)를 이어가도 천종(遷宗)하지 않으나, 소종자는 5대를 이어가게 되면 천종(遷宗)하게 된다. 그러므로 1개의 대종과 4개의 소종이 한 종족을 이루게 된다. 천종하게 되면 기존의 대종자로부터 보호와 도움을 받지 못하며, 종족 대소사에 직접 관여

할 수 없는 관계로 멀어짐을 말한다.

대종자(大宗子)는 전 종족의 남성을 통솔하며, 대종부(大宗婦)는
전 종족의 여성을 통솔한다. 대종자는 종족내의 족장으로서 최고의
통치권·형벌권·제사권을 행사하고, 전 종족 소유의 토지 재산권을
소유하며, 국가에 전쟁이 발생하면 종족을 무장하여 군권(軍權)을 행
사한다. 종법제도를 실시하면서 종자(宗子)의 집에는 사당(祠堂)을
두게 되었으며, 종족이 비대해 지면서 많은 자손이 함께 모일 수 있
는 특정장소에 조상의 위패를 모시어 두는 종사(宗祠)가 발달하게
되었다. 조상에 대한 기록과 종족 간의 유대를 강화하기 위하여 족
보(族譜)를 편찬하게 되었으며, 종족의 일탈을 규제하기 위해서 족규
(族規)를 제정하였다. 족보는 당대 이전부터 발달해 왔으나 당말 오
대를 거치면서 대부분 소실되었다.

종법제도의 실행은 일부다처제에서 적서(嫡庶)의 구별과 적자(嫡
子)로 하여금 서자를 통솔하려는 의미가 컸으며, 별자의 세력이 강
대해지는 것을 막기 위한 방편으로 활용하였고, 별자를 주변에 두어
보호막으로 활용하기 위해서였다.

4) 교육제도(敎育制度)

중국의 교육제도는 하(夏)·은(殷)·주(周) 삼대(三代) 때부터 있어
왔다. 다만 당시에는 관학(官學)이 있었을 뿐, 사학(私學)은 없었으
며, 서적 또한 관(官)에만 있었고, 백성들은 가지고 있지 못하였으므

로, 천자를 중심으로 한 조정(朝廷)에서 학관을 관장하였다. 춘추전
국시대 이후, 제후들의 분쟁에 의해 왕조교육(王朝敎育)은 붕괴되기
시작하였으며, 사교육(私敎育)이 일어나기 시작하였고, '유교무류(有
敎無類)'의 교육사상이 출현하기 시작하였다.

『맹자(孟子)·등문공상(滕文公上)』에서 삼대(三代)의 학관(學官) 설
치에 대해 '상서학교(庠序學校)를 두고 가르쳤다. 상(庠)은 기른다는
양(養)이고, 서(序)는 궁술이라는 사(射)이며, 교(校)는 가르친다는 교
(敎)이다. 하대(夏代)는 교(校)라 했으며, 은대(殷代)는 서(序)라 했고,
주대(周代)는 상(庠)이라 하였다. 삼대가 모두 인륜(人倫)을 밝히는
것을 배웠다'고 말하였다. 그러므로 하대(夏代)에서는 교육기관을 설
치하여 양노(養老)와 교육(敎育)이라는 두 가지 역할을 하게 하였음
을 알 수 있다. 은대(殷代)에 이르면 비록 신귀(神鬼)를 받들고, 제
사하는 방법은 종묘(宗廟)에서 배웠으나, 교육제도의 설립은 하대(夏
代)를 이어가고 있으며, 은허의 갑골문에서도 교(敎)·학(學)·사(師)·
필(筆)·옹(雍)과 같은 글자들이 출현하고 있다.

고대 정부에서 개설한 교육은 예제사회(禮制社會)의 건설을 목적
으로 하고 있으며, 서주(西周)시대에 이르게 되면 거의 완비되어 국
학(國學)과 향학(鄕學)으로 나뉘게 된다. 국학은 다시 대학과 소학으
로 나뉘며, 천자가 설치한 태학에는 벽옹(辟雍)·동서(東序)·고종(瞽
宗)·성균(成均)·상상(上庠) 등의 오학(五學)이 있었다고 한다. 이 외
에 제후도 반궁(泮宮)이라 불리는 태학을 설립하였다.

주대의 교육내용은 인륜을 밝히는 것을 중심으로 하고, 예악사어
서수(禮樂射御書數)의 육례(六禮)를 가르쳤으며, 사씨(師氏)·보씨(保

氏)・악씨(樂氏) 등의 직책이 있었다. 사씨(師氏)는 도(道)의 근본이 되는 지덕(至德)・행위의 근본이 되는 민덕(敏德)・거역하지 않는 효덕(孝德)의 '삼덕(三德)'과 부모에게 하는 효행(孝行)・어진 이를 존중하는 우행(友行)・스승과 윗사람을 섬기는 순행(順行)의 '삼행(三行)'을 가르쳤다. 보씨(保氏)는 예(禮)・악(樂)・사(射)・어(御)・서(書)・수(數)의 육례(六禮)와 제사(祭祀)의 예절・빈객접대(賓客接待)의 예절・조정(朝廷)에서의 예절・상례(喪禮)의 예절・군대(軍隊)의 예절・거마(車馬)의 예절 등의 육의(六儀)를 가르쳤다. 악씨(樂氏)를 대사악(大司樂) 또는 대악정(大樂正)이라고도 불렀으며, 중(中)・화(和)・기(祇)・용(庸)・효(孝)・우(友) 등의 악덕(樂德)과 홍(興)・도(道)・풍(諷)・송(誦)・언(言)・어(語)의 악어(樂語)와 각종 무곡(舞曲)인 악무(樂舞)를 가르쳤다.

『주례(周禮)・지관(地官)・대사도(大司徒)』에 따르면 대사도(大司徒)는 지(知)・인(仁)・성(聖)・의(義)・중(中)・화(和)의 육덕(六德)과 효(孝)・우(友)・목(穆)・인(姻)・임(任)・휼(恤)의 육행(六行)과 예・악・사・어・서・수의 육례(六禮)를 가르쳤다고 한다. 이는 사씨・보씨가 관장하였던 가르침과 대동소이하다고 하겠으며, 이들은 모두 예악(禮樂)을 통한 교화(教化)를 위주로 하는 인문적(人文的) 교육관의 실천이라 하겠다. 역시 『주례』에 따르면 각 지방에도 향(鄕)에는 상(庠)・주(州)에는 서(序)・당(黨)에는 교(校)・여(閭)에는 숙(塾)이라 하는 사학(四學)을 두었으며, 이 사학(四學)에서 가르치는 교과내용도 근본적으로 다를 바가 없었다.

한대(漢代)는 무제(武帝)가 동중서(董仲舒) 등의 건의를 받아들여

국학을 중흥시키었다. 한대(漢代)의 국가 교육기관으로는 태학(太學)·
군학(郡學)·사성소후학(四姓小侯學)이 있었다. 태학(太學)은 유가의
경학에 대한 교육과 연구를 전담한 최고 교육기관이었다. 태학은 오
경박사(五經博士)를 두었으며, 교수의 영수(領袖)를 부사(仆射)라 하
였고, 동한(東漢)에 가서는 제주(祭酒)로 개칭하였다. 군학(郡學)은 경
제(景帝) 때 촉군(蜀郡) 태수(太守) 문옹(文翁)이 성도(成都)에 학관
을 세우면서 시작되었으며, 군학(郡學)에서도 태학과 마찬가지로 경
학을 중심으로 한 교육을 실시하였다. 사성소후학(四姓小侯學)란 귀
족학교·궁정학교를 말하는 것으로 동한(東漢) 명제(明帝) 때 종친의
세력이 팽배해지면서 이를 견제하기 위하여 외척의 힘이 필요하게 되
자, 외척의 요청을 받아들여 번(樊)·곽(郭)·음(陰)·마(馬) 씨의 외
척 자제들만을 위한 학교를 세우게 되었다. 이 학교가 뒷날 일반 귀
족들에게도 문호를 개방하자 흉노족 왕의 자제들도 입학하여 교육을
받는 등 특수학교로 발전하였다.

위진남북조시대에는 불교가 번성하였으며, 남북으로 갈리어 전쟁
이 빈번해지자, 관학은 쇠미해지고, 사학이 번성하게 되었다. 한대
(漢代)는 경학을 중심으로 교육하였지만, 위진남북조시대로 오면서,
첫째 문벌(門閥) 교육이 심화되었다. 진대(晉代)에는 중앙의 태학 이
외에도, 국자학(國子學)이라는 별도의 교육기관을 세워 5품 이상의
귀족자제만 가르쳤으며, 제주(祭酒) 1인·박사(博士) 1인·조교(助敎)
10여 명을 두었다. 둘째 사학관(四學館)을 세웠다. 남조(南朝)의 송
문제(宋文帝)는 유학관(儒學館)·원소관(元素館)·사학관(史學館)·문
학관(文學館)을 세웠으며, 유학관에서는 경학을, 원소관에서는 현학

(玄學)을, 사학관에서는 역사를, 문학관에서는 문학을 가르쳤다. 셋째는 경학 이외에도 황노(黃老)·장노(莊老)·태사공(太史公)·초사(楚辭)·한부(漢賦) 등을 가르쳐서, 현학사조가 크게 일어나게 하였다. 넷째 북조는 유학을 숭상하고, 학문을 중히 여기며, 경학(經學) 전수에 주력하였다.

수문제(隋文帝)는 전문 행정기구인 국자사(國子寺)를 두었다. 양제(煬帝)에 의해 국자감(國子監)으로 명칭이 바뀌었으며, 청대에 이르기까지 존속되었다. 수는 역사가 짧았으므로, 수의 문물제도는 당에 의해 발전되었다. 당은 중앙에 국자감이 관장하는 육학(六學) 또는 육관(六館)이라 불리는 교육기관을 두었다. 첫째 국자학(國子學)에서는 문무(文武) 3품 이상의 자제(子弟)를 모아 경·사(經·史) 및 문자학을 가르쳤다. 둘째 태학에서는 문무 5품 이상의 자제를 모아 경·사(經·史) 및 문자학을 가르쳤다. 셋째 사문학(四門學)에서는 문무 7품 이상의 자제와 평민의 자제 중 뛰어난 자를 모아 경·사(經·史) 및 시무책(時務策)을 가르쳤다. 넷째 서학(書學)에서는 8품 이하의 자제와 평민의 자제 중 글을 아는 자를 모아 『석경(石經)』·『설문(說文)』 등 문자학을 가르쳤다. 다섯째 산학(算學)에서는 서학(書學)과 동일한 자격의 사람을 뽑아 『구장산술(九章算術)』·『주비산경(周髀算經)』·『철술(綴術)』 등을 가르쳤다. 여섯째 율학(律學)에서는 서학과 동일한 자격의 사람을 뽑아 율령(律令)과 행정서식(行政書式)을 가르쳤다.

이 외에도 중앙에는 문하성(門下省)의 예속으로 홍문관(弘文館)을 두었으며, 동궁(東宮)의 예속으로 숭문관(崇文館)을 두었으며, 상서

성(尙書省) 사부(詞部)의 예속으로 숭현관(崇玄館)을 두었으며, 태의
서(太醫署)의 예속으로 의학(醫學)을 두었으며, 태복서(太卜署) 예속
의 복서(卜筮)를 두었으며, 사천대(司天臺)의 예속으로 천문(天文)·
역수(曆數)·누각(漏刻)이 있었으며, 태부사(太仆寺)의 예속으로 수의
(獸醫)를 두었고, 교서랑(校書郞)의 예속으로 교서(校書)를 두었다.

당(唐)은 지방에도 학교를 네 구역으로 나누어, 첫째 북조(北兆)·하
남(河南)·태원(太原)을 포괄하는 경도학(京都學)에서는 경학(經學)과
의학(醫學)을 가르쳤다. 둘째 도독부학(道督府學)은 상·중·하로 나
누어 경학과 의학을 가르쳤다. 셋째 주학(州學)도 상·중·하로 나누
어 경학과 의학을 가르쳤다. 넷째 현학(縣學)은 경현(京縣)과 기현
(畿縣)을 제외하고, 상·중·중하·하로 나누어 경학을 전적으로 가
르쳤다.

당대(唐代) 관학(官學)의 특징은, 첫째 귀족부터 평민에 이르기까
지, 중앙부터 지방까지, 인구의 다소를 감안하여 학제를 완비하였다.
둘째 과거시험과 긴밀한 연계를 통하여 국가 행정기구에 인재를 원
활히 공급할 수 있었다. 셋째 홍문관·숭문관 등과 같이 교육·연구·
행정이 연결되어 실질적인 교육을 실시하였다. 넷째 의학·복서 등
의 전문 인력육성의 교육을 실시하였다. 다섯째 유학생제도를 두어
세계 각국의 인재를 받아들였으며, 문화교류가 가능하게 되었다.

당대 이후 청대에 이르기까지 학교교육과 과거제도를 통해 인력 수
급을 하였던 체제에는 변화가 없었으므로, 교육제도에도 큰 변화는
없었다. 송대(宋代)에는 왕안석(王安石)의 주청으로 과거제도와 학교
제도를 개혁하여, 태학을 외사(外舍)·내사(內舍)·상사(上舍)로 나누

어 승급제(昇級制)를 도입하였다. 원대(元代)에는 사학(社學)을 창립
하였다. 사학(社學)이란 국학(國學)·향학(鄕學) 이외에 향촌(鄕村)에
사학(社學)을 설립하여 행정관리와 학교교육이 긴밀한 연계를 갖게
하였다. 명대(明代)에는 국자학(國子學) 제도를 개혁하여 대상의 폭
을 넓혔다. 청대에는 국자감 규모를 더욱 확대하였으며, 실질적인 교
육을 추가하였다.

· 저자 ·

박충순(朴忠淳)

단국대학교 중국어중문학과를 졸업한 뒤, 대만 중국문화대학(中國文化大學)에서 중문학(中文學)으로 석사학위를 취득했으며, 성신여자대학교에서 문학박사학위를 취득하였다.

현재 백석대학교에서 후학 양성 중이다.

저서로는 『정통 중국어(中國語)』(門花敎硏, 1985), 『新編 基礎中國語』(富民文化社, 1998), 『周代文化硏究』(새한문화사, 2003), 『생활한자공부사전』(시대의 창, 2007) 등이 있으며, 논문으로는 「殷 · 周의 禮俗에 관한 硏究 - 詩經에 나타난 祭禮를 중심으로 - 」, 「시경(詩經)에 표현 된 예속연구(禮俗硏究)」 외 다수가 있다.

중국문화의 이해

• 초판 인쇄	2008년 6월 30일
• 초판 발행	2008년 6월 30일
• 지 은 이	박충순
• 펴 낸 이	채종준
• 펴 낸 곳	한국학술정보㈜
	경기도 파주시 교하읍 문발리 513-5
	파주출판문화정보산업단지
	전화 031) 908-3181(대표) · 팩스 031) 908-3189
	홈페이지 http://www.kstudy.com
	e-mail(출판사업부) publish@kstudy.com
• 등 록	제일시 115호(2000 6 10)
• 가 격	29,000원

ISBN 978-89-534-9667-5 93380 (Paper Book)
      978-89-534-9668-2 98380 (e-Book)